121 primeras citas

WENDY NEWMAN

121 primeras citas

Cómo tener éxito en las citas *online*, enamorarse
y vivir felices para siempre (ide verdad!)

Traducción de M.ª Carmen Escudero Millán

www.edaf.net

MADRID - MÉXICO - BUENOS AIRES - SAN JUAN - SANTIAGO
2017

Título original: *121 First Dates*
© 2016, por Wendy Newman,
© 2017. De esta edición, Editorial EDAF, S.L.U., por acuerdo con Atria Books/Beyond Words, una
división de Simon & Schuster, Inc. Todos los derechos reservados.
© De la traducción, M.ª Carmen Escudero Millán.

Diseño de la cubierta: Gerardo Domínguez
Maquetación y diseño de interior: Diseño y Control Gráfico, S.L.

Editorial Edaf, S.L.U.
Jorge Juan, 68,
28009 Madrid, España
Teléf.: (34) 91 435 82 60
www.edaf.net
edaf@edaf.net

Ediciones Algaba, S.A. de C.V.
Calle 21, Poniente 3323 - Entre la 33 sur y la 35 sur
Colonia Belisario Domínguez
Puebla 72180 México
Telf.: 52 22 22 11 13 87
jaime.breton@edaf.com.mx

Edaf del Plata, S.A.
Chile, 2222
1227 Buenos Aires (Argentina)
edaf4@speedy.com.ar

Edaf Antillas/Forsa
Local 30, A-2
Zona Portuaria Puerto Nuevo
San Juan PR00920
(787) 707-1792
carlos@forsapr.com

Edaf Chile, S.A.
Coyancura, 2270, oficina 914, Providencia
Santiago - Chile
comercialedafchile@edafchile.cl

Febrero de 2017

ISBN: 978-84-414-3725-8
Depósito legal: M-535-2017

PRINTED IN SPAIN   IMPRESO EN ESPAÑA

COFÁS

A mi madre, Susan Bailess.
Gracias por enseñarme a no tener miedo.

sumario

Parte II: La primera cita

Parte III: Después de la primera cita

Un experto es una persona que ha cometido todos los errores
que pueden cometerse en un campo muy concreto.

—Niels Bohr
Premio Nobel de Física

Introducción:
Cuando tienes una cita

5:52 p.m.: es el momento de ver qué te pones. Afortunadamente, a mí solo me lleva tres intentos dar con la combinación mágica. Examino mi figura en el espejo y critico cada detalle. *Casi... a ver otra vez*, me medio regaño a mí misma como si estuviera hablando a mi hermana pequeña. Odio esos zapatos, con apenas 5 centímetros de tacón. Shawn dice que mide 1,80 m. Ese es el código de los tipos que miden 1,55 m. Lo aprendí de la peor manera.

Unas medias de licra negras cubren mi rasgo más bonito: mis largas piernas siempre tonificadas. Los leggins cumplen con un doble fin: mantienen todo en su sitio y combaten la heladora niebla de San Francisco. Nada de joyas en las manos; solo un gran corazón de plata en el cuello como mensaje subliminal de disponibilidad; y lo principal: un vestido negro perfecto. No el típico vestido negro corto de cóctel que se ve en las revistas. Las publicaciones de moda no están pensadas para mujeres como yo. Y las tiendas tampoco cuentan con el género adecuado para responder a mis necesidades.

En lo que a ropa se refiere, vivo en lo que podría llamarse «tierra de nadie». Una XL me resulta a menudo demasiado estrecha, pero soy bajita para cualquier talla mayor. Vivo de lleno en ese vacío. La silueta de chica con curvas que todos prefieren es la de reloj de arena. Pues bien, tampoco es ese mi caso. Yo tengo más bien figura de manzana —ni siquiera tengo la suerte de tener un buen trasero. No es que me queje, solo estoy esbozando una imagen de mí misma porque quiero que sepas que no soy ni joven ni delgada. No obstante, he tenido citas, a pesar de todos estos «prerrequisitos» ligados a nuestra cultura y de los que yo siempre he pensado que carecía. ¿Qué ocurre entonces? Soy decidida y saco partido a lo que tengo, es decir, realzo lo que funciona. Porque es en este cuerpo donde vivo.

La preparación para esta noche ha comenzado hace horas en un sofisticado salón de belleza: manicura, pedicura (no es que vaya a verla Shawn), depilación de labio superior y barbilla y remodelado de cejas (la pericia en esta última labor ha de ser excelente, pues soy ya cuarentona y la esteticista tiene que ser capaz de arrancar todos los pelitos blancos sin dejar calvas. Es complicado.)

La siguiente parada ha sido la peluquería, donde me han lavado, secado y peinado mi larga cabellera castaño-rojiza por veintidós dólares. Las dos paradas han sumado un total de ciento treinta billetes, tras lo cual puedo afirmar que estoy «lista de peluquería» y mi actitud es la de «Sí, este es siempre mi aspecto».

Conocí a Shawn en OkCupid, una página web de citas *online*. Estuvimos escribiéndonos todos los días durante dos semanas y media. Al principio, yo no estaba muy entusiasmada. Me encontraba en un momento bajo. Seguro que sabes cómo: no me apetecía estar sola. Estaba cansada de las citas por internet, pero después de que mis amigos me presionaran diciéndome que ya era hora de que volviera a ello, me resigné a retomar la búsqueda. El sitio web señalaba que Shawn y yo éramos compatibles en un 94 por ciento. ¡Un 94 por ciento! ¿Por qué no? Fui yo la que me puse en contacto con él en primer lugar e inmediatamente me sentí insegura en relación con nuestro encuentro. Me preguntaba si realmente se sentía atraído por mí o simplemente respondía por conveniencia. ¿Era yo simplemente el fruto más a mano?

Nuestras primeras conversaciones por *email* fueron cortas e irrelevantes. Después de alrededor de semana y media, Shawn empezó a preguntarme por cuestiones más personales, con la intención puesta en nuestra potencial compatibilidad, momento en el que yo me abrí y la cosa empezó a ponerse interesante. A medida que nuestros correos fueron creciendo en longitud y sustancia, empecé a sentir algo que hacía tiempo que no sentía: esperanza.

Una noche tarde, estaba tumbada en la cama tomándome un té helado mientras intercambiábamos mensajes, cuando me preguntó: «¿Puedo llamarte?». Por fin. Vino entonces una semana de conversaciones por teléfono, generalmente antes de acostarme. Tocamos todos los temas, desde lo que nos había ocurrido durante el día hasta nuestros gustos, nuestras aversiones, aficiones y actividades deportivas y dinámica familiar, hasta que me preguntó: «¿Podemos quedar?». ¡Uf!

Ahora, de pie frente al espejo dos días después, me doy cuenta de que he ejecutado mi estrategia a la perfección. Y, por supuesto, no estoy sola. Mis viejas amigas, las mariposas (persiguiéndose entre ellas en mi estómago), también están ahí. No puedo ocultar la sonrisa. Tal vez sea el hombre que esperaba. Tal vez...

Llego en hora, pero Shawn se me ha adelantado, ocupando dos asientos al final de la larga y estrecha sala estilo vintage. El local es oscuro y original, pero él salta a la vista: es la persona sentada sola en un sitio para doce personas. Es exactamente igual que en las fotos. Guapo. Sal y pimienta mezcladas en su pelo castaño oscuro, inconfundibles gafas negras de «trabajo en tecnología» y una gran sonrisa como firma. Enseguida me da un abrazo y me dedica una sonrisa aún más amplia, al tiempo que yo dejo escapar un silencioso pero inesperado suspiro. Puedo respirar algo más tranquila. Me gusta y parece feliz; puedo relajarme (y tratar de ser yo misma).

A medida que pasa la noche, veo que se muestra exactamente como quien me había contado que era y no hay ni un solo «pero» a la vista. Los chicos estupendos suelen tener un «pero». Ya sabes, es fantástico, pero...

No puede cortar con su ex.

Quiere irse a vivir a China.

Ha dejado su trabajo para reencontrarse a sí mismo y no está aún seguro de quién es, de hacia dónde va y de lo que quiere hacer.

Ahora comienza la tarea de encontrar la manera de orientar esta atracción inicial en una dirección positiva. Lo sé: *voy a estar muy entretenida.* Historia tras historia, me encuentro, de hecho, muy entretenida, durante horas. Definitivamente me gusta. Dice: «Ambiente magnífico, bebidas buenísimas, compañía espléndida». Me sorprende con preguntas del tipo: «¿Conoces a un buen diseñador de interiores? Podrías ayudarme en la casa que voy a arreglar». Y: «¿Serías capaz de vivir entre dos ciudades? Podríamos pasar los veranos en California y los inviernos en México. ¿Podrías?». Me dice: «Admiro lo que haces para ganarte la vida» y «A mi madre le encantarías».

Shawn no tiene ni idea de lo que está provocando con este hilo de conversación. No soy consciente (todavía) de que los hombres hacen esto para probar, para ver cómo se sienten. Parecen frases inocuas sobre planes y promesas y expresiones de aceptación y compatibilidad planteadas para que me resulte cada vez más fácil ser yo misma y ser un poquitín mejor con cada palabra.

Sentados juntos durante cinco horas, me doy cuenta de que somos una pareja más que posible. Esto podría funcionar. Shawn es un espécimen raro, irresistible combinación de hombre inteligente, amable e interesante. Aprecio la actitud de implicación y broma que mantiene conmigo. Se muestra firme y comprensivo, divertido y sexy. Un urbanita que vive en la zona más dinámica de la ciudad, con una vida, un trabajo real y mucho que ofrecer a quienes le importan. Es como si el universo hubiese estado atento a todas las cosas que yo siempre he pedido y hubiese envuelto esas cualidades en el hombre que tengo ante mí.

Querido Dios, ya sé que no dejo de pedir cosas todo el tiempo, pero de verdad, de verdad, solo por esta vez, ¿podrías hacer que él fuera el comienzo de algo maravilloso? Rezo en silencio en el baño de señoras, en mi primera cita. No es nada raro, ¿o sí ?

Después de todo, la cuestión es encontrar mi media naranja. Anhelo tener intimidad, crecer y conectar con alguien que no sea mi perra. Y bien, lo admito: quiero hacer «cosas normales de pareja»». Ya sabes, salir con otras parejas, invitar al grupo de amigos a cenar tacos el martes por la noche, sentarme en su regazo frente a una hoguera mientras alguien toca la guitarra y todos cantan de mala manera, hacer alguna escapada romántica de fin de semana. Como la mayoría de las mujeres, echo de menos que alguien se ocupe de mí, tener a un hombre que me acaricie la mejilla o que me retire el pelo hacia atrás cuando se me viene a lo ojos, y que me susurre al oído: «Soy el hombre que te ama».

No espero que la relación entre Shawn y yo sea instantánea, pero realmente siento que vamos por buen camino, o al menos eso espero. Sé que les sucede a otras personas. Las he conocido.

Cerca ya de la medianoche, Shawn me pregunta: «¿Puedo acompañarte andando hasta tu coche?». Que tierno. Nuestro beso de buenas noches dura un poco más de lo esperado y estoy encantada de lo que he aprendido de él en ese primer beso.

«Mándame un mensaje cuando llegues a casa para saber que estás bien», me dice, y solo con eso ya me cautiva. Después de enviarle un mensaje diciendo «Ya estoy en casa, gracias, buenas noches», por mi parte ya está todo hecho.

Ahora espero.

Y espero.

Y espero.

Cada hora que pasa sin quedar para una segunda cita hace que una voz crítica resuene cada vez más fuerte en mi cabeza. A continuación, la noche entera empieza a reproducirse en mi cabeza, y me cuestiono todo: *¿Por qué tuve que contarle esa historia insana sobre mi familia? ¿El hablarle de mi trabajo lo espantó? ¿Flirteé demasiado con él? ¿Pensará que no soy lo suficientemente maternal para su hija adolescente? ¿Fue un error sentarse uno al lado del otro? Es posible que me viera los michelines.*

Cada minuto que pasaba sin recibir un mensaje, una llamada o un correo, la esperanza que llenaba mi corazón se iba desprendiendo y cayendo a pedacitos, y yo los iba pisoteando mientras avanzaba arrastrando los pies hacia un nuevo día.

Shawn no tenía la culpa de la crueldad de sus frases convencionales de despedida: «Te llamaré» y «Nos vemos pronto».

Inevitablemente, he de enfrentarme a los hechos: él no estaba viviendo la cita como yo; sencillamente para él no hubo conexión suficiente como para desear otra. Una sensación de tristeza aplastante, desesperación y soledad pasó a ocupar ese espacio de esperanza que hasta ese momento había llenado mi corazón. Envié un SOS a mis amigas, que me dijeron:

«Venga, era solo una cita».

«¡Hay un montón de hombres por ahí para ti!».

«No dejes que esto te desanime. Muévete; hay muchos más peces en el mar».

«Si sales con otros hombres ya, se te pasará esa tristeza».

«Te ha hecho un favor no volviéndote a llamar; es su forma educada de retirarse del juego».

«No debía ser el hombre adecuado para ti».

Ya sé todo esto que me dicen; ya lo he escuchado antes. Y lo que es peor, he ofrecido este mismo consuelo optimista a amigas y clientas en incontables ocasiones. Odio mis propios consejos. Y te digo lo que opino cuando pienso en mis propios estúpidos consejos: «Vaya basura», murmuro.

Y ahora llega la gran decisión: puedo quedarme en casa sentada y enfurruñada días, semanas, meses o, como algunas de mis amigas, años, o eliminar este episodio de mi mente del mejor modo que conozco y salir y comenzar de nuevo: ropa nueva, zapatos nuevos, mani-pedi nueva y chico nuevo.

||| ||| |||

Ha sido simplemente otro falso comienzo y parte de la experiencia de una persona soltera. ¿Te resulta familiar?

Mi amiga Leslie lo dije mejor: «Es como si llevaras mucho tiempo de pie y de repente vieras un sillón, bonito y de aspecto cómodo. Te dejas caer en él, aunque solo sea por un segundo, y resulta estupendo. Blando y cálido. Se ajusta a tu cuerpo y te proporciona alivio. Te relajas. Sientes que el peso de tu cuerpo deja de recaer en tus pies. Suspiras. Y antes de que estés lista para ir a otro lugar, te dicen que te levantes, que tienes que ponerte de nuevo en pie».

Para algunas mujeres la respuesta cuando nos sentimos heridas consiste en detenernos. Definitivamente. Para otras, la idea de quedar con alguien resulta tan poco atractiva (o les asusta tanto) que nunca se deciden a hacerlo. Nunca más.

Este libro está pensado para ayudarte a permanecer de pie cuando todo cuanto quieres es sentarte, aun no teniendo delante un confortable sillón. Podrás aprender de mis aventuras (y desventuras), de mi experiencia a lo largo de 121 citas. Quieras que no, después de 121 citas, creo que puedo definirme a mí misma como una «experta en citas», algo que nunca me había planteado ser, por cierto. No creo que sea algo que se plantee nadie. Queremos bucear, buscar pareja y salir lo antes posible de la escena de la cita.

Hacia el final del túnel de las citas vi una luz, porque conocí a mi chico, pero tardé 121 citas en llegar ahí. Y si tú tienes voluntad, también encontrarás lo que estás buscando. Prometo ofrecerte sólidas esperanzas, consejos honestos y conocimientos prácticos, junto con historias reales, a veces espantosas y a menudo desternillantes. Los relatos sobre mis citas componen un curso intensivo de cómo son las citas en la vida real, con sus penas y sus glorias: ni perfectas ni glamurosas y no siempre románticas. Algunas historias te producirán sonrojo, otras estoy segura de que te harán reír a carcajadas y puede que una o dos te confirmen tu propia experiencia. Algunas de estas primeras citas fueron divertidas, reveladoras y sorprendentes y todas ellas, en última instancia, me llevaron hasta mi pareja actual, al ayudarme a comprender lo que realmente estaba buscando.

Quiero ayudarte para que afrontes tus citas con la tranquilidad y la desenvoltura que yo nunca tuve. Puedes contar con todo esto y algo más: mi bagaje profesional.

En 2002, tras un matrimonio que había durado una larga década y con el corazón lleno de preguntas, participé en un seminario organizado dentro de los PAX Programs, creados por la experta en relaciones personales Alison Armstrong. Mi plan maestro era comprender mejor a los hombres y no cometer los mismos errores dos veces. Durante dos días me senté en la sala de conferencias de un hotel con mi mejor amiga, Leslie, y treinta mujeres más, aprendiendo lo básico que necesitaba saber acerca de los hombres, desde el punto de vista de una mujer. Los PAX Programs reunían la información presentada sobre los hombres, desde el punto de vista de los hombres.

Mi vida cambió para siempre. Empecé de inmediato a trabajar para la empresa, primero en la gestión y luego en la dirección de los cursos de fin de semana. Los nuevos conocimientos alimentaron mi fascinación sin fin por el hombre y su punto de vista. Quería saber por qué hacen las cosas del modo en que las hacen y quería probar que el comprender las diferencias entre la mujer y el hombre puede hacernos la vida mucho mejor.

Después de aquel seminario, mis relaciones con los hombres empezaron a ser más amables y ágiles. Hice amistad con hombres de los que antes no habría podido ser amiga y empecé a sentirme herida menos a menudo. Fue el comienzo de un mundo totalmente nuevo y el inicio de mi trabajo de investigación. El primer paso fue escuchar a los grupos de hombres en las salas de los talleres en los que trabajaba y después la investigación se amplió en mi estudio independiente al que, siendo franca, no le veo fin.

Desde 2002 llevo a cabo un estudio social a través de entrevistas con miles de chicos y hombres, con edades comprendidas entre los ocho y los ochenta y cinco años. Realizo sondeos y llevo a cabo encuestas *online*. Planteo preguntas en mi amplio círculo de amigos y a menudo les pido que pregunten a sus amigos. Publico preguntas en foros, pidiendo contestación pública o privada, y mantengo fascinantes conversaciones personales con hombres sobre temas de toda índole. Mi trabajo no tiene fin.

Después de dirigir cientos de talleres para miles de mujeres sobre temas como comprender a los hombres, las citas, la sexualidad y las relaciones personales, he llegado a conocer las distintas cosas que necesitamos hombres y mujeres para crear una verdadera unión en nuestras relaciones. Para que encuentres el mayor grado de coincidencia posible si buscas pareja, te ofrezco mi experiencia personal y profesional, para que tengas una prueba de que he pasado por todo lo que cuento sobre el mundo de las citas. Este es, literalmente, el trabajo de mi vida y deseo compartir contigo todo lo que he aprendido.

〜〜〜〜〜〜

Ahora volvamos a ti. ¿Qué harías si te encontraras en una situación tipo «Shawn» o en cualquier situación inesperada para ti? La respuesta nunca es sencilla y pocas veces es la misma de una situación a otra. Tal vez seas rápida en cuanto a recuperación y quedes enseguida con otra persona. O puede que optes por un minidescanso restaurador. Y, vamos a ver, en comparación con otras pesadillas de citas, la de Shawn no fue tan horrible ¿verdad? Algunas de nosotras nos hemos quemado en este proceso tantas veces que empezamos a parecer tostadas chamuscadas. Esto ocurre por no realizar una limpieza de experiencias negativas del pasado antes de salir a conocer a alguien nuevo.

La última vez que me encontré en una situación tipo la cita con Shawn, me vi obligada a hacer un alto en el camino. Tuve que dar un paso atrás, ocuparme de mí misma, dejarme cuidar por los amigos y tomar conciencia de que sería capaz de recuperarme en lo que esperaba que fuera un período de tiempo relativamente corto. También ha habido veces en las que he estado en un nivel ninja, en el que la arrolladora decepción de una cita me ha sacudido con dureza y, aun así, he continuado a toda velocidad, con el corazón roto pero curándome a mí misma por el camino del mejor modo que podía y avanzando a través de todo ello, movida por luna gran fuerza de voluntad.

De modo que ¿continúas con las citas o te tomas un descanso? Ninguna opción es incorrecta. No hay una mejor que otra y tal vez te descubras a ti misma alternando ambas. La clave está en cuidar de ti misma, sea lo que sea lo que te haga sentir bien. Cura tus heridas (y a ser posible perdónate) y descubre lo que te hace sentir bien en ese momento. Tienes instintos en los que puedes confiar. Utilízalos. Este libro está pensado para ayudarte precisamente en eso.

Existen muchísimas personas solas disponibles en el planeta y miles de maneras distintas de conocerlas, de modo que vas a conseguir citas, de eso no hay duda. Lo complicado es mantenerse en buena forma mental y emocional, sin arrastrar contigo experiencias del pasado y perseverando el tiempo suficiente para encontrar a la persona adecuada para ti. Tienes que estar dispuesta a pasar por la experiencia de una cita a lo Shawn (a ser posible muchas citas a lo Shawn) y a eliminarla de tu sistema para poder seguir adelante con el corazón restablecido, abriéndote generosamente a la siguiente oportunidad, pues ello forma parte del proceso de citas.

Sea cual sea el lugar donde te encuentras ahora, es perfecto. Tal vez estés entrando justo ahora en el escenario de una cita e intentando buscar pareja *online* o tal vez quedaste para pasar el rato con alguien, no te gustó la experiencia, lo dejaste y ahora deseas volver a intentarlo. Es posible que hayas tenido diversas citas y ahora busques consejo y la decisión que te hace falta para seguir adelante. Estés donde estés en el proceso de encontrar pareja, al comienzo o hacia la mitad, este libro será tu guía personal y te ayudará a llegar a tu destino. Como guía de viaje, te prometo ayudarte por el camino, evitando las ramas bajas y los senderos difíciles y empinados. Incluso te haré (o al menos lo intentaré) reír por el camino, en parte porque pienso que soy divertida y en parte porque reír nos libera de las garras del miedo y la resignación que en ocasiones no nos permiten seguir adelante.

Mi objetivo es ofrecer una perspectiva que te permita encontrar pareja más fácilmente, y mi estrategia se basa en la persistencia. Te enseñaré a clasificar de manera más eficaz a los posibles candidatos y a mantenerte mucho tiempo sin rendirte. He conocido a muchos hombres increíbles gracias a las citas, al sentido común y a la intuición, y he probado mis propios consejos en materia de citas para comprobar si realmente funcionan. Valió la pena, pues encontré a mi actual pareja. Me gusta pensar en mí no tanto como afortunada, sino más bien como alguien que empezó con los ojos bien abiertos, aprendió de sus errores y de los errores de los demás y nunca se rindió.

Por favor, toma aquello que sea más acorde contigo y deja lo demás. Mi camino puede no ser «el único camino verdadero», si es que existe algo así. Si el zapato no te está bien, no es tu zapato. No embutas el pie en él; puede que te espere una larga caminata. Y oye, chica, hablando de que «no es tu zapato», puede que no siempre te guste quedar con chicos (o que no te guste en absoluto). Tal vez quedes con mujeres o quizá seas un poco más libre y flexible que yo en cuanto a preferencias sexuales. Mi experiencia en materia de citas ha sido con 121 hombres, pero hay un montón de gente interesante también si los hombres no son lo tuyo. De manera que escribiré en un lenguaje inclusivo cuando me sea posible y ello no altere la integridad de mi experiencia y la naturaleza del libro, y siempre puedes omitir y/o intercambiar los pronombres para aplicar el texto a tu vida. ¿De acuerdo?

No puedo prometer que nadie vaya a resultar herido en el viaje, pero espero la menor cantidad de arañazos y magulladuras. Trataré de entretenerte y al mismo tiempo te avisaré de las cosas que has de tener en cuenta, pero nada es cien por cien infalible y no hay nada que funcione siempre para todo el mundo. En última instancia, sigue adelante con lo que te funciona a ti y usa este libro como orientación, no como una solución.

Tal vez necesite 121 citas para encontrar a tu pareja ideal, como me ocurrió a mí. O puede que te toque el premio en la cita cinco. O en la veinte. El número no es la cuestión; lo importante es la voluntad de salir y conocer gente nueva a pesar de la incertidumbre. A pesar de los altibajos. A pesar de las toneladas de habituales y bien intencionados consejos de amigos y familiares. A pesar de las citas malas, malas, *malas* que puedes tener, y que tendrás.

De modo que inspira profundamente, crújete los nudillos y acuérdate siempre de tratarte a ti misma con amabilidad. No te preocupes; estaré contigo en cada paso del camino.

Parte I

Preparada para
tu cita

Cuando estaba en la escuela secundaria, el

profesor de economía siempre nos decía: «Midan dos veces, corten una». No es esta una lección que tuviera muy en cuenta entonces (como demuestran los shorts demasiado cortos y los pantalones de pijama terriblemente desiguales con los que acabé), pero ha sido algo que he ido apreciando más y más con el paso de los años.

Cuando decidimos que ha llegado el momento de tirarnos de cabeza a la piscina de las citas, a menudo no tenemos mucho tiempo para planificar nada con antelación. Estamos nerviosas, entusiasmadas o preocupadas o somos un cóctel de todas estas emociones (levanten la mano aquellas a las que les resulte familiar) y terminamos olvidando uno de los elementos básicos de éxito en cualquier área de la vida: la preparación.

En este sentido, una cita es como cualquier otra cosa. Cuanto más sepas antes de empezar, mejor te irá. Y a eso es a lo que quiero ayudarte en esta sección del libro: a estar preparada. Preparada para lo bueno y para lo malo, para los ratos divertidos y las grandes decepciones, para las palabras sabias y los trucos del oficio. Te guiaré a través de lo que debes y no debes hacer según la experiencia de muchas mujeres y de lo que me ha servido a mí, en mi vida profesional y personal, a la hora de navegar por el mundo de las citas (en internet y de otro tipo), todo ello combinado con un par de historias esperanzadoras y relatos admonitorios.

Si algo me enseñaron esas 121 citas fue que el estar preparada mental y físicamente allana el camino para que la cita resulte manejable, eficaz y, en última instancia, un éxito. Por supuesto, no se puede predecir todo, especialmente cuando se trata de intimidad y relaciones, pero lo que puedes hacer seguro es estar de tu lado. ¿Qué significa esto? Significa que con un poco de trabajo previo de preparación y de previsión, puedes ocuparte de ti, comenzar como campeona y concederte cierta ventaja inicial antes de salir de casa hacia la cafetería a la vuelta de la esquina, el parque o el restaurante de moda para reunirte con tu potencial pareja perfecta.

¿Lista para empezar? Agarra entonces esas tijeras, ¡pero no cortes todavía!

1

Qué cabe esperar
(y qué no) de una cita

He aquí la verdad: Encontrarás pareja cuando la encuentres. Punto.

No se trata de un proceso lineal. Puede que la encuentres en tu primera cita. Eso es lo que le ocurrió a mi novio, Dave. Yo fui su primera cita en veinticuatro años. O puede que encuentres pareja en tu cita 121 (ese es mi caso). Nadie —y digo nadie— puede predecir qué te ocurrirá a ti. Confía en mí, yo he llegado a pagar a gente para este tipo de predicciones.

Conozco tanto a hombres como a mujeres que quedaron por internet, conocieron a su pareja en su primera cita y viven felices desde entonces. Me alegro por ellos, pero no es lo habitual. Esperar que ocurra esto es algo así como que una actriz pretenda que le den el papel protagonista en su primera audición al día siguiente de mudarse a Hollywood.

Seas como seas —delgada o con curvas, alta o menuda, blanca, negra o de cualquier otro color, tímida o atrevida, joven o mayor—, tu «felices para siempre» está ahí fuera esperando. La persona adecuada para ti, la que te amará por cómo eres, está ahí fuera. Solo tienes que ponerte de pie y salir, hasta encontraros uno frente al otro.

Esta es la conclusión a la que he llegado: cuando sepas cómo interactuar con la gente con cierta desenvoltura y estés prácticamente segura de poder hacerlo durante un encuentro de una hora de duración con un absoluto desconocido, estarás preparada para una cita.

Lo primero que has de saber sobre las citas es lo siguiente: todos —amigos, seres queridos, familiares, compañeros de trabajo, colegas de gimnasio, el camarero del bar donde te tomas el café y hasta el mejor intencionado de los ineptos— tienen su propia opinión sobre tu actividad de citas (incluso si aún no has comenzado). Resulta que ellos «sí que saben» cómo puedes dejar de equivocarte y hacer por fin las cosas bien.

Cuando se den cuenta de que estás quedando con gente (de nuevo), este será el tema estrella. Ellos tienen sus propias opiniones y estrategias y sus planes bien urdidos, que han de compartir contigo, como si les fuera la vida en ello. Esta actitud probablemente te dará cien mil patadas. Por lo general, cuando has pasado por algún triste episodio en tu búsqueda de pareja, comparten contigo sus estrategias, casi nunca a petición tuya. Es entonces cuando entran en acción (como el superhéroe mejor intencionado del mundo, pero también más incompetente), ofreciéndote consejos sobre cómo quedar de «forma correcta», porque claramente lo estás haciendo todo mal. Nunca importa que ellos no estuvieran allí contigo y que no conozcan la historia completa (¿quién necesita hechos?). Afróntalo, estás cerca de convertirte en una triste solterona y ellos no quieren eso para ti. Quieren salvarte. Te dirán todo tipo de cosas «útiles», frases hechas como «aparecerá cuando menos te lo esperes».

¿De verdad? Hacía una década que no tenía pareja y, créeme, hubo muchos meses en los que era lo que « menos me esperaba». Conozco decenas, si no *cientos*, de mujeres solas que nunca lo esperan y, adivina qué: tampoco les ha sucedido (aún).

«Tienes que hacer de ello un trabajo a tiempo completo. Dedícale un poco de esfuerzo».

¿Oh, de verdad? ¡Con las citas no se paga el alquiler, amigos!

«No le pongas tanto empeño».

¡Ah, pensaba que queríais que me esforzara un poco en ello!

«Pones el listón demasiado alto».

¿En serio? ¿Aspirar a tener con alguien una conversación decente y civilizada delante de un vaso de té helado es poner el listón demasiado alto?

Como verás más adelante, en el terreno de las citas, desconfío de las estrategias. Si decides seguir a alguien y funciona, entonces te digo (y significa) que estupendo para ti. Por desgracia, cuando se adopta una estrategia para encontrar pareja, lo que he visto la mayoría de las veces es a un montón de mujeres trabajando muy duro, haciendo ejercicio y planes para sus citas, en un intento por atraer a la pareja perfecta. Trabajar duro por algo que quieres está muy bien, pero cuando, después de todo ese esfuerzo, esa pareja perfecta no se presenta, estas mujeres tienden a atribuir el fracaso a ellas mismas, y no a la estrategia.

Haya o no estrategia de por medio, el modo en el que abordas la escena de la cita tiene mucho que ver con lo que esperas del proceso completo.

De modo que ¿qué esperas de tu primera cita?

¿Te pones un listón muy alto?

¿Esperas retirar tu perfil *online* en los cinco primeros minutos después de conocer al hombre de tu cita?

¿Rezas para que la pareja que encuentres quiera tener, como quieres tú, seis hijos?

Ya sea una cita a ciegas, una cita por internet o una primera cita con alguien que conociste una noche de fiesta, hay algo que debes esperar de esa primera cita: que trascurra para los dos en un ambiente distendido, amable y desenvuelto. No esperes saber si le gustas a tu pareja tanto como él te gusta a ti. Muchas veces te lo dirá, lo cual resulta muy dulce, pero no siempre será así.

No esperes saber la verdad sobre sus intenciones contigo. No quiero decir que la persona con la que has quedado sea un mentiroso, no quiero decir eso en absoluto. Tanto hombres como mujeres a menudo se hacen rápidamente una idea acerca de si van o no a volver a ver de nuevo a la persona de la cita y, al margen de lo que perciben como amabilidad, no comparten esa información mientras dura la cita. Piensan que están siendo simpáticos o agradables y socialmente educados. ¡Qué equivocados están! ¿Quién no ha guardado silencio cara a cara para no herir los sentimientos de la otra persona y lo ha dicho luego todo en un *email* o un mensaje? Puede parecer más fácil, pero pocas veces es la mejor opción.

Si bien no debes nada a tu primera cita, resulta genuinamente amable y agradable decir la verdad. En persona. Cuando te pregunten «¿Puedo llamarte mañana?», si no te apetece, por favor, no digas que sí. Las mujeres hacen esto a menudo. Es la principal queja de los hombres. Pero para cualquiera que realmente desee ver a la otra persona de nuevo, es peor recibir un falso positivo.

En lugar de ello, hay que ser honestos. Puedes decir algo del tipo, «Gracias de verdad por ofrecerte para llamarme. Creo que no coincidimos mucho. Te deseo toda la suerte del mundo».

Seguro que sabes lo decepcionante que es haber tenido una cita increíble y estar esperando esa llamada y descubrir al cabo de una semana que esa llamada no va a producirse. Pues eso, no seas tú también así.

¿Qué otra cosa cabe esperar de una cita?

Cabe esperar que conozcas gente nueva.

Cabe esperar que surjan preguntas y respuestas que sean divertidas, edificantes o que sirvan para sacar a la luz el lado único de cada individuo.

Cabe esperar que no haya química, para ti, para él o para ninguno de los dos. Ocurre a menudo que no hay química.

Esmérate en sacar lo mejor de él, animándole a hablar de las cosas que le importan.

Esfuérzate en aprender algo nuevo de esa persona.

Procura ser escuchada y comprendida en lo referente a cosas que son importantes para ti.

Esfuérzate en pasar un rato divertido, agradable y en conexión con esa persona, que pueda llevar a otros ratos divertidos, agradables y en conexión.

Procura ser honesta cuando llegue el momento de saber en qué punto os encontráis ambos en la cita. ¿Quieres dejarlo ya? ¿O quieres seguir adelante? Ello puede requerir un cambio de escenario esa misma noche. Supongamos que estáis disfrutando de la cena y él te ofrece dar un paseo, tomar el postre en algún otro sitio o una copa en un bar que conoce; si te estás divirtiendo, simplemente di que sí. Si no es así, no alargues la cita solo por ser amable. Pon fin al asunto.

Puede que haya ocasiones en las que sepas que no vas a volver a ver a esa persona, pero que estés pasando un buen rato. En ese caso puedes seguir adelante; solo asegúrate de que no está malinterpretando esta prolongación de la cita.

Cita #44
Bisontes y masaje
- ¿Qué más se puede pedir?

Escena: Té helado en Depot Bookstore & Café, Mill Valley, California

Me encontraba en la cola del Depot, un edificio emblemático de estilo colonial, en el centro de Mill Valley. En otro tiempo estación de ferrocarril para los trabajadores de los aserraderos, actualmente sirve cafés y cruasanes y es un lugar de encuentro de solteros y solteras como yo. Mientras hacía cola y miraba alrededor, esperando mi turno para pedir un té helado, vi al hombre de mi cita, de pie en la cola, detrás de mí.

Aunque todavía no nos habíamos presentado, supe que no era mi tipo. Creo que él se dio cuenta, pues comenzó desde el principio con una charla promocional pura y dura: se centró en sus actos filantrópicos para salvar a personas, animales, y al planeta entero.

«¿Animales?»

«Salvo todo tipo de animales de gran tamaño y ayudo a reubicarlos en santuarios animales y en el sector privado, en el Área de la Bahía de San Francisco, sobre todo en Marin», me contó, «como bisontes».

«¿Bisontes? ¡ENSÉÑAMELOS!». Exclamé, demasiado intrigada como para no lanzar esa petición (más bien esa exigencia).

«De verdad?», me dijo esperanzado.

«¡Sí!».

Hicimos la larga cola del café, agarramos nuestras bebidas y nos sentamos en una diminuta mesa redonda de granito, tan pequeña que más bien era solo para una persona.

«Bueno, si quieres ver bisontes, necesito saber cuál es tu agenda para hoy, me dijo.

«Mi plan es tomarme un café contigo y después acudir a una cita para un masaje en poco menos de dos horas. De manera que tenemos poco tiempo», contesté.

«¿Crees que podrías conseguirme una cita para un masaje a mí también?», me preguntó.

«Pues claro», le contesté mientras pulsaba el 7 en el móvil, el número de marcación rápida del spa.

Lo siguiente que has de saber es que este hombre (a quien no tenía el menor interés en volver a ver) y yo nos metimos en mi BMW descapotable de segunda mano, con el techo bajado, camino de la localidad de Nicasio un cálido día de verano para ver bisontes. Cuando llegamos a la puerta de la propiedad privada, que era una finca de considerable extensión, le costó varios intentos dar con la contraseña correcta. Sentí el nerviosismo tembloroso característico del intruso, que es lo que yo estaba segura que éramos. De repente, *voilà*, la puerta se abrió de par en par, y allí, en lo alto de la colina, estaban los bisontes, dándonos la bienvenida. Oh, eran bonitos, lanudos, de considerable tamaño, más grandes de lo que esperaba.

Los bisontes no se mostraron en absoluto interesados por nuestra presencia, pero yo estaba emocionada. Me tomé mi tiempo, diciendo hola a todos y cada uno de aquellos imponentes animales. Los pardos, los más oscuros, el que era de color crema, docenas de bisontes, todos con cuernos tan grandes que no podía imaginar cómo podían soportar su peso y su tamaño. Mantuve largos monólogos con cada uno de ellos, cara a cara. Les informé sobre su belleza, les pregunté por sus posibles problemas de equilibrio dada la envergadura de sus cuernos, me interesé por su alimentación. No obtuve respuesta de ninguno de ellos, pero no me importó. Todo esto sucedía mientras el hombre de mi cita pensaba en cómo sacarme del cercado y volver a la ciudad a tiempo para los masajes.

Sin duda encontró las palabras adecuadas, pues finalmente accedí, aunque triste por tener que dejar a mis nuevos amigos bisontes mucho antes de lo que me hubiese gustado. Conduje unos veinte kilómetros por encima del límite de velocidad permitida durante todo el trayecto de vuelta, para poder llegar a nuestra cita (¡huy!). El personal hippie del spa, entre secuoyas, estaba ya listo para nuestros noventa minutos de masaje, en salas separadas, por supuesto. Después, relajados y atontados hasta faltarnos casi el habla y con la felicidad en el cuerpo, nos encontramos en recepción para pagar la cuenta e intercambiar unas palabras de despedida.

$$\text{̶ ̶ ̶ ̶ ̶ \quad ̶ ̶ ̶ ̶ ̶ \quad ̶ ̶ ̶ ̶ ̶}$$

Esto es lo que pienso que hice bien en la cita de los bisontes: pasé un día increíblemente divertido y memorable con un completo desconocido, mientras amablemente le daba a entender que estaba siendo un encuentro de «amigos» y que no volveríamos a quedar. Claro que hubo momentos en los que me sentí algo incómoda, como a mitad de la cita, cuando me preguntó cuándo volvería a verme. Yo le dije con mi tono más amistoso y sincero: «Estoy pasando un día estupendo contigo. Los bisontes han sido increíbles y el spa está siendo magnífico. Pero no creo que estemos hechos el uno para el otro. Esta es nuestra última cita, pero espero que podamos disfrutarla».

Se mostró afable y en absoluto sorprendido. Yo no quería hacerle lo que tantas veces me habían hecho a mí. Es cruel dejar que la otra persona crea que va a volver a verte, justo hasta el final. Odio tirar de la alfombra bajo los pies de alguien.

Pero, esa vez, lo hice bien.

Prepárate para la aventura de tu cita

Cuidar con esmero de uno mismo es esencial para mantener la salud mental y atraer a la pareja adecuada. La desesperación no resulta cautivadora ni atractiva. Nadie la lleva bien y no querrás acabar tan trastornada como para conformarte con el primer cuerpo cálido que se cruce en tu camino simplemente porque está a mano.

Puedes mantenerte plenamente en forma si eres capaz de identificar dos cosas: qué es lo que necesitas y qué es lo que te hace feliz. ¡Pues vayamos en esa dirección!

Comienza elaborando dos listas. Escribe en el encabezado de la primera página «NECESITO» y en la segunda página «ME HACE FELIZ».

Necesito

La mayoría de la gente piensa que solo debería haber tres palabras en la lista NECESITO: comida, agua y techo. Pero para estar en plena forma para una cita, hay que mirar un poco más allá. Claro, siempre puedes decir que estás en modo mantenimiento y que realmente no necesitas nada más. Como un coche que no necesita gasolina ni aceite. Caray, ni siquiera necesita ruedas… si lo plantas sobre cuatro ladrillos en el patio trasero del vecino. Sin embargo, para hacer las cosas bien y poder llegar a alguna parte, vas a necesitar unos cuantos mimos y cuidados.

Las cosas que necesitas son, en general, cosas sin las cuales te sientes deprimida, inestable o mal, sin las cuales no eres tu mejor «yo». Sin ellas no estás bien. Otras emociones que es posible que experimentes cuando no tienes lo que necesitas son irritación o frustración. Por ejemplo, yo necesito dormir ocho horas por la noche de forma regular. Si duermo solo cinco o seis horas varias noches seguidas, estoy de mal humor y me siento inestable. Necesito pasear por la naturaleza al menos una vez a la semana. Sin esos paseos me encuentro tensa y me siento mortalmente herida. Necesito once minutos de meditación diaria por la mañana. Sin esta actividad me siento descentrada, sin un propósito y a menudo no muy productiva. Necesito un rato de mimos con mi perra todos los días. Si no puedo hacerle cariños y cuidar de ella me siento sola y algo desconectada, y me cuesta más tener una afinidad genuina con cualquier otro ser. En otras palabras, mi perra me hace mejor ser humano, de manera que no solo yo necesito esa conexión, sino todas las demás personas a mi alrededor.

Me hace feliz

Cuando tengas lo que necesitas y te encuentres bien, piensa en lo que te haría la vida aún mejor. ¿Qué te hace feliz? A mí me hace feliz dormir. Ir al cine a ver una película que me transporte a otro lugar me hace feliz. Los albaricoques cubiertos de chocolate me hacen feliz. No necesito nada de esto (porque estoy bien sin ello), pero son placeres deliciosos, son extras en la vida.

¿Qué hacemos ahora con estas listas? Vas a empezar a escribirlas, luego añadirás puntos y las colocarás en la puerta de la nevera. Llévalas siempre contigo hasta que te las sepas tan bien que no necesites ya el papel. Sé concreta, especialmente en lo que se refiere a las cosas que necesitas. Si has escrito: «Tiempo con mis amigas», ¿a cuánto tiempo te refieres?. Tiempo a solas, tiempo físico, ¿cuánto es suficiente (un mínimo al día, a la semana o al mes) para que te encuentres bien? Te quiero en perfecta forma.

Pero, ¿por qué es importante estar bien?

Cuando estás bien, tienes todo cuanto necesitas. No estás de mal humor ni te sientes inestable, tratando de ser estupenda cuando peor te encuentras. El ser humano tiende a dedicar demasiado tiempo a tratar de ser increíble cuando no se siente bien. Tratamos de ser felices incluso cuando nuestras necesidades mínimas no están cubiertas y la experiencia es similar a comerse un helado con el estómago vacío: sienta mal. Pasemos la mayor parte de nuestro tiempo centrados en estar bien, y el mundo será un lugar completamente distinto (y mucho más agradable).

Por un lado, nuestra cultura nos dice que, como mujeres, merecemos y debemos tenerlo todo. Por otro lado, también sugiere que una buena mujer ha de ser desinteresada y necesita poco para mantenerse. Son mensajes confusos y frustrantes. Hay así quien piensa que ese «poco mantenimiento» es lo que los hombres buscan en una mujer. Pues no es así. Tampoco te estoy sugiriendo que te conviertas en una diva total. El truco, como para casi todo, se encuentra en el equilibrio. Para estar en plena forma, toma conciencia de lo que necesitas y de lo que te hace feliz, y actúa en consonancia. Y aprende a expresar todo esto a la gente. (Pista: sé directa y usa las palabras «Necesito» y «Me hace feliz».) La gente busca y necesita que le des esa información.

No me canso de hacer hincapié en esto: si quieres correr como un Ferrari en condiciones óptimas, no pretenderás hacerlo con gasolina de saldo. Tal vez un alto rendimiento requiera un alto mantenimiento y puedes hablar de lo que necesitas sin que parezca que exiges, esperas o reclamas.

Como soltera, se me ocurrieron muchas cosas que podía hacer por mí y que hacían que me sintiera bien y feliz. Yo soy responsable de mi propio autocuidado. El hacer estas cosas por ti te ayudará a mantenerte en forma mental, emocional y físicamente y puede ayudarte también a no sentirte demasiado ansiosa, vacía o sola cuando una cita salga mal (lo cual, a pesar de todos los esfuerzos, ocurre de vez en cuando).

Para ayudarte a comenzar tu propia lista de autocuidado, he aquí algunas de las cosas que yo hacía por mí.

Date un masaje

Una vez a la semana, una vez al mes, una vez cada tres meses, dependiendo de lo que puedas permitirte, date un masaje, si es algo que te ayuda a sentirte bien.

Cuando mi situación económica era algo más boyante, iba a que me dieran un masaje de noventa minutos todos los viernes. Cuando mi situación era penosa, iba de vez en cuando a que me dieran un sufrido masaje de pies durante veinte minutos.

Ya fuera todos los viernes o de forma esporádica, pedía cita con un masajista. Para mí, el hecho de que la persona que me daba el masaje corporal fuera un hombre suponía una diferencia total. Escoge el sexo de la persona que desees que te toque. Resulta terapéutico, rejuvenecedor y revitalizante. El ponerte en manos de un profesional del cuidado corporal te sentará bien y te alimentará de un modo que se olvida cuando vives sin contacto íntimo con otra persona.

Cómprate flores

¿Sueñas despierta con que tu amante te trae tus flores favoritas? ¿Son rosas rojas? Puedes comprar una docena de rosas rojas en la floristería un día a la semana a un precio razonable, salvo que se trate de días señalados como San Valentín, cuando los precios se disparan. Yo solía comprar dos docenas de rosas rojas los viernes por la mañana para que estuvieran frescas al comenzar el fin de semana. En el amor por una misma es importante respetar todo cuanto puedas necesitar, incluso si una voz interior te dice que es excesivo. No subestimes el poder y el impacto sobre tu estado mental de dos docenas de rosas rojas.

Comparto este consejo cuando doy mi octava clase semanal sobre cómo encontrar pareja. En una ocasión, en una sesión posterior, una mujer levantó la mano y dijo: «¡Lo hice! Salí y me compré flores como dijiste, Wendy. Lo hice porque me di cuenta de que el hombre con el que estaba quedando no me iba a pedir que saliéramos ese fin de semana, y en secreto yo había reservado mi tiempo para él. He de decir que puse las flores en un jarrón y que, durante el resto del fin de semana, siempre que miraba esas flores me sentía feliz».

Si un pretendiente que desea impresionarte llega y ve dos docenas de lustrosas rosas en medio de tu mesa, sabrá exactamente qué es lo que te hace feliz y qué debe llevarte la próxima vez que quedéis. ¿Quieres saber lo que puedes decir cuando te pregunte por las rosas? Cuenta la verdad. «Me encantan las rosas rojas. Las compro porque hacen que me sienta feliz».

Nota: Se trata de un ejemplo de cómo contar a alguien lo que te hace feliz.

Disfruta de la comida

Aunque se trate simplemente de tu sitio favorito de comida para llevar, hazte también un regalo en este sentido. Si reservas la comida de la que más disfrutas solo para ocasiones especiales, como las citas, sentirás ansiedad y hambre de algo más que comida.

Esperar a que llegue alguien con quien poder ir a tu restaurante favorito es lamentable. Arréglate y sal tú sola. Siéntate en la barra mientras bebes algo y saborea cada bocado de tu comida. No renuncies al hedonismo. Además, mientras estés dándote placer a ti misma con la comida y el ambiente, siempre puedes sonreír y saludar a ese cliente tan guapo que está sentado a tu lado.

Practica sexo

Escúchame. ¡Practica sexo! Puedes hacerlo con un amante o un amigo, o puedes darte placer tú misma masturbándote. Tengo mucho más que decir acerca de estos dos temas, pero creo que son necesarios unos juegos preliminares antes de entrar de lleno, de modo que sigue leyendo.

Practicar sexo puede ser uno de los puntos de tu lista NECESITO (es uno de los míos). Tener el sexo que necesitas evita llegar demasiado ansiosa a tus citas, tan ansiosa como para ser incapaz de esperar a que llegue el momento adecuado para tener relaciones sexuales por primera vez con alguien.

Alimenta tu sensualidad

Baila. Despierta tu cuerpo con el movimiento. Bailar es divertido (dice la chica que no quería bailar en público, salvo que tuviera delante una barra de *pole dance*). Baila en tu habitación al son de tu cantante favorito. Ve a clases de ballet, tango, salsa, hip-hop o *pole dance*. No elijas un tipo de baile simplemente porque te parece un reto; ya tienes demasiados retos a los que enfrentarte en la vida. Escoge el que te resulte más divertido.

A mí nunca me gustó bailar. Siempre me he sentido tonta y descoordinada bailando. Entonces conocí el baile con barra vertical. No quiero decir que tengas que hacerlo o que tenga que gustarte, pues no es un baile para cualquiera. Pero lo que sí debería hacer cualquier mujer es bailar para entrar en contacto con su lado erótico. Yo lo conseguí con esta modalidad de baile, y de ninguna otra manera. Abogo por algo a lo que Sheila Kelley, fundadora de los estudios S Factor de *pole dance,* se refiere como encontrar y sacar a la luz tu «criatura erótica»[1]. Puedes alimentar tu feminidad (el ser femenino primordial que habita dentro de ti) y puedes exteriorizarla bailando despacio. En tu dormitorio, con las luces apagadas y unas velas encendidas, pega la espalda contra una pared vacía y mece tus caderas al ritmo de una canción lenta que te haga sentir sexy. Sube la música y simplemente déjate llevar. Deja que la criatura erótica que llevas dentro se mueva con la música para ti; deja que te diga lo que quiere. Si se lo permites, se manifestará.

Puede que descubras que tienes un lado sexual y sensual que no tiene nada que ver con tu personalidad del día a día. Tal vez no te hayas encontrado nunca antes con esta criatura. Puede que sea oscura. O juguetona. Es posible que le gusten cosas que a ti no te gustan. Es una criatura en sí misma.

Curiosamente, mi criatura erótica es tímida. Como habrás imaginado, yo no soy una persona tímida. A ella le gustan las bufandas, las boas y las corbatas, mientras que yo, en mi vida diaria, no aguanto llevar nada alrededor del cuello. Mi opinión es esta: aunque parezca contradictorio y un poco de locos, aliméntala, llámala para que salga, deja que baile. Deja que te muestre la fuerza sensual que habita en tu interior.

Así que muévete y desempolva tus canciones favoritas. Te reto. Si lo haces y te sientes como si acabaras de dar con algo (como el santo grial de tu sensualidad, femineidad y condición de mujer), ve un poco más allá y dedica veinte minutos a YouTube para ver el vídeo de la conferencia «Let's Get Naked: Sheila Kelley at TEDxAmericanRiviera»[2]. Se trata de una charla que deberían escuchar todas las mujeres.

Existe otra razón por la cual deberías alimentar tu sensualidad y es por tus citas. Es fácil que, al pasar del modo de trabajo y tareas, del 105 por cien de actividad, de la multitarea, de la organización de listas de obligaciones y de la consecución de todos esos resultados importantes al modo de cita, te resulte difícil dejar de verdad el trabajo en la oficina. De repente, te descubres a ti misma sentada a cenar y tomando algo como si estuvieras con un cliente, no con una pareja potencial, y créeme amiga, eso no es nada sexy. Para bien de todos los implicados, es necesario tomarse un tiempo para cambiar y la manera más rápida de hacerlo consiste en sumergirte en tu lado más suave y sensual bailando, moviéndote despacio y cantando.

Cultiva tu serenidad

Encuentra la paz en el bosque o en una playa desierta. Pasea por tu senda favorita o camina por ese parque regional que siempre has querido explorar. Si eres urbanita, pueden acudir a algún gran parque relativamente cercano. Encuentra tiempo —aunque solo sea treinta minutos— para respirar aire puro y recuperar cierto equilibrio en la naturaleza. Ello te brindará una perspectiva más amplia y dará respuestas a preguntas que pueden haber estado atribulándote durante toda la semana.

Date un largo y relajante baño de sales, burbujas o aceites. Pon música, enciende unas velas y conviértelo en un ritual.

Lee, y no me refiero a informes o revistas. Ya sea una novela de amor o de aventuras, déjate cautivar por un mundo ajeno a ti.

Medita en un lugar tranquilo; comienza expresando gratitud.

Invita a hombres a participar en tu vida

Deja que los hombres sean amables contigo, flirteen contigo, te lleven el almuerzo cuando estés en horas bajas. Sabes a quiénes me refiero. A esos que te quieren tal y como eres.

Deja que ese hombre te cuente cosas maravillosas sobre ti cuando más necesitas oírlas. Deja que esas palabras te acaricien los oídos y te lleguen al corazón.

Cultiva las buenas amistades masculinas, amistades reales, francas, conscientes y no sexuales. Estas amistades no tienen precio. Puedes llamar a un amigo para salir cuando necesites conocer el punto de vista de un chico sobre algo o un hombro sobre el que llorar o cuando necesites escuchar de un hombre lo brillante, hermosa y esencial que eres.

Puede que en alguna ocasión tu mejor amigo esté ocupado, de modo que cultiva más de una amistad masculina. Añade nuevos hombres a tu árbol de amigos. Cuando estás sola, necesitas todo un pueblo para mantenerte en forma, y sin duda ese pueblo debe incluir chicos.

Alimenta el amor en tu vida

Dedica tiempo al amor que sientes por tu perro, tu gato, tu cerdito barrigón, un amigo íntimo o un familiar. Deja que contribuyan y que reconozcan su amor por ti. Si no tienes mascota, amigos íntimos ni familiares cerca, ofrécete como voluntaria en el refugio o la protectora local de animales, donde el amor que puedes ofrecer será sin duda bienvenido.

Recíbelo de un desconocido

¿Qué? ¿De un desconocido? Sí, recibe amor de un desconocido, especialmente si trabajas en casa o pasas muchos tiempo aislada de los demás. Sal al mundo y relaciónate con las personas que pasan por la calle. Sonríe, transmíteles amor y recíbelo de ellos.

Mi mejor amiga, Leslie, estuvo soltera mucho tiempo. Cuando yo me mostraba preocupada por su felicidad, ella decía: «Estoy perfectamente. En este momento no necesito un novio. Tengo cientos de ellos justo ahí fuera, delante de mi puerta». Y tenía razón. Recibía piropos, sonrisas y ofrecimientos de ayuda de prácticamente todos los hombres que veía a diario. Ya fuera el vecino, que se ofrecía para retirarle la nieve de la entrada, o el dependiente del supermercado, que bromeaba y le hacía recomendaciones especiales, ella recibía feliz sus atenciones y disfrutaba de su generosidad. Le hacían sentirse apreciada, querida y en conexión con hombres en cualquier lugar.

Los hombres se mueren por saludarte. Quieren ver tu sonrisa. La mayoría de ellos no quieren de ti nada más que eso, reconocimiento por apreciar tu belleza. Esto no quiere decir que debas entablar conversación con cualquiera que te diga un piropo por la calle; tiene más que ver con ese aprecio mutuo entre sexos que, aunque momentáneo, puede producirse a diario de un modo sutil si tú estas abierta a ello. De modo que, si estás de humor, sigue adelante y da al prójimo lo que admira: tu más auténtico brillo. Este gesto puede marcar su día y tal vez cambie tu vida.

Utiliza el sistema de amigos

Llega a un acuerdo con una amiga o dos (o un amigo o dos) para que te ayuden en esta fase de tu vida. Mejor si él o ella ese encuentra en este momento en el mismo barco que tú, de manera que la ayuda sea mutua y ambos comprendáis por lo que está pasando el otro. (Un apunte sobre la gente casada: a menudo a las personas casadas les cuesta relacionarse. O bien no han pasado por esta fase, porque no tuvieron muchas citas antes de casarse, o bien se han olvidado de lo que es eso, «como ocurre con el dolor del parto». ¡Qué deprisa se desvanece la experiencia una vez que encuentras pareja y caes en la bendita rutina diaria de una pareja!).

Piensa en estos amigos solteros como tus aliados para las citas. Están ahí para escuchar. Seguro que sabes la paciencia que puede llegar a tener una amiga. Puede asimilar veinte minutos de contenido sin pronunciar una palabra (como si solo existieras tú). Queda con tu aliado o tus aliados para contarles todos los detalles —lo bueno, lo feo y lo malo— y poder superarlo todo.

Me he dado cuenta de que una vez que he contado a alguien mi historia, me siento mucho mejor. El malestar deja de vivir dentro de mí; se queda fuera. Encuentra tu número mágico de aliados, ya sea solo tu amigo más cercano, ya sea un grupo de amigos, y reúne el valor suficiente para contarles los detalles sin espantar a nadie. Es una cuestión de equilibrio.

Da permiso a tu aliado para ser sincero contigo. He tenido muchos aliados a lo largo de mi experiencia en citas y mi amigo y mi apoyo en estos menesteres, a quien llamaremos «Seattle Nate», me decía a menudo que había llegado el momento de descansar de tanta cita. Podría volver cuando estuviese preparada. La situación era la siguiente.

Cita #83
Has llegado al muro

Escena: Té en Starbucks, Marin County

«Voy camino de mi cita. Diecisiete citas más y alcanzaré las cien —y francamente, querido, no me importa lo más mínimo», me lamentaba por el móvil en manos libres, sentada en el coche en medio del tráfico de la tarde.

Seattle Nate escuchaba, y generosamente dijo: «Mi amor, yo nunca he corrido una maratón, pero he oído decir que en algún punto entre los 30 y los 35 kilómetros se llega a un muro. Pues bien, tú has llegado al muro. Lo siento por todos ellos, por este y por los dieciséis que tienes que dejar después de él. Cuando hayas acabado con ellos ¿qué será lo siguiente?

«Ya paro. Lo dejo. Pasear al perro. Aprender tal vez a tocar el piano, escribir un libro o montar a caballo. Me vestiré con sayo 24/7».

Él me sigue la corriente porque es un poco de esa manera de ser. «Creo que ir a clases de fotografía o de pintura puede ser una manera mejor de cuidarte mientras te tomas un descanso, Wendy».

¿Tomar un descanso? Reconozco y me molesta la voz de la razón.

El hombre de mi cita resulta ser una buena persona. Resulta que, para él, es su primera cita conseguida por internet en Match.com. ¡Oh, es virgen! No le digo que él es mi cita 83.

Es abogado y un narrador innato de historias. Es encantador, me dice todo lo que debe decir y quiere volver a quedar. De Acuerdo. Después dice: «Estoy en medio de un divorcio complicado».

«Y quieres salir de algo, no meterte en algo ¿verdad?»

«Bueno... quiero quedar contigo, pero pensaba que debía decírtelo».

«Sí...». Asentí con la cabeza, buscando algo que decir. Estaba ya muy cansada. «Bueno, yo no soy complicada. Eso puede resultarte reparador». Le dije. Lo que realmente quería decir era *No te preocupes; no tienes que explicarme nada, porque ya me da lo mismo.*

¿Qué ocurrió entonces?

Me tomé un descanso, y unas diez citas después llegó el momento de otro descanso. Seattle Nate decía: «Te conozco. Eres una mujer *increíble*. Pero aunque conocieras a un hombre excepcional justo ahora, Wendy, él no te vería. No te vería. Vería una versión rara, gruñona, amarga y desinflada de lo que sueles ser tú». Y tenía razón.

Tu aliado en las citas puede ayudarte, al sugerirte cuándo ha llegado el momento de dejar de buscar pareja y cuándo de volver a empezar de nuevo. Después de todo, has parado solo temporalmente para recomponerte y cuidarte un poco; no vas a dejarlo hasta que seas absolutamente feliz o solo por que sí, ¿de acuerdo?

Sin embargo, hay algo para lo que *no* sirven los aliados: para explicar por qué un hombre ha hecho lo que ha hecho. Tu amiga no sabe por qué ese chico no te ha llamado. Tampoco puede interpretar lo que quiso decir con su silencio. Por favor, no le preguntes, porque te lo dirá, pero no desde el punto de vista de un hombre y sin duda no desde el punto de vista de «ese» hombre. Las motivaciones, razones, expresiones y respuestas de cada persona son diferentes. ¿Quieres saber por qué una persona hizo algo? Pregúntaselo a esa persona. Si no puedes, no debes hacer caso a lo que te dicen otras personas, y debes dejarlo correr. Es más sano y, a largo plazo, te evitará un montón de disgustos y angustias.

Aunque no puedan darte todas las respuestas, nunca subestimes el poder de tus aliados en materia de citas. Los necesitas para comentar «lo que sucedió», de manera que puedan manifestarte su cariño y tranquilizarte diciéndote que no has hecho nada mal.

Un rápido apunte antes de continuar. Muchas de mis 121 primeras citas tuvieron cierto sabor divertido, fantástico, esperanzador y cómplice con hombres amables, decentes y maravillosos. No como el hombre del que voy a hablarte a continuación. He aquí un buen ejemplo de una cita que fue mal. Que disfrutes.

Cita #109
Desde el coche

Escena: Parque regional, Oakland, California

Esta cita *online* pasó a ser telefónica y luego en persona en dos días. El plan era quedar para salir a pasear a nuestros perros.

Mi idea era un paseo tranquilo por mi parque regional favorito, lleno de musgosos robles, gayubas, madroños del Pacífico y senderos con maravillosas vistas de las laderas de viñedos de Glen Ellen, en California. Si hubiera echado una manta en el asiento de atrás del coche y hubiese hecho una parada rápida en el Community Café de Sonoma para comprar un picnic gourmet (con regalo incluido de *marshmallows* con manteca de cacahuete y chocolate), este podría haber sido un primer encuentro ideal, que hubiese podido llevar a un esperanzador final de «felices para siempre». Pero él tenía otros planes.

«Oye, hay un parque justo al lado de mi casa», me dijo. «Ven y daremos un paseo por Oakland/Alameda».

«De acuerdo. ¿Cómo puedo llegar hasta allí?», le pregunté.

Mientras me daba instrucciones, pude imaginarme la zona. Al recordar las referencias y los cruces, me la imaginé como una zona industrial desierta y con mucho hormigón en un desangelada zona de Oakland. Definitivamente no íbamos a disfrutar de las amplias vistas y de la belleza natural de la campiña local.

«De acuerdo, puede estar bien. ¿A qué hora quieres que vaya?», le pregunté.

«A las tres. Nos vemos allí».

Llegamos, quiero decir Lilly-Bee, mi perra de raza Catahoula Leopard de talla mediana, y yo. Es una perra peleona y mi absoluta protectora, de modo que no me preocupé demasiado por el lugar de la cita, a pesar del hecho de que para llegar hasta allí tuve que conducir por solitarios callejones y pasar por fábricas abandonadas y marcadas por el vandalismo de Oakland (y hablo del Oakland de las noticias de las diez, no de las colinas o de la zona norte de la ciudad).

Paramos en un aparcamiento. Estábamos listas para nuestra cita a las 2:50 p.m. Lilly-Bee y yo éramos las únicas en el aparcamiento.

Así que esperamos.

Y esperamos.

Y esperamos.

A las 3:10 p.m. estábamos ya inquietas, de modo que empezamos a deambular por la zona junto al aparcamiento.

Esperamos. Esperamos. Y esperamos un poco más.

A las 3:18 p.m. divisamos un destartalado y oxidado Dodge Dart con cantidades masivas de cinta americana azul pegada en todo el frente del coche para sujetar la carrocería. Cuando estuvo cerca, un perrillo pastor sacó la cabeza por la ventanilla trasera del lado del conductor.

Saludé con la mano, sonreí y esperé. El motor del coche seguía en marcha. Vale.

Caminé hacia el lado del conductor. Él bajó la ventanilla. Pronuncié un amigable «Hola».

«Hola», me respondió él. «Estooo… entonces…»

(Pausa).

«Estooo…, me he cortado un pie. Tengo que ir a casa a vendármelo».

«Está bien», contesté.

«Te llamaré más tarde para volver a quedar», mintió, y se marchó en el coche.

|||| |||| ||||

Mientras se alejaba en el coche, dejándome ahí, en un horrible y aislado aparcamiento, me di cuenta de que, más que probablemente, toda esa maniobra había sido intencionada, desde llegar tarde hasta elegir un lugar de encuentro abandonado. Fijó la cita de ese modo para poder acercarse en coche y ver si yo merecía la pena, pero sin tener agallas para enfrentarse cara a cara a cualquier posible incompatibilidad y actuar con tacto. En mi humilde opinión, era un acto de idiotas y cobardes.

Y es aquí donde, una vez más, entra en escena tu aliado para las citas. Afortunadamente, pude localizar a Leslie por teléfono y compartir con ella toda la historia. Me preguntó: «¿Tienes puestas todavía las zapatillas de andar?».

«Sí», le contesté.

«¿Llevas puestos los auriculares?»

«Sí».

«De acuerdo, entonces agarra a la perra y vamos. ¿Por qué no damos un paseo por tu recorrido favorito al este de tu casa?»

Todavía con las zapatillas de andar, me llevé a Lilly-Bee a ese paseo que le había prometido antes y Leslie nos acompañó vía móvil, inventándonos hilarantes historias alternativas sobre lo que realmente habría podido suceder con ese tipo.

No paré de reír durante todo el camino.

consejo útil

Queda con la persona de tu cita en un área pública, segura, bien iluminada y transitada, donde puedas sentirte cómoda y a gusto. Tendrás más oportunidades de mostrar lo mejor de ti misma si no pierdes la estabilidad. Si vas a dar un paseo por la naturaleza, asegúrate de quedar en un lugar tan bonito en la que haya docenas de personas cerca. En otras palabras, ten más sentido común del que tuve yo en esta cita.

3

Qvé hacer y qvé no hacer antes de la primera cita

En mi trabajo como experta en citas, sexo y relaciones personales y a lo largo de mis aventuras personales para encontrar pareja, he aprendido que las mujeres prestamos atención a muchas cosas a la vez. Nos preocupamos por nuestra carrera y por aquello que estamos construyendo en ese terreno. Nos ocupamos de nuestras relaciones con familiares y amigos. Trabajamos como voluntarias en la comunidad en la que vivimos. ¿Qué es lo que falta en esta lista? ¡Ring ring ring! Prestarnos atención a nosotras mismas.

Cuando se lleva una vida acelerada y basada en la multitarea, es fácil olvidarse de cuidar de una misma, también cuando hay citas de por medio. Por ejemplo, en general pensamos poco o nada en lo que hacemos (o no hacemos) antes de la primera cita. El modo en que te ocupas de ti misma antes de una cita puede tener un impacto directo sobre el éxito de la misma.

Hay ciertos hechos de la vida moderna de los que es imposible escapar: estamos muy ocupadas y la mayoría apenas si descansamos lo suficiente. No planeamos un tiempo de descanso ni nos concedemos cierto espacio vital entre una actividad y otra. Corremos de una obligación a otra, incluidas las citas, que acaban convirtiéndose en un punto más de la atiborrada lista de tareas pendientes.

En una ocasión programé una cita para las 9:00 p.m., cuando mi jornada laboral había comenzado a las 4:30 a.m.. Era mi primer día en un trabajo nuevo, para el que tenía que conducir un total de 320 kilómetros en un viaje de ida y vuelta. Había sido un duro día de trabajo, durante el cual fui presentada a mi nuevo equipo y tuve que tomar decisiones ejecutivas que afectaban al calendario del año siguiente. Y después tenía una cita camino de casa. Ridículo.

Quedamos con gente justo después del trabajo, sin concedernos tiempo para dejar de estar en modo «vamos-vamos-vamos», y eso es un error.

La persona con la que has quedado desea estar con una mujer que se sienta tranquila, relajada, a gusto en su piel y feliz. Y no se tiene ninguna de estas cualidades cuando se corre a una cita después de un agotador día de trabajo. Aunque te hayas cambiado de ropa, todavía muestras esa energía orientada a tu trabajo, lista para pasar al siguiente resultado —en este caso, conquistar a alguien. Por mucho que lo intentes, una persona orientada a un objetivo suele resultar poco atractiva para cualquiera en una cita.

Concédete tiempo suficiente para estar presente y relajada y ser capaz de dar tu mejor primera impresión. Si es posible, evita quedar justo después del trabajo o de alguna otra obligación. No acudas a la cita después de haber pasado el día con tus amigos (a menos que te estén ayudando a preparar la noche): ya les has dado a ellos lo mejor de ti.

Yo recomiendo tomarse al menos una hora como transición a la cita después de un día estresante. Date un baño de burbujas o de sales Epsom para olvidarte del día. Respira profundamente, medita o da una cabezada de diez minutos. Tómate tu tiempo para resplandecer. Escoge ropa y accesorios que expresen tu estilo único. Utiliza el proceso de preparación como un ritual para apreciarte a ti misma. Ponte algo que te guste especialmente, como una bonita pulsera, tus pendientes favoritos o una prenda especial que habitualmente no te pones.

La excepción: diría que puedes acudir directamente a una cita después de haber hecho ejercicio físico, como una clase de yoga o de baile. Estas actividades te ponen en conexión con tu cuerpo, con tu esencia más íntima, y sacan tu sensualidad. ¿Qué puede ser más delicioso que eso? Pero no lleves puestos tus pantalones de yoga, salvo, por supuesto, que eso sea lo que llevas 24/7, en cuyo caso, ¡adelante con ellos, *sistah!*.

Hablando de descansar y relajarse… mastúrbate. Es decir, si tienes intención de despertar atracción sexual. ¿Te puedes creer que esté sacando ya, de repente, el tema de la masturbación? Sí, así es, porque tengo información esencial sobre la masturbación. Si la practicas antes de una cita, se generará una agitación dentro de ti y se producirán ciertas respuestas predecibles. Conoce la relación causa-efecto y tendrás todo el poder.

La excitación sexual sacará tu lado más sensual y te pondrá en conexión con tu cuerpo. Acudirás a la cita sintiéndote naturalmente sexy, femenina y lista para conectar (gracias a la hormona de la unión, la oxitocina).

Los efectos de la masturbación se dejarán notar no solo en el cerebro y en el útero y circularán por tu cuerpo durante horas, incluso todo el día y hasta la noche. Deja que te explique: el estado emocional positivo resultante se asocia a un aumento de la actividad de la dopamina y de los péptidos opioides en tus circuitos de recompensa (estamos hablando de biología). El hipotálamo inunda tu cuerpo de oxitocina, que produce contracciones uterinas generadoras de las sensaciones de orgasmo. Sin embargo, no es solo una cuestión física. La oxitocina, es decir, la «hormona del amor y de la unión», persiste en tu sistema y busca ocasiones de unión. Ese es todo su trabajo, unir, y buscar una pareja a la que unirse. Cuando el *nucleus accumbens*, o «centro del placer», recibe dopamina, tú, amiga mía, te sientes en lo más alto. Si quieres saber más sobre este tipo de cosas, echa un vistazo al trabajo del experto en neurociencia conductual Barry R. Komisaruk, PhD, que dirige estudios de resonancia magnética sobre los orgasmos de la mujer (un trabajo insólito y potencialmente asombroso, a decir verdad)[3].

De manera que ahí estás, inundada de hormonas estimulantes. La persona de tu cita lo percibe, se activa entonces el deseo y se desata la atracción sexual.

Todo bien ¿no? Quizá. Saber esto te ayudará a decidir si quieres utilizar esta herramienta en tu propio beneficio y a comprender la respuesta que puedes obtener. Cuando sentimos una fuerte atracción sexual, es posible que, sin darnos cuenta, acabemos con una llamada para tener sexo. Si es algo que no estás buscando, tal vez quieras tenerlo en cuenta, especialmente antes de tu primera cita. Por supuesto, si lo que realmente quieres es tener un encuentro sexual, entonces adelante.

Comprende que si te masturbas antes de tu cita (no *ante tu cita*, eso es algo totalmente distinto), tienes una alta probabilidad de causar atracción sexual, que puede ser algo estupendo. Pero si estás buscando pareja (no un encuentro sexual), desearás que la persona con la que has quedado se sienta atraída sexualmente por ti, pero también que aprecie muchas más cosas de ti, no solo tu físico. Desearás que pueda disfrutar de tu arrolladora personalidad y ver que eres divertida, inteligente y absolutamente increíble, y una persona a la que no puede correr el riesgo de perder, por intentar llevártela a la cama la primera noche. Supongo que quieres que él sienta el impulso de verte de nuevo, de conocer tus necesidades y de pensar en lo que puede hacerte feliz. Cuando la atracción sexual es intensa, puede ser difícil centrarse en cualquier otra cosa, y mucho menos considerar nada a largo plazo. El dicho «Solo tiene una cosa en la cabeza» tiene que ver con esta situación en particular. Y aunque conozco a un montón de gente (incluida yo) que ha tenido relaciones profundas e importantes y a parejas que acabaron casándose después de acostarse en su primera cita, no es esta una estrategia que te sugiero como manera segura de encontrar pareja.

La siguiente historia es un espléndido ejemplo de una primera cita con demasiada energía sexual.

Cita #98
Atención: clasificada X

Escena: Una cita progresiva que comienza con cena en Izzy's Steakhouse, San Francisco, California

Comencemos con el descargo de responsabilidades, ¿de acuerdo? Te recomiendo que te saltes este apartado si eres mi madre, si sois mis abuelos paternos mormones o algo parecido. Aquellos de vosotros que prefiráis mantener vuestra lectura en la franja segura para menores de 13 años es posible que también queráis saltaros estas páginas. Quienes sigáis leyendo, acomodaos.

El tipo de mi cita 98 se había puesto en contacto conmigo con varias semanas de antelación, pero unos días antes del día en que habíamos quedado para vernos un perro me mordió en la cara. La mordedura requirió ocho puntos, justo debajo del ojo derecho. No estaba para conocer a nadie.

Él quería quedar antes de que me quitasen los puntos, lo cual me hizo adorarle un poco más, pero le dije que de ninguna manera. No me hubiese importado que me viera con una elegante cicatriz, pero no con ocho hebras negras entre coágulos de sangre con costra sobresaliendo de mi cara.

Una de las cosas que más me atrajeron de él fue cómo se ganaba la vida. Era director ejecutivo de una organización sin ánimo de lucro de San Francisco que representaba una causa que me resultaba especialmente querida. Parecía ser el tipo de hombre al que yo podría ayudar y apoyar. Pero, llegado el momento de esa cita 98, la escéptica que hay en mí no se molestó en ponerse nerviosa hasta que realmente nos encontramos frente a frente.

En la cita descubrí que era inteligente e interesante, pero no especialmente divertido y en absoluto mi tipo, pero aun así quise darle una oportunidad.

Durante tres horas de conversación mientras cenábamos, sus dos temas estrella fueron su exmujer y su exnovia. Por lo que pude deducir, debió haber cierto solapamiento.

Al final de la cena, ya me había dado cuenta de cuáles eran las partes de mi cuerpo que más le gustaban (y ninguna de ellas era mi cerebro). «Quiero volver a quedar contigo», me dijo, «pero tengo la sensación de que eres una auténtica mojigata». Vaya. Atención, la cita empezaba a torcerse. Me había insultado y mi mente se inundó de preguntas retóricas que nunca le hice a él, pero que te haré a ti:

1. Vamos a ver, ¿qué hay de mojigato en una falda corta negra, botas altas hasta la rodilla con tacón de 15 centímetros y un top que deja a la vista el escote?
2. ¿Por qué soy una mojigata si en una primera cita no muestro un comportamiento abiertamente sexual?
3. ¿Por qué me echa en cara mi «mojigatería» como un defecto de personalidad o un distintivo permanente?

Ni que decir tiene que la cita se dio oficialmente por terminada. Le di las gracias por la cena y dije: «esta mojigata tiene que ir ahora a bailar a un club».

«¿Dónde?».

«Qué más te da», le dije.

«¿Puedo ir a ver?».

Me lo pensé. «Solo si vamos en coches separados. Puedes ir, supongo. El club no abre hasta dentro de hora y media».

«Podríamos ir a tomar algo», dijo.

«Esta bien, pero solo si vamos a Aunt Charlie's», repliqué. Aunt Charlie's es un magnífico y diminuto bar que acoge en San Francisco al colectivo de LGBT y que acoge actuaciones de *drag queens* los fines de semana. Es increíble.

Llegué después que él y lo encontré sentado al fondo del bar. Entre nosotros había un grupo de ocho o diez gais de veintitantos y treinta y pocos años. Pasé junto a los chicos y me reuní con mi cita 98 para tomar una cerveza rápida mientras esperábamos.

La reprimenda por mi personalidad por mi defecto de mojigata continuó. Tiró de mi blusa para enseñarme cómo vestiría si no fuera tan mojigata y, al tirar, el centro del escote de la blusa cayó por debajo del sujetador. Me giré hacia el grupo de chicos (con sujetador estampado a la vista y todo) y anuncié: «Vamos a votar. ¿Cuántos de vosotros —levanté la mano bien alta en el aire— pensáis que soy una mojigata?».

El tesoro nº1, con su voz de reinona, dijo: «Cariño, ¿con esas botas? ¡Tú no eres ninguna mojigata!».

Los demás lo siguieron, haciendo comentarios sobre mi sujetador, mi falda y mi presencia allí, en el Aunt Charlie's, en medio del Tenderloin, uno de los barrios más sórdidos de San Francisco. Sí, quedó bien documentado; se votó y el comité decidió que yo (¡sorpresa!) no era una mojigata. Ante lo cual, dije: «Gracias, amigos. Ahora esta mojigata tiene que excusarse. Va a hacer *pole dance* en el Power Exchange».

Has de saber sobre mí algo de lo que probablemente te hayas dado cuenta ahora: como actividad de ocio y diversión, practico *pole dance*. Exacto, soy bailarina de barra vertical. Y soy muy buena en ello. Puedo trepar, darme la vuelta, girar, y mucho más. Soy mejor que muchas «profesionales».

Pero volvamos a la cita. Voy a contar cómo es Power Exchange. Podrías pensar que es un bar. Pues no. ¿Un club de *striptease*? Tampoco. ¿Te rindes?

El Power Exchange es un sex-club, así como uno de los pocos refugios seguros de San Franscisco para actuaciones de transexuales. Me encanta este sitio.

El área central, a la que a mí me gusta llamar salón, resulta que alberga la mejor *pole* o barra vertical de baile de San Francisco disponible para el público. Se encuentra en el centro de la sala, al final de una larga pasarela profesional iluminada desde abajo.

Me gusta bailar allí de vez en cuando. Me dejo caer fuera de hora, cuando no hay nadie por ahí salvo el personal, que por otra parte es fantástico. Hacen las veces de camareros y porteros, y como cabe pensar, han visto de todo bajo el sol. Están de vuelta de todo, pero son amables, y les caigo bien porque yo también soy amable con ellos.

¿Recuerdas las fiestas de los tiempos de la universidad? Puede que los chicos se besaran en el salón, pero la verdadera acción transcurría siempre en los dormitorios (o eso es lo que he visto en las películas de adolescentes de John Hughes). Pues bien… algo así ocurre en este club. En el escenario estoy yo en la barra vertical (si no estoy bailando, estoy dando una clase de barra a otra mujer) y, sea lo que sea lo que se esté haciendo en el espacio central, suele ser alguna suerte de acuerdo o transacción. En otras palabras, en lo que yo llamo salón básicamente se habla, no hay mucha actividad, no a las nueve de la noche, en cualquier caso. Es posible ver a gente tratando de cuadrar un trío o de coordinar una posible actuación. No presto atención; no es asunto mío. Yo me centro en la barra.

Esa noche entré, saludé a mis amigos detrás de la barra y me dirigí al salón, hacia el escenario, con el hombre de mi «cita» siguiéndome los pasos. Dos mujeres de veintitantos, de estilo hipster-vintage-gótico, dieron un brinco y gritaron al verme. «Nuestra bailarina favorita de *pole dance*. ¡Bien!». Di a cada una de las chicas un fuerte abrazo y después arrastré a una de ellas conmigo al escenario. Hicimos algunos giros sencillos como calentamiento. Era una chica grande y tímida a la hora de usar todo su peso corporal en la barra, de modo que trabajé con ella un rato. Le enseñé; dimos unas vueltas; bailé. Mi vida era perfecta.

Llevaba unos treinta minutos bailando cuando me encontré a unos cuatro metros del suelo, mirando sin darme cuenta a la altura de los ojos a alguien que se encontraba en la galería de asientos de la segunda planta. Cuando me di cuenta de que me estaba mirando, rápidamente desvié la vista. De hecho, siempre me propongo no mirar a los hombres en el club porque no quiero empezar de forma accidental algo que no tengo intención alguna de terminar con ellos. Es solo parte del protocolo.

De manera que, colgada a cuatro metros del suelo —boca abajo, eso sí—, aparté los ojos hacia un lugar seguro. Normalmente, ese lugar seguro suele ser el suelo del escenario vacío, por debajo de mí. Esta vez opté por mirar a mi grupo de chicas y a mi excita.

Las chicas se habían ido; solo quedaba mi excita. Desnudo. Completamente desnudo (hasta los zapatos y los calcetines se había quitado) y mirando hacia arriba, hacia mí… y masturbándose.

Todo cuanto acerté a pensar fue: ¡Tío, que es el salón! Sé que está permitido y todo eso, pero no viene al caso. Ponte los zapatos, por lo menos —es antihigiénico— y si eso es por mí, te agradecería que apartaras «eso» de mí. *Al parecer, le estoy dando pruebas de su punto de vista,* pensé riéndome por dentro. *Soy una mojigata.*

Me quedé suspendida en el aire tanto tiempo como pude, pero al final me escurrí hacia abajo por la barra, momento en el cual agarré mi bolso fuera del escenario y me dispuse a marcharme.

«¡Espera!» gritó, erección en mano como si estuviera empuñando la palanca de cambios del coche.

«Eh, no. Tú quédate. Que te diviertas». Dije sin mirarle a los ojos.

«¡Espera! Puedes venir y hablarme mientras termino», replicó.

«No. No firmé para esto. Me voy. Que tengas una buena noche», dije en tono cortante.

¿Una segunda cita? ¿Tú qué crees? Pues eso, yo también.

Espero que no tengas nunca citas tan malas como esta. Eres lo suficientemente inteligente como para no dar pie a que ocurra algo parecido y como para no frecuentar este tipo de establecimientos a los que yo soy aficionada. Está bien que yo sea el bicho raro. Pero date cuenta de que esto ocurrió en la cita 98. Después acudí a otras veintitrés y, afortunadamente, ninguno de los hombres con los que quedé fue como este, aunque tuve muchas citas más antes de conocer a mi pareja actual.

Hace poco un periodista me preguntó: «¿Por qué algunas mujeres tienen mucho éxito y llegan a casarse después de sus citas *online*, mientras que otras cuentan espantosas historias y tienen una suerte terrible?».

«¡Fácil!», le dije. «Las mujeres que tienen éxito y se casan lo hacen porque siguen adelante».

Verás, tengo historias que pondrían los pelos de punta a nuestras madres, pero no dejé que ello me detuviera. ¿Te imaginas dejar de comer porque has probado algo desagradable? ¿O dejar de trabajar cando te sientes incómoda o irritada? Algunas mujeres lo hacen, y tal vez sepa por qué: porque a veces resulta difícil continuar. Pero yo lo haría todo otra vez —las 121 citas— solo para conocer a mi actual pareja. Ha merecido la pena. ¡Y mira todas las historias que tengo para contar!

4

Errores de novata

El error de novata más común y desafortunado que cometemos las mujeres no es el que piensas.

Es que esperamos demasiado.

Esperamos para la cita. Tenemos todo tipo de razones lógicas para esperar. Esperamos a estar «preparadas» y a que llegue el momento «adecuado». Es el clásico «Yo quiero pero…» que todas decimos. Quizá quieras buscar una cita en internet, pero va a ser tu cumpleaños o están a punto de llegar las fiestas. Tal vez quieras comenzar, pero será mejor momento cuando vuelvas de esas vacaciones de chicas que has programado hace tres meses.

Puede que estés esperando porque tienes clases. Quizá esperes a terminar esa asignatura, pues es especialmente dura y el profesor es un auténtico dolor. Tal vez reanudes las citas cuando te la hayas quitado de encima. O quizá esperes a terminar las clases. O a tener el título del máster…

A lo mejor tienes un trabajo a tiempo completo y estás esperando a tener algo menos de trabajo, pues ahora mismo estás demasiado ocupada. No eres capaz ni de tener al día el correo electrónico (la mayoría no podemos, si te sirve de consuelo). O puede que quieras esperar a terminar con ese proyecto de trabajo que te lleva tanto tiempo.

Cariño, odio tener que decírtelo, pero la vida va a tenerte siempre ocupada. Siempre habrá algo que ocupe tu tiempo y siempre habrá gente que necesite cosas de ti.

He aquí una «buena» excusa que muchas nos damos a nosotras mismas en un momento u otro: estás esperando porque quieres perder esos kilos de más. Puede que sean dos o que sean veinte, pero vas a esperar hasta perderlos. En mi caso, si hubiera esperado a perder kilos (yo era de las de veinte), habría tenido exactamente cero citas. Yo he deseado siempre perder unos diez kilitos. Tal vez pienses que necesitas bajar hasta un peso de «soltera» competitiva para poder encontrar la pareja adecuada, porque estás segura de que a la mejor persona para ti —a la mejor posible que puedes conseguir— solo le gustarás con tu peso «ideal», no con el que tienes ahora.

Voy a decirte las cosas tal y como son: quizá nunca pierdas ese peso. Por otra parte, también puede suceder que lo pierdas. Y si lo haces, justo cuando estés apenas a unos kilos de tu peso ideal, acudirás a una cita y ¿sabes lo que ocurrirá? Conocerás a tu amado. Será increíble. Y tú estarás pensando: «Oh, realmente voy a gustarle más cuando alcance mi peso ideal. Estoy ya muy cerca». ¿Pero sabes qué será lo siguiente que ocurrirá? Empezará el flirteo. Sí, flirtearás. Quedaréis para cenar y tomaréis batidos a medianoche y, antes de que te des cuenta, tu crítico interior estará gritándote, diciéndote que solo le gustaste en la primera cita porque casi estabas en tu peso ideal, pero que ahora que has engordado dos kilos (o así) ya no le gustas, y todo habrá terminado. Esta vocecilla dentro de tu cráneo está diciéndote que lo estás echando todo a perder.

No hagas caso a tu crítico interior. Queda ya, tal y como estás. Y si sientes deseos de perder peso, fantástico; puedes hacerlo. Y cuando lo conozcas, tendrás la talla que tienes ahora, o puede que una menos. Si pierdes algo de peso mientras estáis juntos, excelente; es lo que querías. Si accidentalmente ganas unos kilillos durante el flirteo, no hay problema, porque siempre puedes recordar a tu crítico interior que tu pareja te eligió como eras antes, con mayor peso. No es ninguna mala idea quedar ahora en lugar de esperar. Así sabes que le gustas tal y como eres y, ganes o pierdas algo de peso, tienes un margen.

Un apunte para las chicas corpulentas: si alguien te dice que para enamorarse de ti tienes que estar delgada, corre. Corre tan rápido como puedas en la dirección opuesta. A ser posible derrámale la copa en la cara y después corre. Que eres una mujer grande, ¡genial! Tendrás otras citas; yo las tuve.

La realidad es que, en los principales sitios web de citas, la mayor parte de los hombres buscan tipos corporales delgados o en la media. En este sentido, nuestras amigas delgadas nos ganan, aunque tampoco ellas se pasan el día recibiendo ofrecimientos de citas de calidad. Mi atractiva, supersexy y supertipazo amiga Sara cuenta que cuando consiguió su peso y su forma física ideales, los hombres empezaron a pulular alrededor de ella... y todos querían acostarse con ella y hacían comentarios sobre su cuerpo. ¡Puaj! De manera que no es mejor el extremo opuesto. Perdón, amigas. No hay ganadores en este juego de la imagen corporal. Sugiero que ames el cuerpo en el que vives y que no entres en ese juego.

Me desanimé mucho la primera vez que decidí navegar un poco por internet en busca de un buen experto en citas, en encontrar pareja a la gente y en este tipo de servicios. Sus páginas web son impecables, todo glamour y perfección. Tanto los profesionales como sus clientes son guapos, pero todo cuanto yo acertaba a pensar era: *entonces ¿qué vais a poder hacer por mí? Soy una mujer con curvas (talla 46) y de mediana edad en busca de amor, no una candidata a ser la próxima top model de un anuncio de una firma de moda.*

Por fortuna, todos tenemos un cuerpo, y ahí fuera hay alguien que admira el tuyo tal y como es. Precisamente porque somos de distintas formas y tallas, las preferencias de las gente abarcan diferentes formas y tallas. Pasé cinco años de mi vida estudiando a los hombres y su «tipo» de mujer y al final de todo ese estudio lo que encontré fue que nosotras las mujeres somos mucho más críticas con nosotras mismas que los hombres. Los hombres tienen un tipo o varios tipos (como tú) de mujer ideal y para algunos hombres su tipo de mujer no tiene nada que ver con la figura corporal. Tiene que ver con el intelecto o la longitud del cabello, o la forma en la que te mueves o el modo en que suena tu voz, o alguna otra cosa. De manera que no menosprecies tu figura pensando que no es atractiva, porque lo es.

Hemos aprendido que si estás en forma, llamas más la atención. No necesariamente una atención positiva, amorosa y de calidad, pero sí más atención. Si eres grande (como yo), obtendrás resultados, aunque no sean inmediatos. Tienes que estar dispuesta a mostrarte. Muestra que eres inteligente, divertida, sexy y sana. Y, por el amor de Dios, muestra tu cuerpo, ¡no lo escondas! Una vez más, ¡luce lo que tienes!

Otra razón por la que podrías estar esperando para tener una cita es que es posible que estés esperando a estar de humor. Este fue, en mi caso, un punto importante. Resulta que, antes de decidirme a empezar, nunca estaba de humor. Adivino que es posible que tú tampoco estés de humor. Es algo así como cuando no te apetece subirte a la cinta de correr, pero al cabo de quince o veinte minutos en ella te alegras de estar ahí. Tener una cita es algo parecido. Yo siempre me alegro de haber hecho ejercicio, pero nunca estoy de humor antes de hacerlo. No esperes a tener el ánimo adecuado. El momento para tener una cita es ahora mismo. No el mes que viene, en la estación próxima: ahora.

Si esperas a que llegue el momento adecuado para tener una cita, puede que, sin darte cuenta, pase realmente un montón de tiempo. Si disfrutas estando sola, es estupendo, no hay problema. Pero si tu objetivo es tener pareja, estás desaprovechando el tiempo. Echa un vistazo al calendario y cuenta las últimas cinco citas que has tenido con cinco personas distintas. ¿Cuánto tiempo ha pasado? Si han pasado más de tres meses desde que tuviste esas cinco citas, considera la posibilidad de que realmente no estés buscando pareja. Podría decirse que estás buscando pareja, pero que en realidad no estás haciendo nada para que ello ocurra. No te rindas; cambia tu rutina y empieza a quedar con gente con mayor regularidad.

Otro aspecto esencial es el creerse el mito de que «¡No hay hombres buenos por ahí!». Y seguro que has oído un montón de veces: «¿Es que no hay ningún hombre soltero y heterosexual agradable?» o bien «¡O son gais, o están casados o no tienen trabajo!» Podría citar una docena de frases más de este tipo, pero adivina qué: ninguna de ellas es cierta. No hay escasez de hombres «buenos» por ahí. Esta mentalidad de escasez que domina nuestra cultura y asusta a las mujeres haciéndoles creer que es casi imposible encontrar una buena pareja es una estupidez. Con más de siete mil millones de personas en el planeta, no hay escasez de gente, y creo que seguimos siendo un 50 por ciento hombres y un 50 por ciento mujeres (más o menos).

Otra delirante razón por la que la gente espera antes de decidirse a tener citas es la siguiente: fomentar un largo cortejo antes de la primera cita. ¿Te has encontrado en esta situación? Yo definitivamente sí. Déjame describir la escena. Te tomas un montón de tiempo para conocerle antes de reunirte con él en persona. Profundizas en esa relación, dando pie a un largo preludio antes de tu primera cita. Te tomas entre dos semanas y tres meses para conoceros. Hablas con él por teléfono hasta que te arden las orejas y te quedas dormida por la noche con el teléfono en la mano. Escribes *emails* épicos en forma de pequeños relatos. Pasas el día redactando mensajes de texto de contenido sexy. Coqueteas. Le tienes al corriente de la historia de tu vida y de los detalles de tu día a día. ¿Es esta una manera de crear auténtica intimidad?

¿Una estrategia excelente?

No. Una estrategia terrible.

Haz esto y, cuando quedes por primera vez en Chez Fancy para tu tan esperada cena romántica tras dos meses de «relaciones», descubrirás en dos segundos que no existe atracción física ni química para ti (o para él o para ambos) y se acabó. Tanto tiempo precioso desperdiciado. Todas esas esperanzas y todos esos sueños depositados en el otro caerán por los suelos de golpe. De manera que ¿estáis listos para sentaros y dar comienzo a esta increíble cita?

«Pero… pero y si…», podrías pensar. Lo sé. A veces, debido a viajes o a los niños o a tu agenta vital, no puedes quedar enseguida. No obstante, yo recomiendo encarecidamente quedar lo antes posible. Me he dado cuenta de que, en general, esperar más de diez días es demasiado tiempo. Y si vas a estar en contacto con esa persona mientras estás fuera de la ciudad por trabajo, que sea un contacto ligero y que no te suponga mucho tiempo. Dale una respuesta optimista, haciéndole saber que estás pendiente de vuestra cita a la vuelta. Y si resulta ser una comunicación deliciosa en ambos sentidos, gestiona tus expectativas. Puede sonar duro, pero recuerda que esta persona puede no tener nada que ver con el modo en que te imaginas que es.

¿Todavía no estás convencida? Para que te entretengas, déjame que te cuente una cita en la que hice exactamente lo que te estoy pidiendo que no hagas.

Cita #26
Hablar, hablar, hablar

Escena: Cena en Fisherman's Wharf, San Francisco, California

Vivíamos a más de dos horas de distancia el uno del otro, lo cual no era una buena base para una relación sólida. Nos costó un poco conocernos en persona, de manera que tuvimos ocasión de pasar bastante tiempo hablando por teléfono.

Me gustaba su voz y yo doy también buena impresión por teléfono. Noche tras noche, hablábamos por teléfono durante horas. A las dos semanas, nuestras agendas coincidieron y pudimos hacer planes para conocernos. Él eligió restaurante, prometiendo algo elegante, con manteles de lino blanco en un escenario romántico en un barrio que le gustaba.

Declaración de descargo de responsabilidades: voy a parecer una desgraciada, una mujer crítica y arrogante. ¿Estás preparada?

Eligió un restaurante para turistas en el barrio Fisherman's Wharf de San Francisco, y no un establecimiento de esos con solera. Era más bien un restaurante de una cadena común y corriente, y estoy siendo generosa en la descripción. Habría sido un gesto de amabilidad por mi parte elegir el restaurante. Llevo veintitrés años cenando en la ciudad y tengo experiencia como gourmet, algo que iba a desperdiciar en un momento. Una vez que estuvimos allí, él manifestó su desagrado por la elección, pero yo traté de sacar lo mejor de ella.

De modo que el restaurante no era lo que esperábamos. Y yo no era lo que él esperaba y él no era lo que yo esperaba, tampoco. Decidimos que, dado que los dos vivíamos a una hora de distancia de la ciudad y que habíamos viajado hasta allí solo para conocernos, sacaríamos el mejor partido posible de la cita. Comimos, fuimos a un club en South of Market y finalmente nos despedimos.

consejo útil

No quedes con alguien que vive más lejos de lo que estarías dispuesta a viajar tres veces por semana. No dediques demasiado tiempo ni te comprometas mucho por teléfono. No es real, al menos no el tipo de realidad que tú buscas. Necesitas ver si hay química viva, tangible, cuando os encontréis cara a cara.

Si él no conoce la ciudad o los restaurantes de la localidad tan bien como tú, entonces hazte un favor a ti misma y a él y propón dos o tres opciones, en diferentes rangos de precio. Envíale los enlaces de los restaurantes para implicarle en la elección final.

5

Ponte la gorra de citas

Yo no era una ligona. Yo era una monógama empedernida. Conocía a un chico mono y quedaba con él hasta tener una relación de tipo estándar. Los hombres quedaban conmigo (o yo con ellos), uno tras otro, y yo hacía todo cuanto podía para atraerlos hacia una relación de compromiso —hubo relaciones buenas, malas, inapropiadas o correspondidas, por igual. Pero no había nunca una clara evaluación para ver si seríamos una pareja compatible a largo plazo. A mí me interesaba llevarme el premio y después evaluarlo una vez ganado para ver si quería quedarme con él, arreglarlo, cambiarlo o deshacerme de él. La verdad no siempre es bonita y esto es, para muchas mujeres, un patrón natural de relación, un patrón con el que estoy muy familiarizada.

Cuando me di cuenta por primera vez de que realmente nunca había tenido una cita, casi tenía ya cuarenta años. Aparte de mi exmarido, los hombres con los que había tenido alguna «relación» nunca habrían obtenido el aprobado como pareja compatible si realmente les hubiera buscado mediante un proceso de citas, en lugar de a través de mi modus operandi habitual: «¡Oh, qué mono eres; te tengo delante. Sí, vamos».

Cuando me di cuenta de que ese método no funcionaba en mi caso, empleé una estrategia revolucionaria llamada «proceso de citas». Pensé que podía tener una docena o así de citas y entonces encontraría pareja. Comencé el proceso de citas haciendo de todo. Preparé un perfil *online* para las páginas de citas. Me metí en grupos de Meetup.com y participé en otras actividades para *singles*. Empecé a ir maquillada al supermercado y a asegurarme de que mis mallas de yoga no estaban demasiado raídas. Dije a todos mis amigos que podían prepararme una cita a ciegas. Estaba preparada.

¿Y ahora qué?

Una de las formas más rápidas de atraer a alguien… redoble de tambor… es atrayendo a alguien. En otras palabras, haz todo aquello que te haga sentir cómoda, más otras cosas con las que no te sientas tan cómoda, pero que pienses que podrías probar y cosas en las que alguien pueda ayudarte a pensar: citas *online*, ocasiones fortuitas —como el tipo que te sonríe todas las mañanas en Starbucks— o una cita con ese chico con el que tu tía lleva queriendo emparejarte desde que estabas en la universidad. Acude a alguna cita de prueba, preferiblemente a varias muy seguidas. Cuando cambies tu mentalidad del «Ya sucederá algún día» al «No rechazar ninguna oferta razonable», será cuando las cosas empiecen a suceder.

Conozco a una mujer que conoció a su novio en un avión. Se pasaba la vida viajando y nunca había conocido a nadie de esa manera. Él apareció cuando aquella mujer lo había probado todo, incluidas las citas por internet. Cuando empieces a tener citas y el número vaya aumentando, atraerás a más gente en todas partes. Todo es cuestión de empezar.

Mantente en la brecha

Cuando empecé con las citas tuve veinticuatro en tres meses y, en ese tiempo, tuve también varias veces una segunda y un tercera cita con el mismo hombre. Fue un verano muy ajetreado. Lo primero que descubrí fue que no me sentía como cuando buscaba pareja al principio de todo el proceso. Me costaba un poco encontrar motivación para decirle que sí a un hombre, arreglarme y salir a su encuentro, cuando, para ser honestas, había reposiciones de mi serie favorita de televisión y tenía a mi perra siempre dispuesta a acurrucarse a mi lado. Lo siguiente que aprendí fue que este proceso de citas podía ser realmente divertido, lo cual sucedió después de más o menos la cuarta cita. Estaba en racha. Se convirtió en algo de lo que disfrutaba, en lugar de ser algo doloroso. Estaba deseando salir por la noche con una persona nueva, en lugar de pensar «¿Me hará este tipo perder mi precioso tiempo?». Estaba absolutamente emocionada por la cita que iba a tener ese día.

Entonces paré. Y ¡adivina qué! Resulta que es como montar a caballo o en bicicleta: cuando te bajas de la silla o del sillín por un tiempo, aunque solo sea un par de semanas, luego cuesta volver, pero nunca se olvida. Recuerda que has de dictarte un ritmo a ti misma y no castigarte si te cuesta un poco volver a pasarlo bien.

Es un juego de números

Todo es cuestión de cantidad, si lo que buscas es calidad. Si te sientes preparada para tener citas y verdaderamente estás buscando pareja, te recomiendo tener una o dos citas por semana.

Si quieres dar con el mejor de los partidos y no te gustan las citas, lo siento por las malas noticias, pero prepárate para lo que voy a decirte: según mi experiencia, tienes que estar dispuesta a verte con entre treinta y cien (¡sí cien!) personas para tener alguna oportunidad de conocer a la persona más adecuada para ti. Ahora bien ¿quiere esto decir que tengas que seguir adelante con tantas citas? No necesariamente, pero tienes que estar dispuesta.

Cuento esto a todas las mujeres que quieran escucharlo. Una amiga mía se estremecía cada vez que me oía decirlo. Me decía: «Wendy, no estoy dispuesta. Incluso treinta citas me parecen excesivas para mí». Se embarcó en una relación a distancia con el primer chico guapo y encantador que se fijó en ella, pero eran tremendamente incompatibles. Mi amiga no obtuvo de él lo que necesitaba y, al final, él le rompió el corazón. El segundo tipo por el que se interesó vivía exactamente en la otra punta del mundo, y comenzaron una relación por Skype. Se comprometieron para casarse antes aún de conocerse cara a cara. Ella vendió todas sus pertenencias para trasladarse a vivir con él. Acabó renunciando a su forma de vida, a sus amigos y a su casa para empezar una nueva vida, y ahora está de nuevo de vuelta en Seattle y en el mismo punto en el que empezó, todo ello en un año.

Mi amiga no estaba dispuesta a correr el riesgo de sentirse incómoda en el proceso de selección. En lugar de ello confió en el pensamiento mágico, tarareó unos compases de la canción de la película *Blancanieves* de Walt Disney «Somebody My Prince Will Come» y esperó a que llegara el «príncipe azul» de su cuento de hadas. Ella no es la única; la mayor parte de nosotras hemos vivido alguna versión de esta misma historia (incluida yo). A veces acaba funcionando, pero para el resto ya es hora de dejar atrás los cuentos de hadas y de empezar a poner en práctica lo que realmente funciona, no lo que *esperamos* que funcione. Según mi experiencia, una de cada diez citas tiene posibilidades. No te rindas y, mientras tanto, cuídate y recuerda que (para algunas de nosotras) en algún punto en torno a las treinta citas puede estar el comienzo, de modo que ¡date una oportunidad!

Andar detrás o no andar detrás (esa es la cuestión)

Me gustaría creer que un hombre al que le gustas te buscará. Muchos hombres dicen que moverían montañas, caminarían sobre fuego y harían lo que fuera para descubrir quién es esa mujer y cómo contactar con ella. Otros no son tan entregados. He oído decir a alguno que dar su número de teléfono es una táctica para dejar que ella dé el primer paso, pero, en general, a la mayoría de los hombres les gusta ir tras la mujer.

Por lo general, los hombres necesitan tener cierta seguridad de que cuando van detrás de alguien, esa persona va a decir que sí. Puede que hayas oído decir a algún hombre que le gustaría que una mujer llevara la iniciativa en una cita, que sería estimulante que una mujer lo abordara. Le gusta ver este tipo de seguridad en una mujer. Pues bien, existe una gran diferencia entre acercarse a alguien e ir tras él. Puedes llamar la atención de un hombre sin pedirle el teléfono ni pedirle directamente que salga contigo.

Cuando me metí de lleno en entrevistar a hombres que andan detrás de mujeres, la mayoría decían que no se sentían tan atraídos por una mujer que les pedía una cita o que daba el primer paso, incluso si inicialmente se habían sentido atraídos por ella. Esto no significa que nunca puedas realizar el primer movimiento; es más, yo lo hacía como una forma de saber por dónde pisaba. No creo que sea el caso de todos los hombres, especialmente de los mayores, y sin duda no es el caso de las citas *online*. Si estás en un sitio web con millones de personas, es posible que tengas que dar el primer paso; de lo contrario puede que esa persona no llegue a conocerte nunca.

Entonces, ¿cuál es el mejor enfoque? ¿Cómo evitar un comienzo demasiado fuerte? Simplemente «deja caer el pañuelo». ¿Has visto alguna de esas películas en blanco y negro de los años cuarenta, en las que la protagonista dejaba caer «accidentalmente» un pañuelo y el hombre corría tras ella para recogerlo y devolvérselo? Observa si él recoge lo que tú dejas caer. Envía un texto corto pero amistoso de interés y, si él responde, estupendo. Si no lo hace, continúa como si nunca le hubieses escrito. Trataremos un poco más en este capítulo el tema de las citas *online,* pero antes de continuar me gustaría abordar un asunto en el que no estoy de acuerdo con algunos de los «expertos» que andan por ahí. Existe una estrategia flotando en el ambiente que viene a decir algo así como: nunca des el primer paso. Nunca hables en primer lugar. El que habla primero pierde todo el poder y nunca tendrá la delantera en la dinámica de la relación a partir de ese momento. Eso es una estupidez. Cada vez que oigas a alguien decir «nunca» y «siempre», cuando está dando un consejo —y especialmente en lo concerniente a citas—, yo te recomendaría que fueras escéptica.

Cuando tenía veintidós años, me acerqué a un hombre y le hablé. Acabó siendo mi amante, devoto y adorado esposo durante doce años y, aunque actualmente ya no es mi marido, ha sido mi «familia» y una persona importante en mi vida desde 1990. Ni que decir tiene que me siento feliz de haberme acercado a él aquel día. La mayoría de los mejores hombres con los que he salido han sido, sin duda, aquellos con los que fui yo quien contactó en primer lugar. No me gustaría que perdieras el momento de tu vida o al hombre de tus sueños por esperar a que sea él quien dé el primer paso. Y, para que conste, yo no estaría en compañía de mi querido Dave (cita 121) si no hubiese dado yo el primer paso. (Aunque fue él quien dio el resto).

La siguiente historia que voy a contar es un ejemplo de lo que puede ser «dejar caer el pañuelo». Resultaba evidente, pero mi estrategia (si es que puede llamarse estrategia) era eficaz.

Cita #5
Cómo ser una fan de éxito

Escena: Unas copas en Murphy's Irish Pub, Sonoma, California

Como ocurre a menudo en las localidades pequeñas, había conocido al hombre de la que sería mi cita 5 unos seis meses antes, mientras estaba sentada en la larga mesa con doce amigos en el Murphy's Irish Pub. Este pub es el punto de reunión de los irlandeses e ingleses de la localidad, que son muchos. A menudo era la única estadounidense del local. En un pequeño callejón junto a la histórica Sonoma Plaza, Murphy's ofrece distintas cervezas extranjeras y el mejor pudin que he probado nunca.

Era un caluroso día de verano cuando puse los ojos por primera vez en ese encantador británico. Era divertido, amable, atrevido y bien educado. Pregunté por ahí acerca de él y finalmente un amigo me dijo: «Ah, sí, ya sé de quien hablas. Es músico. Toca en el Murphy's los viernes».

El viernes, mientras me preparaba para salir, apunté con claridad mi nombre, dirección de correo electrónico y número de teléfono en un Post-it. Lo pegué en un billete de cinco dólares arrugado y lo guardé aparte en la cartera.

En el intermedio, pasaban un cuenco para las propinas. Esperé a que cuenco y músico estuvieran juntos, pero antes de que comenzara de nuevo a tocar.

Saqué los cinco dólares con el Post-it pegado, tomé aliento y avancé hacia él.

«Hola. Ya nos conocemos. Creo que fue hace unos seis meses», le dije.

Una línea se dibujó en su frente y él no dijo nada.

«Estábamos todos en una mesa grande de fuera. No espero que te acuerdes. Solo hablamos durante unos quince minutos. Esa es la cuestión. Me pareciste interesante. Si me pidieras que saliéramos, diría que sí. Mis datos de contacto están en este Post-it.» Lo metí en el cuenco, pegado al billete, sonreí y me marché.

¿Qué ocurrió entonces?
Quedamos durante unos meses y según fueron progresando las cosas nos dimos cuenta de que estábamos mejor como amigos. Él aprendió a tocar «Vincent Black Lightning», una canción increíblemente difícil y rápida, solo para mí, y la interpreta espléndidamente. Richard Thompson estaría orgulloso.

Consejo útil
La nota del Post-it funcionó. Le encanta contar esta historia.

El arte de flirtear

Yo solía pensar que flirtear era todo cuestión de una caída de pestañas, de mover y juguetear con el pelo o de reírle los chistes a alguien. En una ocasión vi a una mujer meterse el dedo índice en la boca, girarlo y sacarlo lentamente mientras lo chupaba. Nunca he tenido la más mínima intención de hacer este tipo de cosas, pero si cosas como esta —desde la más sosa hasta la no tan sosa— pueden funcionarle a alguien, es mejor que cada uno dé con su propio estilo personal.

Soy terrible flirteando con desconocidos. Suelo tomarme un acercamiento directo casi como una proposición. No es ningún misterio cómo se liga: simplemente se establece contacto visual y se sonríe. Es sencillo, de acuerdo, pero no siempre es fácil. Dado que este es mi punto débil, pedí ayuda a una amiga que es una auténtica experta en este arte. Mi querida amiga McKenna domina el arte de ligar. Sabe como nadie trabajar el espacio. Mientras observaba cómo lo hacía, me quedé asombrada e impresionada y al mismo tiempo me sentí algo desanimada porque su flirteo era, en una palabra, impecable.

McKenna había nacido en el seno de una familia volcada en su empresa, ambiente en el que son necesarias cualidades de encanto y de relaciones sociales, de modo que yo daba por hecho que mi amiga había comenzado muy pronto a aprender a coquetear. Puede entrar en cualquier habitación y quedarse ahí de pie, alta y segura, con su sonrisa de un millón de dólares. Guiña un ojo, sonríe y con sus ojos llenos de brillo y resplandor consigue sistemáticamente que cualquier hombre de la sala piense que es la persona más especial, al margen de la otra docena o así de hombres que se encuentren pululando alrededor de ella, todos rivalizando por su atención. Mi amiga es brillante.

Una vez compartido mi punto de vista, McKenna dijo: «¡No, Wendy! Haces que ligar parezca inaccesible, como si tuvieras que ser hermosa o tener algo como un superpoder especial para hacerlo. Cualquiera puede hacerlo. Es realmente sencillo y eficaz, no solo para mí, sino para cualquier persona que quiera intentarlo».

Le pedí a McKenna que lo explicara para el resto de comunes mortales y he aquí lo que dijo: «Para mí, ligar es conexión y diversión; es un juego. No se hace con seriedad. No tiene que ser sexual. Yo soy ultraselectiva y muy exigente en el plano sexual, de manera que ligar es un modo de conectar con un hombre para descubrir si quiero seguir conociéndole. Mantengo la sexualidad al margen de todo esto. Juego amorosamente con la mirada durante la conversación para animar a quien tengo frente a mí. Es algo sutil; no recurro a la caída de pestañas».

Así es como ligo yo

Como siempre, puede que tu experiencia sea otra, pero he aquí algo por lo que empezar si ligar no te resulta la actividad más natural del mundo. Comencemos por el contacto visual. El hombre establece contacto visual pero, a veces, no sabemos qué pretende con ello, de modo que, cuando tu mirada se encuentre con la suya, mantenla y después mira hacia otro lado lentamente con una tímida sonrisa. Yo espero un segundo o dos y luego vuelvo a mirar con otra pequeña sonrisa para que sepa que es para él.

En una ocasión un hombre me dijo: «Una sonrisa es el lubricante de la vida». No una mueca artificial, enseñando dientes, eso es demasiado forzado. Una sonrisa relajada, auténtica y duradera, simplemente porque quieres sonreír. Después de establecer contacto visual y de lanzar esa sonrisa, debes estar en un lugar en el que él pueda acceder a ti si está interesado.

Una nota de interés para las chicas: el estar en medio de un grupo de amistades no ayuda a que él se acerque. Si has salido con amigas, quédate algo apartada del grupo o, mejor aún, encuentra la manera de separarte del grupo un rato, de manera que él pueda acercarse a ti. A los chicos no les gusta ser rechazados delante de todas tus amigas. Si estás fuera de tu círculo de amistades, le das la oportunidad de pasar a tu lado y tal vez decirte hola o medir tu grado de interés y disponibilidad. Si solo quieres pasártelo bien con tus amigas, entonces quédate con ellas; la mayoría de los hombres ni tan siquiera intentan romper el círculo. Prueba a ir sola a los servicios; puedes encontrarte con él al volver hacia tus amigas o, ya de vuelta, puedes quedarte en un lugar al que pueda acercarse con mayor seguridad.

Intenta apartarte un poco para estar más cerca de él, mientras hace cola para pedir una cerveza, por ejemplo. Tal vez sea él quien entable conversación o se ofrezca para pedirte la bebida.

En una ocasión vi a un chico muy guapo en el aeropuerto con los zapatos muy brillantes. De modo que yo, una persona que nunca ha llevado los zapatos brillantes, me senté a su lado atraída por ese lustre. Si hubiera pasado de largo, nunca nos hubiéramos conocido. Él miró hacia arriba, yo le dije hola con una sonrisa y él hizo el resto. Estuvimos saliendo tres meses.

Cuando flirteo, me río y gasto bromas simples e inocentes, porque me gusta el buen humor. Me sale de manera espontánea y ello hace las cosas más fáciles, divertidas e interesantes —por lo menos en mi caso. Ciertamente, mi flirteo no funciona con cualquier hombre, no debería. Sale de mí, y naturalmente no atrae a aquellos que no están interesados en un tipo de mujer como yo. Me resulta mucho más fácil ligar con aquellos a quienes les gusta mi personalidad que con hombres a quienes siento la necesidad de impresionar. Los hombres eligen si quieren seguir mi conversación o no. En todo caso, es algo bueno, porque todo cuanto tengo que hacer es ser yo misma. No me lo tomo como algo personal si no me piden el número de teléfono. Me divierte vivirlo como una aventura. Si eres capaz de llevarte a ti misma a un lugar mental y emocional donde la aventura es en sí tan divertida como el potencial resultado, entonces estás de enhorabuena.

A veces, incluso si te estás divirtiendo, no hay chispa. No hay mariposas en el estómago. Si el flirteo comienza y no sientes nada parecido, el hombre lo entenderá. Házselo saber de forma sencilla y honesta. Respetará y apreciará tu gesto. (¡Gracias por todo, McKenna!).

En general, los hombres saben qué hacer con una mujer sexualmente aventurera, pero no saben qué hacer con un coqueteo no sexual. Un ligue no sexual es algo anómalo y los hombres no suelen tener experiencia con esta modalidad de cita. Nuestra cultura promueve la sexualidad en todo y a eso es a lo que los hombres están acostumbrados; y ello puede hacer que ligar dé miedo. Algunos hombres por los que nadie ha mostrado interés en mucho tiempo, si perciben lo que ellos interpretan como insinuaciones sexuales por tu flirteo, pueden pensar que ello significa más de lo que tú pretendes. No te dejes llevar por el pánico; puedes cortar la conversación en cualquier momento por cualquier razón. El hecho de que flirtees no quiere decir que estés obligada a hacer nada con nadie. Tu eres el guardián, de manera que está bien que flirtees mientras puedas mantener los límites.

Si él dice cosas del tipo «Apuesto a que eres caliente en la cama» o «No sabes lo que me gustaría hacerte», cambia de tema. O prueba lo siguiente: con tu voz más amable (la voz que usarías si él no estuviera hablando así), dile «Lo siento, creo que has malinterpretado esta conversación» o «Lo siento, creo que has malinterpretado mis intenciones. Pensé que estábamos chateando para ver si teníamos algo en común». Ahora haz una pausa, es su turno. Mira hacia dónde quiere llevarte desde ahí. Te dirá todo lo que necesitas saber si quieres seguir bailando, metafóricamente hablando. Si con tu flirteo no buscas una relación sexual, no sigas por ese camino. Sí, por el contrario, esa es tu intención, entonces disfruta.

La mayoría de los hombres buscan a alguien que les preste atención, que establezca contacto visual con ellos o que les siga en una conversación. Esta es la forma más sencilla de ligar: simplemente escuchar, mantener el contacto visual y reír cuando proceda.

Como ya he dicho, mi forma de flirtear es directa. Sonrío, tiro el anzuelo (creo que con ingenio) y espero a ver qué ocurre. Soy mucho mejor «lanzadora» cuando tengo una cita que cuando coqueteo con un completo desconocido. Y aunque flirtear es mi punto débil, cuando no tenía pareja lo intenté muchas veces.

En general me preocupaba llegar a parecer demasiado ligona, y trataba de controlar mi nivel de flirteo. En una ocasión una amiga me dijo: «No es asunto tuyo, preocuparte por eso, tu trabajo es flirtear». Los hombres te harán saber cuándo tienes que parar y cuándo puedes continuar: solo tienes que prestar atención a las sensaciones mientras interactuáis.

Aprovecha cualquier oportunidad para perfeccionar tus habilidades sociales. Cuando salgas, habla con desconocidos e incluso coquetea con ellos. Hacer esto puede ayudarte a conseguir una cita. Y si no ocurre nada más, hará que te sientas más cómoda al flirtear cuando tengas una cita. Encontrarás tu propio estilo si estás dispuesta a probar. La práctica hace la perfección (o algo parecido).

7

¿Dónde están todos los solteros?

Una vez más, dime, ¿dónde están todos los solteros disponibles? Una de mis clientas, una preciosa mujer menuda, rubia de ojos azules de treinta y pico años, me dijo: «Me parece que no voy a encontrar paerja». Por su aspecto, supe que no debía tener ningún problema para atraer a los hombres. Comencé el interrogatorio:

«¿Qué cualidades te gustaría que tuviera tu pareja?».

«Bien…», comenzó ella. «Me gustaría que tuviera al menos un poco de éxito en los negocios, pero no tiene que ser rico ni nada por el estilo».

«De acuerdo. ¿Qué más?», pregunté.

«Bueno, quiero que haya viajado o al menos que le guste viajar». Soltó algunas otras características, ninguna de las cuales parecía poco razonable.

Mi siguiente pregunta: «Dónde trabajas? ¿Crees que podrías conocer a hombres en tu compañía o en empresas que trabajan con la tuya?». Dado que es así como se conocen el 20 por ciento de las parejas, era una pregunta obvia.

A duras penas fue capaz de sostener la mirada cuando murmuró: «Soy azafata de United Airlines en primera clase de vuelos internacionales». ¡Hey... hola! De entrada, no conozco un lugar donde encontrar un público de hombres más cualificados que en primera clase en un vuelo internacional. Conozco a más de una mujer casada que conoció a su marido mientras servía bebidas por los aires.

Silvia, desarrolladora de *software* de cuarenta y muchos años, me dijo en una ocasión: «Nadie me mira nunca. Te prometo que yo miro y ningún hombre mira hacia atrás». Ella insiste, piensa que es así y se siente profundamente sola.

«Querrás decir que ningún hombre idóneo te mira», repliqué.

Mira, todos somos observados continuamente. De verdad, lo hacemos todos. Creemos que tenemos los ojos abiertos, pero no es así. Prueba lo siguiente: sal con tu mejor amiga y ve a dar una vuelta al centro comercial o a un parque y dale permiso para pellizcarte un brazo cada vez que no te des cuenta de que alguien te está mirando. Notarás los repetidos pellizcos de tu amiga cada vez que alguien te lanza una mirada. No importa que tengas veintidós, cuarenta y cuatro o sesenta y cinco, todos somos observados y tú eres un tipo de mujer particularmente adorable que atrae a más personas de las que crees.

El problema es que tú no observas. Estás presente, miras alrededor y sonríes. Pensamos que «nadie nos mira» porque, cuando nos parece que no estamos en nuestro mejor momento, nos negamos a mirar a aquellos que podrían estar mirándonos. ¿Sabes cómo vas vestida cuando vas corriendo al supermercado? Puede que esas mallas de yoga no estuvieran siquiera limpias cuando te las pusiste. Necesitas una gorra, porque no te has lavado el pelo en tres días y no llevas maquillaje. No te consideras merecedora de la atención de un pretendiente, de manera que no tienes intención de ver quién está mirando y esperas que nadie lo esté haciendo. Estas segura de que ninguna persona que merezca la pena te desearía en ese estado y, si lo hiciera, pondrías en entredicho su criterio. ¿No es así?

Eh, chica de la cola de caballo. Sí, tú. Esas gafas de sol supergrandes no te conceden el poder de la invisibilidad. Él puede verte y muchos hombres refieren que el look cola de caballo-mallas de yoga es en realidad uno de sus favoritos. He realizado algunos estudios de campo sobre este asunto, pidiendo para ello a algunas de mis setecientas amigas de Facebook que preguntaran a los hombres que conocían: «¿Qué piensas de las mujeres con mallas de yoga?».

Las historias de reconocimiento, admiración y asombro empezaron a llover. En la mayoría de los talleres que dirijo cuento con un grupo de cuatro hombres que responden a las preguntas de las mujeres durante una hora. Y en más de una ocasión los hombres han hablado con entusiasmo, durante quince minutos seguidos, de lo mucho que les gustan las mallas de yoga. Ahora bien ¿significa esto que no deberías ponértelas nunca más? ¿Saldrás de ahora en adelante con pantalones de chándal o un sayo? Claro que no. Pero no desperdicies la ocasión de encontrarte a alguien solo porque hayas decidido que ese día no luces tu mejor aspecto.

Esta es otra de mis preguntas favoritas: «¿Dónde puedo encontrar hombres solteros?» La pregunta se responde casi sola. Los solteros están:

1. No precisamente donde leos estás buscando, o…
2. ¡Ahí mismo! Pero no has levantado la vista del móvil lo suficiente para verlos.

Ya hemos hablado del Grupo 2, por lo que vamos a abordar ahora el Grupo 1. ¿Primer consejo? Ve a buscar a otro lugar. Haz algo distinto o frecuenta sitios nuevos. Yo paso muchas, muchas horas trabajando en cafeterías. Frecuento distintas cafeterías en distintos momentos y me siento en una mesa compartida, que cada día son más populares.

¿Te gustan los pilotos? Ve a un aeropuerto, (¡lo digo en serio!) ¿Los abogados? Prueba a almorzar en el pub o en ese agradable restaurante en la acera frente a los juzgados.

Pasea por tu barrio. ¿Sacas al perro todas las mañanas? Dedica cinco minutos más al aseo personal (tuyo, no del perro) antes de salir de casa y, cuando estés fuera, mira de verdad a tu alrededor y sonríe a la gente con la que te cruces. A propósito, ese acicalamiento extra no es para los hombres, es para ti, para fomentar la confianza en ti misma. Si no ves a nadie, cambia de recorrido o de hora de paseo.

«No quiero quedar con nadie que viva en mi barrio». ¿También tú dices esto? Mete a tu peludo amigo con su correa en el coche y concédete un placer. Conduce hasta ese barrio bonito en lo alto de la colina, hasta el parque, y pasea por allí. Durante los diez años que viví sola, mis queridas perras Eloise y Lilly pasearon por los preciosos barrios de Sonoma, Marin County, Oakland Hills y San Francisco, los exploramos todos.

No me digas ahora que no tienes una mascota y que todo esto no te vale. También he «investigado» sobre ello y resulta que pasear sola es una conducta 100 por cien aceptada en nuestros días. Pasea. Comenta lo increíble que es el paisaje al pasar junto al propietario de la vivienda, que está en el jardín podando. Puedes preguntar: «¿Es un olivo?» o «¿Crece bien en nuestro clima?». Para los urbanitas puede valer «¿Sabe a qué distancia de aquí queda el río?». Todo cuanto tienes que hacer es abrirte a la gente.

¿En qué otro lugar puedes encontrar pareja? En el trabajo. Sí, eso es lo que he dicho: tu lugar de trabajo. Mi amiga Stephanie Losee, coautora de *Office Mate: The Employee Handbook for Finding—and Managing—Romance on the Job*, afirma que en torno a la mitad de las mujeres quedaremos con alguien del trabajo en algún momento de nuestra vida laboral[4].

El 20 por ciento de las parejas que se conocen en el trabajo contraen matrimonio. Si sales con tu jefe o con un subordinado, la probabilidad de que lleguéis al matrimonio prácticamente se duplica: el 44 por ciento. Este porcentaje más elevado se debe a que existe un riesgo mucho más alto; las parejas solo aceptan el riesgo si piensan que hay algo, como amor verdadero. Y piensa en ello: durante la entrevista de trabajo, ¿no os estáis escogiendo mutuamente porque ambos podéis decir que existe compatibilidad, buen humor, fuerza y potencial para una buena asociación? Esas cosas constituyen también una buena base para una relación romántica[5].

¡Ah, que trabajas desde casa! Yo también. ¿Qué tal si lo intentas en la feria de productos agrícolas de tu localidad? Mira a los hombres que andan por ahí y establece quizá contacto visual con alguno de ellos, en lugar de centrarte únicamente en el grado de maduración de las moras.

¿Dónde compras? Los supermercados pueden ser el lugar ideal para conocer a gente supersexy. ¿Quieres un tema para entablar conversación? Pregunta por algo del estante que tienes delante, salvo que estés en el pasillo de preservativos y lubricantes. (Espera un minuto; no nos pongamos límites aquí. Ese pasillo podría ser tu lugar.) Aprovecha tu tienda favorita como recurso para encontrar pareja.

La tienda de informática y electrónica de tu localidad un sábado por la mañana estará llena de gente dispuesta a quedar. Entabla conversación sobre alguna de las últimas novedades tecnológicas.

Date un paseo hasta la tienda de bricolaje más próxima a tu domicilio y estarás probablemente rodeada de hombres propietarios de una vivienda a quienes les gusta hacer cosas con las manos. Pregúntale a alguno de ellos dónde puedes encontrar algo, porque todos sabemos lo difícil que es dar con un empleado en este tipo de tiendas.

En el gimnasio los hombres son conscientes de que a la mayoría de las mujeres no les gusta que las aborden allí. Creen que es porque nosotras pensamos que están demasiado sudorosos. Diría que para algunas mujeres es así. Pero otras no deseamos que se fijen en nosotras porque consideramos que no estamos en nuestro mejor momento, y porque también nosotras estamos sudando. ¡Puaj! ¿Cómo puede a alguien atraerle eso? Te daré una pista. ¿En qué otro lugar podemos encontrarnos cubiertos de sudor y con el pelo alborotado? Aun así, la mayoría de los hombres no harán movimiento alguno. Puede que piensen que eres preciosa, pero no quieren parecer un ligón asqueroso de gimnasio. Otra oportunidad perdida, a menos que seas tú quien dé el paso y diga: «Esa máquina solo trabaja los hombros, ¿o también los brazos?».

Sal una noche, ponte delante del micrófono en tu sala favorita y demuestra tu talento. He conseguido que me invitaran a hablar en eventos de narración, en un escenario y frente a un centenar de personas. Cuando estás encima de un escenario, ya sea para cantar, actuar, narrar historias o participar en una comedia (incluso un karaoke sirve), tu nuevo amigo (ese al que acabas de conocer) tendrá la oportunidad de captar tu estilo y, cuando hayas actuado, podrá arreglárselas para acercarse a ti —aunque no sea el camerino, estrella del rock.

Normalmente los bares son el último lugar en el que la mayoría de las mujeres buscamos relaciones duraderas, aunque existen historias de éxito también en este ambiente. Si tienes intención de intentar semejante hazaña, yo buscaría un lugar agradable, en el distrito financiero y sobre las 17:45 de un viernes. ¿Por qué? Puede que sea la única hora a la que un ejecutivo guapo con mucho trabajo puede ser engatusado y arrancado de tu escritorio para ir con los colegas a celebrar que empieza el fin de semana.

No temas ser creativa. En una ocasión pregunté a un hombre en una gasolinera «¿Está contento con su Audi A3? Los he estado mirando últimamente, y me preguntaba si es un coche sólido».

Por último, siempre puedes quedar por internet. La misma gente estupenda que puedes conocer en la vida real está también *online*. Todos los niños guapos (y guapos non tan niños) están ahí. Si crees que eres mejor que todo eso, ya es hora de que superes ese prejuicio. Te lo estás perdiendo. Me encanta quedar *online* porque es el lugar donde hombres y mujeres van específicamente a buscar a alguien con quien salir. En efecto, puede que ese hombre tan guapo del pasillo del supermercado no esté necesariamente buscando una cita.

Gente increíble hay en todas partes. Y tu mejor invitación es una mirada directa y una sonrisa. Si sientes que necesitas decir algo para atraer su atención, dilo. Deja caer el pañuelo. Dale una oportunidad y observa si recoge lo que has dejado caer. Es así de sencillo.

consejo útil

Estáis hablando. Tienes la impresión de que tú también le gustas a él. El momento parece que va a llegar a su fin, porque los dos sois demasiado tímidos o la situación es incómoda. Di esto: «Te diría que sí, si me pidieras (espacio en blanco)». Rellena el espacio en blanco: ir a tomar un café, una cita, acostarme contigo —acaba la frase como prefieras.

Perros pastor

Pon a prueba tu receptividad. Para algunas mujeres, la receptividad es un problema porque, bien por experiencia personal bien por instinto, tienden a pensar que todos los hombres dan miedo y son peligrosos. Nuestra sociedad, nuestras amigas, nuestros padres, e incluso otros hombres, nos han dicho siempre que los hombres son peligrosos. Pensamos en los hombres como en lobos con piel de cordero, que andan por ahí a la caza de lo que puedan conseguir. Y, por desgracia, a veces es cierto.

Sé que voy a jugármela, al entrar en terreno pantanoso, pero quiero que consideres que la mayoría de los hombres *no* son peligrosos. ¿Qué ocurriría si los hombres que caminan a tu lado por la calle —los que se sientan frente a ti en las cafeterías, leen el periódico mientras esperan a que les laven el coche o compran en el mismo supermercado que tú— qué ocurriría si tuvieras la seguridad de que estos hombres son inofensivos?

Antes de continuar, no estoy diciéndote que dejes de preocuparte por tu seguridad. No te estoy diciendo eso porque es innegable que en el mundo hay gente peligrosa. Tienes que estar alerta, que prestar atención a tu instinto. Pero al mismo tiempo, vive abierta y dispuesta a creer en la bondad de los seres humanos que te rodean.

La próxima vez que vayas a tu restaurante favorito, mira alrededor y haz un rápido cálculo mental. Apuesto a que si te ocurriera algo malo mientras estás comiendo, acudirían en tu ayuda con toda probabilidad tantos héroes personales masculinos como hombres hay a tu alrededor. Una vez más, esto no quiere decir que no te vayas a encontrar con hombres que son un auténtico horror —que sin duda existen— pero la mayoría pueden clasificarse dentro de un papel positivo protector, más que en el de predadores, cuando surge la ocasión. Mi amiga Ivory me contó que una noche, en una cita, las cosas de repente se torcieron y ella empezó a sentir que no estaba totalmente a salvo. Dado que, como yo, ella piensa que la mayoría de los hombres son nuestros protectores y buscan la ocasión para ser héroes, paró a un desconocido que pasaba por ahí para que la ayudara a salir de la situación, y su plan funcionó a las mil maravillas.

Nuestra cultura favorece el concepto de que, en el terreno sexual, en el marco de la sensualidad y ante la mera existencia de energía femenina, los hombres son una manada de cerdos que irremediablemente se portarán mal. Pero ¿y si nuestra cultura está equivocada? Tal vez la mayoría de los hombres no sean cerdos ni lobos. Tal vez la mayoría de los hombres sean más como perros pastor, protectores fieros, solícitos y divertidos. ¿Sabes que es imposible diferenciar un perro pastor de un lobo solo mirándole los dientes? Puede que todo cuanto les hayamos mirado a los hombres hayan sido los dientes.

Si te interesa realizar una comprobación de campo de mi teoría, aquí tienes tu trabajo: como parte del proceso de aprendizaje de ser receptiva a los desconocidos mientras andas por el mundo, presta atención a las situaciones y a los momentos en que los hombres miran por ti. Observa cuándo acuden en tu ayuda; observa dónde te protegen. Te va a sorprender lo que vas a ver. Únete a mi mundo; es un lugar hermoso.

Relaciones a distancia

Las relaciones a distancia no suelen ser un buen negocio. Es una dura afirmación, lo sé, pero para mucha gente representan una manera de evitar una relación a tiempo completo, aunque ellos digan que tienen una relación.

Si estás buscando una cita *online* y alguien que vive lejos de ti está intentando contactar contigo, te sugiero que declines la invitación. Puedes contestarle escribiendo lo siguiente:

«Te agradezco tu interés. No acepto citas fuera de mi área. Te deseo buena suerte».

Define lo que es para ti «a distancia» y hazlo ahora, antes de que sea un problema. En mi caso yo no quedaba con nadie que viviera tan lejos que yo no estuviera dispuesta a conducir para verlo tres veces por semana. Tu límite es tu límite, ya sean dos minutos, ochenta kilómetros o cuatro ciudades de distancia.

En una relación a distancia, incluso si llevas mucho tiempo, no vas a conocer detalles cruciales sobre compatibilidad y un montón de cosas sobre él hasta que hayáis pasado juntos, cara a cara, mucho tiempo, y tiempo de calidad.

Yo tenía un amigo desde hacía dos años y medio. Hablábamos casi a diario, desde treinta minutos hasta una hora. No éramos compatibles desde el punto de vista amoroso y no teníamos este tipo de interés el uno por el otro, de manera que no nos portábamos del mejor modo entre nosotros; nos mostrábamos tal y como éramos. Hicimos juntos un viaje de quince días. Aprendimos cosas el uno del otro que no conocíamos y supimos cómo actuábamos realmente juntos. También supimos lo que no funcionaba en nuestra amistad y al final de nuestro viaje esa amistad íntima de dos años y medio se terminó. Por teléfono o en las cortas visitas de fin de semana nunca nos habíamos dado cuenta de lo mal que nos llevábamos.

Si tu plan es convertir una relación a distancia en una relación en el mundo real, lo que acabo de decir no significa que tengas que romper con ese hombre tan atractivo que conociste en Nueva York en aquella fiesta en el apartamento de Tribeca de tu amiga. Incluso si vives en Palo Alto, en la otra punta del país, creo que debes seguir adelante con tu locura. Las veces que he visto que una relación a distancia ha funcionado ha sido cuando las dos personas querían estar juntas y tenían un plan real, y pensaban en una ciudad en la que deseaban vivir los dos (juntos) en una fecha determinada, no a años vista. Pasad mucho tiempo juntos 24/7. Cuando uno visite al otro, quedaos en un apartamento de vacaciones o en un hotel; no os quedéis en la casa del otro, especialmente si no os conocéis bien.

Haced juntos uno o dos viajes largos. Los viajes resultan muy informativos porque te sacan de lo que ya conoces, te sacan de la zona de confort, y podréis ver cómo resolvéis problemas y tomáis decisiones juntos. Una vez realizado todo esto, será posible dar luz verde a la relación, amiga mía. Hasta entonces, sin embargo, ve con cuidado.

Cita #21
Querido Chicago

Escena: Fin de semana de boda, Salt Lake City, Utah

En una ocasión hice un viaje a mi ciudad natal, Salt Lake City, para asistir a la boda de un querido amigo. Como era de suponer, John tenía planeadas varias fiestas preboda. El primer bar fue Duffy's Tavern. En cuanto me senté en la gran mesa redonda llena de viejos amigos, apareció un hombre alto y bien parecido. Le conocía. Le había conocido dieciséis años antes, cuando había ido a la ciudad con quien más tarde sería mi marido. Ahí estábamos, todos esos años después, solteros, y él me estaba mirando.

¿Sabes lo que ocurre cuando ligas con alguien antes de una boda? Significa que tienes una cita para el día de la boda. Aunque esta no era exactamente nuestra «primera cita», sí era nuestro primer encuentro en un marco romántico y estaba bien para cualquiera. Fue fabuloso para los dos y nos mostramos inseparables durante todo un largo fin de semana.

¿Qué ocurrió entonces?
El viaje de Chicago a San Francisco es extraordinariamente largo. Viajamos para vernos: mi ciudad, su ciudad, fuera de ambas ciudades. Finalmente, nos dimos cuenta de que las grandes distancias no eran lo nuestro, pero seguimos adorándonos mutuamente aún hoy.

8

Sitios de citas online: Dónde mirar cuando se busca pareja

¿Estás lista para explorar el mundo de las citas *online*? Deja que te cuente a quién te vas a encontrar por ahí: a la misma gente a la que podrías conocer en el mundo físico. De verdad, el estigma de las citas por internet viene de los años 90.

La razón número uno por la que defiendo las citas *online* es la siguiente: estadística. Es el lugar donde la mayoría de la gente soltera acude para conocer a otras personas solteras para una cita. Y punto.

La razón número dos por la que te animo a quedar por internet es porque tendrás acceso a gente a la que normalmente no tienes acceso en tu vida diaria. En mi caso, trabajo en casa y cuando trabajo en público estoy impartiendo cursos en salas de conferencias llenas de mujeres. Los hombres a los que tenía acceso en mi día a día eran los cajeros del supermercado y el mensajero que me traía a casa los paquetes postales. Eso era todo. Mi pareja, Dave, dirigía su propia compañía en un parque empresarial en Silicon Valley. No nos habríamos conocido ni en un millón de años si no hubiese sido por la web de citas OkCupid.

Los sitios de citas *online* me emparejaban con médicos, abogados y oradores multimillonarios. Conocí a músicos de talento, empresarios, escritores, directores de organizaciones sin ánimo de lucro y a un montón de tipos estupendos. Algunos tenían un enorme e impresionante círculo de amigos, y sin embargo no habían encontrado pareja dentro de esos círculos. También conocí a hombres que se habían quedado recientemente solteros tras un largo matrimonio y su círculo de amigos en común no era el más idóneo para encontrar una cita.

Los hombres entienden que las citas *online* constituyen la manera más eficaz de conocer a mujeres solteras que quieren salir. Y los hombres hacen siempre lo que es más fácil y eficaz. ¿Deberíamos nosotras hacer lo mismo?

¿Tienen algún inconveniente las citas *online*? Claro. Sheena S. Iyengar, de la Universidad de Columbia, y Mark R. Lepper, de la Universidad de Stanford, llevaron a cabo un estudio en el año 2000 que puso de manifiesto que si en un supermercado pones a la venta veinticuatro mermeladas en lugar de seis, la gente comprará menos mermelada. La presentación de demasiadas mermeladas lleva a algunas personas a creer que en algún otro lugar del mundo debe existir la mermelada perfecta[6]. Tantos hombres disponibles en las páginas de internet de citas *online* tienen el mismo inconveniente: demasiadas opciones.

La bloguera Katherine Fritz comparte la siguiente historia como ejemplo:

Cuando hay tantas opciones, resulta más frustrante que sea difícil elegir. Tenía que revisar una lista interminable de hombres que supuestamente vivían en mi propia ciudad, pero a quienes no había visto nunca, hasta que la única opción fue eliminar a gente únicamente por motivos superficiales. ¿Trabaja en un banco? Aburrido. ¿Tiene un gato? En fin. ¿Tiene barba? Supongo que me gustan las barbas. ¿Ha ido al festival Burning Man? Oh, querida, probablemente no. Durante todo ese tiempo, yo era consciente de que muchos de esos hombres habrían tenido que ojear una lista aparentemente sin fin de mujeres solteras, habrían visto mi perfil y habrían pensado:

«Le gusta leer. Todas dicen lo mismo. ¿Las películas de Mel Brooks? ¡Como no! Bonitos ojos, pero un poco regordeta de cintura»[7].

De modo que sí, las citas *online* tienen sus inconvenientes, que constituyen una de las razones por las que muchas nos resistimos a ellas. Un tipo dice que quiere conocerte y luego desaparece. O se conecta, escribe durante un tiempo y luego desaparece. Esto sucede, es cierto, y lo siento si te ha ocurrido a ti. Y deja a la chica con la impresión de haber hecho algo mal. Estoy aquí para decirte que no has hecho nada mal. Si vas por ahí siendo tú misma, estás haciendo lo correcto. No podrías haber dicho o hecho las cosas de manera diferente para que todo fuera mágicamente bien. Recuerda, la pareja adecuada regresa. El mejor compañero para ti realiza un seguimiento, propone y está dispuesto para las citas.

A veces desaparece porque se da cuenta de que no coincide lo suficiente contigo. A veces desaparece porque es nuevo en el sistema de citas *online* y todavía no sabe bien qué hacer y se pone nervioso. A veces desaparece porque cuando tú quieres quedar cara a cara y él no es como se muestra que es, no ve otra manera de escapar de la situación.

Repite conmigo: «Si él desaparece es por él, no tiene nada que ver conmigo».

Y lo siento, de verdad que lo siento. Siento cada minuto que pasas sola. No eres la única, ahora mismo les está sucediendo lo mismo a cientos, si no a miles de mujeres solteras.

Dicho todo esto merece la pena hacerlo. Cuando no consultaba las páginas de citas *online*, no salía mucho y, mirando hacia atrás, estoy contenta de haber decidido un día no solo intentarlo, sino perseverar. De modo que ¡empecemos!

¿Qué página web es la adecuada para ti?

La inclusión de una lista de referencia de sitios de citas *online* habría estado bien, pero habría quedado obsoleta a los cinco minutos de imprimirse el libro, de manera que, en lugar de ello, voy a describir algunas de ellas a grandes rasgos.

Cualquier empresa puede comprar un paquete de software que tenga todos los botones y diseños, todas las fuentes y sonidos que tienen las grandes webs como Match.com, pudiendo personalizarse la interfaz para distintos nichos de mercado. Actualmente no existe un sitio de citas mejor que el resto por sus características tecnológicas (a menos que consideres la sección fancy Q&A de OkCupid).

La elección de un sitio de citas *online* u otro es una decisión muy personal. Match.com cuenta con veinticinco millones de usuarios y, entre ellos, un montón de solteros. ¿Buscas solo granjeros? (lo digo en serio; hay un sitio para residentes en áreas rurales) ¿Judíos? ¿Cincuentones en busca de cincuentones? Partnershiplove.com es una página web para transformistas. ¿Graduados por una Universidad de la Ivy Lague? Hay sitios específicos prácticamente para cualquier tipo de soltero en el que puedas pensar. Si lo que buscas es sexo sin compromiso, también está disponible, y si lo que buscas es gente de gustos sexuales excéntricos de estilo BDSM, sí, también hay un sitio, o diez. Sea lo que sea, hay un sitio. Utiliza Google; es tu amigo.

¿Quién me gusta más? Hacia el final de mi experiencia en el mundo de las citas, llegué a apreciar Match.com y conocí gracias a esta página a hombres magníficos, si bien prefería OkCupid, porque allí solía encontrar más a menudo el tipo de hombres que me gustaba. Pero hablaré de ambas webs.

Match.com sigue estando entre los primeros puestos de mi lista de sitios favoritos porque es la web definitiva, la que tiene mayor volumen. Todo tipo de gente quiere pagar por ser miembro de Match.com, para encontrar novia o esposa y olvidarse luego de las citas *online*. Match.com tiene una amplia red comercial y cada día cuenta con un mayor número y una mayor frecuencia de anuncios de televisión que la recomiendan. Los hombres eligen Match.com a menudo porque es el camino más fácil de tomar cuando están centrados en el trabajo y disponen de poco tiempo para ponerse a buscar si tienen intención de enriquecer su vida personal.

También me gusta porque ofrece Match.com eventos, encuentros en grupo de solteros en grandes ciudades.

Un hombre dijo en una ocasión: «Match es como ir a nadar a la piscina municipal el día más caluroso del año. Todo el mundo está ahí, gente a la que te gustaría conocer mezclada con toneladas de gente a la que nunca querrías ver en traje de baño».

Sí.

Entré muchas veces en Match.com y conocí a gente increíble.

Mi sitio favorito: OkCupid. ¿Por qué? Bueno, fue ahí donde conocí a Dave. También es la web en la que conocí a varios hombres que me gustaron bastante. Durante años se la tuve jurada a los sitios libres. Era de la opinión de que si un hombre no podía pagar 35,95 $ al mes para encontrar a su verdadero amor, entonces no iba a comprometerse. ¿Para qué molestarse? Así que, sencillamente, descartaba esos sitios. ¿Por qué? En pocas palabras, porque OkCupid es un sitio más elegante, con una función de preguntas útiles y divertidas. Conocí a los hombres más divertidos y tuve las citas más divertidas a través de OkCupid, pero todo es cuestión de gustos, y cada uno tiene que encontrar su sitio.

Visité por primera vez OkCupid después de acabar con las existencias de Match.com. Sí, sucedió eso realmente, acabé con las existencias de Match.com tras la cita 70. Mis parámetros de búsqueda eran: soy una mujer que busco hombres de cuarenta y dos a cincuenta y cinco año y que no vivan a más de cuarenta kilómetros de mi casa, en el Área de la Bahía de San Francisco.

Match.com presenta un práctico botón en el extremo superior derecho de la foto de cada hombre, que puedes pulsar. El botón dice: «No mostrar a este miembro de nuevo». Una vez que había valorado que ese hombre no era mi tipo, pulsaba el botón de «no mostrar». Esta función resulta muy útil porque así no tienes que estar viendo una y otra vez a los mismos hombres que no te gustan.

Chicas, cuando llegué a la cita 70, había pulsado ese botón exactamente 5.270 veces. Así es: había mirado el perfil de 5.270 hombres, todos maravillosos, pero ninguno de ellos era mi tipo.

He aquí el gran problema: ¿adivinas cuántos respondían a mis criterios de búsqueda? Ninguno. Cero. Había tocado fondo. Los había visto a todos.

Había estado ahí. Lo había probado y no lo había conseguido. Fue entonces cuando desvié mi atención hacia OkCupid y me tiré a otra piscina.

Cuando me registré en OkCupid, confeccionar un perfil era relativamente sencillo, salvo porque tenía una pestaña extra que, hablando mal y pronto, era como un grano en el culo. No comprendía esa función adicional: la posibilidad de responder preguntas y de potenciar (o de reducir) la compatibilidad en función de las respuestas.

Pero, una vez que comencé a responder a esas preguntas opcionales, me enganché. Respondí alrededor de 360 preguntas, de media. Estos son dos ejemplos de preguntas:

«¿Te gusta el camping?» (creo que esta es una buena pregunta, pues yo no voy nunca de acampada).

«¿Te preocuparía que tu pareja se masturbara, aun siendo sexualmente activos juntos?» (creo que es la pregunta más tonta con la que me encontré).

¿Ves? ¿A que parece divertido? Cada pregunta aparentemente menor termina ayudando a dibujar el gran cuadro que se convierte en tu perfil y te acerca a potenciales parejas.

Me salí del mercado de las citas antes de llegar a utilizar nuevas páginas, pero soy una gran fan de sitios como HowAboutWe, en el que puedes decir lo que quieres hacer y la gente hace una oferta por tu tiempo. Por ejemplo, puedes ir a ese evento al que te mueres por ir y, al mismo tiempo, tener una cita. Eso es quedar con inteligencia. También me gustan estos sitios porque hacen que encuentras gente de inmediato, lo cual me parece eficaz e inteligente.

Si usas HowAboutWe para conocer a gente y hacer cosas que te gustan (como jugar al tenis o ir a un concierto), tendrás un buen comienzo con una persona nueva, realizando una actividad que te hace feliz y en una cita con mínima presión.

Las aplicaciones que ponen en contacto a gente de manera instantánea (como Tinder) tienen la mala reputación de ser demasiado superficiales, pero quiero que las tengas en cuenta porque pueden tener sus ventajas. Dan la impresión de que hacen rodar el balón más fácil y más rápidamente, con más gente y más a menudo. No existe la posibilidad de prejuzgar a nadie por ser un banquero aburrido o por haber pasado las vacaciones en Burning Man, en medio de la nada.

La página de internet que menos me gusta es eHarmony. Cuando utilizaba el sitio pagaba una mensualidad alta, de modo que el sistema me hacía pasar por todo tipo de cribas para ponerme en contacto con hombres. Creaban pestañas de contacto que para mí no tenían ninguna utilidad a la hora de determinar si tenía afinidad o no con una persona. Yo abogo por la eficacia; no me gusta perder mi valioso tiempo en saber cuál es el color favorito de alguien.

Al registrarte, rellenas un larguísimo cuestionario (calcula una hora) y solo puedes ver a las personas que ellos te envían. Después de realizar el test, las personas que solo están interesadas en citas ocasionales son supuestamente excluidas. He oído a más de un amigo decir que perdieron un montón de tiempo rellenando el formulario y que recibieron como respuesta un «No tenemos ninguna coincidencia para usted». ¡Será posible!

Sea cual sea el sitio que elijas, habrá gente buscándote. De modo que miremos los sitios de citas *online* desde la perspectiva de un hombre, dado que los hombres buscan, ojean y leen los perfiles de manera muy diferente a como lo hacen las mujeres. Un hombre ojea el perfil de una mujer mirando primero la foto principal, como hace por otro lado cualquier mujer. Tu foto principal es la parte con mayor influencia de tu perfil. (Tú también evalúas a cualquiera por su foto principal). Si le gusta la primera foto, mirará el resto de tus fotos. Si le gusta lo que ve, profundizará más en tu perfil. Tu foto de perfil puede despertar o matar su interés y atracción por ti. Que sea una buena foto. Sonrisa natural, guapa, contenta, relajada. En una ocasión escuché esta estrategia: «Deja que sepa lo que va a encontrar. No te maquilles; muestra el aspecto que tienes recién levantada por la mañana». Mi pequeña aportación: claro, *puedes* hacer eso. Serías auténtica, pero tampoco es cuestión de hacerte una foto de cualquier manera. Tu belleza es arte. No pongas un marco de cuatro perras a una obra maestra.

Ahora que hemos desvelado los fundamentos de las citas *online*, comencemos a profundizar algo más en la parte divertida. Para empezar, no he acabado aún con las fotos. Seguid leyendo, queridas buscadoras de citas.

Mis consejos secretos para las fotos online

Sí, esto merece un capítulo aparte. Tus fotos dicen tanto (si no más) de ti como tu reseña personal o cualquier otra información de tu perfil, de manera que escógelas con criterio y tómate tu tiempo.

Tu foto principal

Esta es la primer impresión que causas y las primeras impresiones importan. Pide a un amigo o a un fotógrafo aficionado que te haga una foto increíble, o diez, y elige una de ellas como tu foto principal. Si optas por pagar a un fotógrafo, te recomiendo que contrates a uno especializado en fotos «sociales» (es el código de las fotos de perfiles para citas *online*), ya que le pagas para ser la estrella del día. Te fotografiará en cafeterías, en el bosque o caminando, en un parque, junto al mar (*en* el mar, si lo prefieres), donde más desees que te vean.

Mucho expertos en citas aconsejan que las fotos las haga un profesional. No recomiendo el clásico estilo profesional de fotos de estudio. La gente sabe mucho. Son perspicaces y saben qué aspecto tiene un peinado con secador; han estado viéndolo en revistas y catálogos desde la pubertad. Si es evidente que has optado por las fotos profesionales, se preguntarán cuál será tu aspecto real.

Simplemente hazte fotografías en las que se te vea natural, guapa, relajada y feliz, sin peinados rebuscados ni retoques digitales.

Más fotos

La mayoría de los sitios de citas *online* te dejan colgar montones de fotos. Te recomiendo publicar un mínimo de tres, incluida tu foto principal. Las mejores son las fotos naturales, y en las que solo aparezcas tú. La mayoría, si no todas las fotos, deben parecer no preparadas. Al igual que en tu foto principal, la intención es ofrecer un aspecto actual, atractivo, feliz y natural.

¿Superficial o muy perspicaz?

La mayoría de la gente se deja llevar por lo que ve, pero ¿qué buscan en tu foto los hombres que quieren una cita? Lo mismo que buscas tú: atracción. Te miran la cara, el pelo y el cuerpo. Y si son perspicaces, todos van más allá para ver qué otras pistas pueden obtener.

- ¿Estás orgullosa de tu aspecto?
- ¿Cuál es tu estilo?
- ¿Tienes aspecto de persona feliz?
- ¿Pareces estresada?
- ¿Te sientes cómoda en tu propia piel?
- ¿Das impresión de que te cuidas mucho?
- ¿Eres del tipo A o del tipo B?
- ¿Estás rodeada de nueve gatos/periquitos/boas constrictor?
- Espera un momento… *¿cuántos* niños aparecen en la foto?

Actual, o sea, últimos doce meses

Sé que tu foto más adorable es esa que te hicieron con cinco años. Tú juras que estás igual ahora. Confía en mí, amiga, no lo estás. Ninguna lo estamos. Actualiza tus fotos. Cualquier móvil está preparado para ello y, gracias a autodisparadores y a aplicaciones de autosincronización de fácil acceso, ni siquiera necesitarás a otra persona. Ya no tienes excusa alguna. ¡Actualízate!

Caso en cuestión: en una ocasión dije sí a una cita de alguien que quería probar un sitio nuevo para cenar en la ciudad, pero en lugar de ello quedé para tomar café, pues di por hecho que la versión «mayor de veinte años» que iba a conocer ese día no iba a parecerse al joven de las fotos del perfil. Y mi presentimiento se cumplió.

Niños

El hombre en busca de una cita dará siempre por supuesto que los siete adorables sobrinos y sobrinas que aparecen en la foto son tus hijos biológicos. En lo concerniente a navegar entre perfiles, las fotos son lo primero; lo de leer viene después.

Te recomiendo no publicar en internet fotos de niños (ya sean tuyos o de cualquier otro). Es un sitio público y probablemente no tendrás su permiso ni consentimiento alguno. Es cuestión de privacidad, simple y llanamente.

Aficiones y pasiones

¿Te gusta correr? Si en cinco de cada siete fotos apareces corriendo, los no corredores pasarán de largo (*online*, no en marcha). Si solo quieres atraer a corredores, entonces estás haciendo un buen trabajo de criba. Si quieres mostrar que tienes una figura atlética, una foto dará la pista. Elige esa en la que apareces haciendo el signo de la victoria mientras cruzas la meta.

Fotos de empresa

¿Aparecen fotos tuyas en algún otro sitio de internet? ¿Quizá fotos de empresa? Si trabajas en alguna compañía o eres empresaria y circula por internet una foto tuya en la bio del sitio web o si apareces en alguna otra página web —corporación, asociación, porno, lo que sea— y utilizas esa foto en tu sitio de citas, cualquiera puede averiguar quién eres y todo lo asociado contigo en esa otra página web. ¿Qué? Espera… ¿cómo es eso posible?

Google. Prueba. Métete en internet. Abre dos ventanas en el navegador. Asegúrate de que la segunda página está abierta en Google, pues vas a realizar una búsqueda.

Utilizando la primera ventana, busca la fotografía de una persona, por ejemplo en una web de citas. Haz click en la foto, arrástrala fuera de la página, suéltala en la barra de búsqueda de la segunda ventana del navegador y selecciona «imágenes» de Google. ¡*Voilà*! Google encuentra esa imagen dondequiera que se encuentre en internet y facilita todo tipo de información asociada sobre esa persona.

Pongamos que eres una experta en citas que está escribiendo un libro sobre tus experiencias acerca de tus 121 primeras citas. Será mejor no utilizar la foto de la mencionada experta en citas que aparece en la web 121FirstDates. com (mi página web), ¿vale? Sí, aprendí esta lección del modo más cruel.

De fiesta

Si tienes veintiún años y acabas de aterrizar en el mundo de las fiestas, adelante. Si eres mayor, tus fotos en fiestas, de vacaciones y en clubs pueden interpretarse de manera distinta a como tú deseas. Las fotos en las que apareces de juerga con un grupo pueden parecerte festivas, pero también pueden hacer que parezcas una borracha o una desmadrada. Cualquier cosa que aparezca en tus fotos será interpretada como que es una prioridad para ti. Salvo que seas de verdad una alcohólica y estés buscando a alguien que le guste eso, no aparezcas tomando copas en fiestas en todas tus fotos.

Una fotografía sosteniendo una copa de vino o de champán en un evento formal (o algo parecido) sí está bien.

En compañía de familiares

Las personas que buscan una cita no te conocen. No conocen a tu familia. Si apareces de pie con tu hermano, es posible que la gente de por hecho que posas junto a tu exnovio. El hecho de que aparezcan otras personas en tu foto supone para el espectador un rompecabezas que resolver, pero sin información para hacerlo. La atención del observador se desvía de ti hacia la interpretación de la escena. Mantén el centro de atención en tu persona.

Con tus amigas

Los hombres a los que he entrevistado dicen que odian las fotos en grupo. Tienen que esforzarse para reconocer quién eres tú y si tu amiga está mejor que tú, se preguntan dónde pueden encontrarla y tú dejas de ser interesante. ¿Quieres que el hombre de tu cita mire a otras mujeres? ¿Quieres que te compare con esas otras mujeres?

Seattle Nate decía: «Esta es la cuestión: No puedo dejar de compararlo todo. De modo que cuando ella me enseña fotos en las que aparece con sus amigas, es automático. Y he de decirte que casi el 100 por cien de las veces sus amigas son más guapas que ella. Esto me pone de los nervios. Las mujeres tienen que buscarse amigas más feas que ellas si van a enseñarme fotos de grupo».

Con otros hombres

No publiques fotos con otros hombres. Es increíble que tenga que abordar esta posibilidad, pero es que veo continuamente tanto a hombres como a mujeres que suben imágenes suyas con gente del sexo opuesto. Y entre tales fotos se incluye también esa «superbonita» en la que la mujer aparece después de haberle recortado a él del modo más chapucero.

Con gente borrosa o recortada

No importa lo bien que hayas salido en esa foto. Por favor, no uses ninguna foto en la que haya que borrar o recortar a alguien; siempre hay partes del cuerpo que quedan y eso resulta siempre raro y misterioso, pero nunca en el sentido de que invita a los demás a querer conocerte.

Autorretratos

Los *selfies* son estupendos si eres capaz de sacar uno bien. Yo no era capaz; soy un desastre para eso. Un *selfie* bien hecho puede hacer que quien lo contempla tenga la sensación de establecer contacto visual contigo, lo cual resulta espontáneo e interesante.

En los viejos tiempos un *selfie* tenía mala iluminación, mostraba parte de tu imagen cortada (generalmente la cara) y era poco favorecedor, ofrecía escasa información y carecía de interés. Pero en nuestros días, con nuestros móviles y ordenadores siempre pegados a los dedos, es facilísimo. ¡Bien por la tecnología!

Cuál es la diferencia entre sexy y fresca

Todas las mujeres somos diferentes y cada una tiene su propio criterio acerca de lo que es sexy. Es conveniente tener esto en cuenta a la hora de hacernos fotos y también para las citas. He entrevistado a varias docenas de hombres sobre el tema y esta es la conclusión a la que he llegado: yo suponía que un tipo respetable quiere verte con cuello vuelto y que el mujeriego prefiere verte con un top ceñido. Sorprendentemente, me encontré en ambos casos con todo lo contrario. Es todo una cuestión de estilo.

Noticia de última hora: los escotes están de moda. Son absolutamente aceptables, pero en última instancia debes lucir escote donde lo harías normalmente y donde te sientas más cómoda. Yo soy una chica con un bonito escote. Y me gusta lucirlo. Me pongo a menudo tops que lo dejan a la vista. Es como suelo ir y es como suelo fotografiarme. Debes vestirte como lo harías si nadie estuviera fijándose en ti. De acuerdo, ponte quizá un sujetador si crees que lo necesitas y ponle o sácale el relleno. Elemental, mi querido Watson…. aunque nunca se sabe.

Exceso de maquillaje frente a maquillaje insuficiente: una vez más, es cuestión de preferencias. En este sentido, hay hombres para todo. A Seattle Nate le gusta que las mujeres lleven mucho maquillaje y sepan maquillarse bien. Al hombre de mi cita 101 le encantó verme sin nada de maquillaje. Es cuestión de gustos.

He investigado qué entienden los hombres por vestir como una «fulana». Los hombres considerados en este estudio tenían entre treinta y cinco y cincuenta y cinco años. Como siempre, las respuestas de los hombres no me sorprendieron. La mayoría dijeron que es «demasiado» cuando una mujer muestra múltiples partes del cuerpo o gran parte del cuerpo. En otras palabras, llevar un top diminuto con una superminifalda es demasiado. Ponte ese top y combínalo con una falda o un pantalón normal y estarás perfecta. O ponte esa falda y combínala con una blusa menos reveladora: también estarás bien. Ahí está.

Consejo útil

Un amigo fotógrafo me dijo en una ocasión: «Cuando estés haciéndote una foto sexy, piensa "Sé un secreto"». Esto te dará una expresión dulce, sexy y juguetona». ¡Quién no ha oído hablar de la sonrisa de Mona Lisa! Eso es lo que tienes que hacer tú.

Recoge los comentarios

El hecho de que los hombres de tus citas te digan «Estás mucho mejor en persona» te resultará agradable en ese momento, pero no dice nada bueno de tu perfil. Presta atención a los comentarios. Reconsidera tus fotos; piensa en todos esos potenciales pretendientes idóneos y magníficos que te estás perdiendo porque tu foto no te representa debidamente.

Consejo útil

Si no estás recibiendo respuestas a tu foto principal, introduce algún cambio. Traslada otra de tus fotos a la primera posición y observa a quién atraes.

Foto de cuerpo entero

Publica siempre (y digo siempre) una foto de cuerpo entero en tu perfil. Pero no una foto artística. «¿Qué es una foto artística?», te preguntarás. Una foto artística es aquella para la cual te has colocado estratégicamente, tal vez con las piernas cruzadas delante del cuerpo para esconder la tripa. O aquella en la que apareces sentada en una silla de manera que justo la mitad de tu trasero queda fuera de la foto. Puedes poner esa foto artística, pero no será una foto de cuerpo entero. Y es publicidad engañosa. Tú y yo lo sabemos. Si puedes hacerte un autorretrato de cuerpo entero, la gente verá que no estás tratando de engañar a nadie con una foto profesional o tratando de ocultar dónde empiezan y terminan tus curvas.

Tu foto de cuerpo tiene que mostrarte de cuerpo entero, y debe permitir apreciar tu figura. Ponte algo que se ajuste a tu silueta, en lugar de una falda larga y un jersey ancho. Esto evitará la decepción del primer encuentro, que es una faena absoluta. Conozco la importancia de una cuidada fotografía de cuerpo entero, especialmente porque estoy en el lado de las mujeres grandes. Pedí ayuda a los que me rodeaban y un antiguo novio se ofreció: «A mí me gusta tu cuerpo. ¿Me dejas hacerte las fotos? Puede fotografiarte desde los ángulos adecuados para realzar tus bonitos rasgos».

De acuerdo. Él conocía mi cuerpo, le gustaba mi cuerpo y sabía a qué hombres como él podía gustarles mi cuerpo. Era una idea brillante y las fotos salieron bien. Tenía en ellas un aspecto dulce y sexy a la vez, que es lo que fue capaz de sacar de mí de forma natural. Si eres amiga de algún ex y si no va a ser incómodo o molesto para él que se lo pidas, deja que te tome unas fotos. Cuando lo hagas, tendrás brillo en los ojos (en las fotos), pues aprecias sinceramente a tu fotógrafo y tienes con él una afinidad especial.

¿No te convence la idea de publicar una foto de cuerpo entero. El relato de la siguiente cita hace hincapié en lo que puede suceder cuando dejas la foto más importante fuera de tu álbum.

Cita #9
El tamaño importa

Escena: Cena en The Girl & The Fig, Sonoma, California

Estaba nerviosa, los dedos tamborileando sobre el volante. El tiempo pasaba y yo buscaba algo imposible: un sitio para aparcar en la histórica Sonoma Plaza, en hora punta.

Habíamos mantenido una conversación telefónica preselección antes de quedar para esta cena. El tema había sido el de las tallas. Él me hizo saber su disgusto por lo grande que era, que no le gustaba ser gordo y que no quería quedar con chicas gordas. El tamaño dominó la conversación, de modo que quise asegurarme de que estaba avisado sobre mi talla. «Soy una mujer con curvas», le dije. «No soy una chica delgada. Tampoco soy enorme, pero estoy en el extremo superior del espectro. Si entiendes algo de tallas de ropa de mujer, estoy entre la 44 y la 46, que no son tallas pequeñas, más bien XL». Él me aseguró que eso no era un problema.

Me detuve a tres metros del bistró The Girl & The Fig, desde donde podía ver si llegábamos al mismo tiempo. En cuanto comencé a caminar hacia él, se fijó en mí. Lentamente me escaneó entera, desde mi media melena castaña recién alisada hasta mis zapatos con talón al descubierto y tacón de diez centímetros, para luego echar una larga e insistente mirada otra vez al conjunto, hasta que su mirada se encontró con la mía. Mantuvo el ceño fruncido y la cabeza ligeramente inclinada hacia un lado. Aunque pensara que le parecían perfectas las chicas con curvas, era evidente que no había sido totalmente honesto consigo mismo, o conmigo. Me sentí como si me dieran una patada en ese estómago tan grande.

El hombre de mi cita 9 buscaba a una chica alta y delgada y había dado, en cambio, con una chica con curvas. Mierda. Me abrió la puerta para que pasara y esperó. Fue entonces cuando lo eché todo a perder. Debería hacer dicho: «Gracias por conducir hasta aquí, está claro que no soy tu tipo de chica, de modo que no malgastemos nuestro tiempo. Saltémonos la cena. Que tengas una buena noche».

¿Hice esto? Por supuesto que no. Podía sentir su impaciencia y no quería ser descortés. Sentí la presión de no ser desagradable, de modo que entré en el restaurante. Nos sentamos en la parte de mesas de Morgan. Morgan es mi camarero preferido en el Fig. Nuestra mesa se encontraba en el precioso patio cubierto de hiedra, justo a la derecha de la chimenea. Esto me consoló. Tras una rápida valoración de la situación, Morgan se dirigió rápidamente hacia mí, con su permanente sonrisa. Dos noches antes había estado en esa misma mesa con otro hombre, también por una cita. Morgan disfruta divirtiéndose a mi costa.

«¿Es usted David, verdad?, preguntó Morgan al hombre.

«No».

«Juraría que lo había visto antes. ¿Es cliente habitual? ¿Vino usted hace dos noches?», le preguntó Morgan.

«No, no había estado aquí antes«, contestó nervioso.

Morgan sonrió, encantado consigo mismo. Mantuvo mi anonimato fingiendo que no me conocía, al mismo tiempo que me gastaba bromas, testigo regular de mis citas, y me guiñó un ojo.

Yo pedí una ensalada y supuse que acabaríamos enseguida. El tipo de mi cita no ayudó nada. Pidió un entrante, un plato principal y después otro como para compartir, y postre. Fue un proceso leeeeento. Para empeorar un poquito más las cosas, no hizo ningún intento por ocultar su malestar por ser yo menos de lo que esperaba y me lo hacía saber no dándome conversación. Tuve que hacer todo el trabajo duro. Llegado un momento paré, me recosté hacia atrás en la silla y no dije nada más, con la esperanza de que así comería más deprisa. No fue así. ¡Aj!

Concluida la cita, corrí a mi coche y llamé a otro hombre que también había querido quedar para esa misma noche de sábado.

«¿Sigues libre para quedar esta noche?»

«Sí. Ven al restaurante del W Hotel».

Excelente. Conduje los 80 kilómetros que había desde San Francisco tan deprisa como pude y, cuando llegué, el tipo de la cita me miró de arriba abajo, desde mi media melena castaña hasta mis zapatos negros de 10 centímetros de tacón, y me recibió con ojos brillantes, una enorme sonrisa y un largo y cálido abrazo.

Una decepción para un hombre es una delicia para otro.

Para salvaguardar tu estado de ánimo y prevenir el dolor y la frustración a tu alrededor, es importante que publiques fotos de cuerpo entero en tu perfil de internet, no solo fotos de cara, y en cualquier caso nunca una foto artística que deje fuera de plano lo que tú consideras partes poco favorecedoras. Puede parece superficial, pero oye, la atracción física juega un papel importante para la mayoría de las personas —hombres y mujeres— a la hora de elegir pareja. Yo esperaría lo mismo de los perfiles de los hombres que miro en internet.

Después de esa nefasta Cita 9, publiqué fotos de cuerpo entero más cuidadas, para que los hombres supieran cómo soy físicamente antes de conocerme en persona. Tuve esta misma experiencia solo una vez más después de aquella Cita 9. No está nada mal para 121 citas.

Si no tenéis *feeling*, él o tú o ninguno de los dos, dejadlo. No malgastéis más tiempo. Podéis poner fin a la cita antes de que empiece. Oficialmente tenéis mis bendiciones. Si te sientes atrapada, llevando todo el peso de la conversación, simplemente detente. Recuéstate hacia atrás en la silla y deja de hablar. Este gesto desencadenará la participación de la otra persona o efectivamente pondrá fin a la cita. Cualquiera de los dos resultados es mejor que la tortura que has estado soportando hasta ese momento.

Una manera de animarte después de un rechazo o de una respuesta negativa es volver a salir enseguida, enfrentándote a otra cita para recibir una «mirada» positiva. Podía salir bien o no, pero yo aquella noche tenía que ir a otro lugar a equilibrar la balanza. Exactamente igual que tú, yo tengo mi propio estilo. No soy para cualquiera, pero definitivamente soy para alguien.

Cita #10
Mi héroe

Escena: Una copa en el XYZ Bar del W Hotel San Francisco, California

Rendida, mojada por la lluvia y herida en mi ego por la Cita 9, llegaba tarde. Me abrí camino a través del oscuro y atestado XYZ Bar del W Hotel San Francisco. Era una señora blanca mayor en un mar de mujeres de distintas razas asiduas a discotecas, jóvenes y modernas. Estaba fuera de lugar.

Finalmente, lo identifiqué al fondo del club: un hombre guapo, apuesto y encantado de verme. Tras nuestro cálido abrazo, cogió dos copas de champán. Era mi héroe. Fue una primera cita mágica.

La mejor manera de describirlo: un auténtico tesoro. Atento, dulce, cariñoso y que transmitía confianza. Pasamos la noche apartados en un reservado, inventando todo tipo de planes futuros para vivir los dos juntos. Estoy muy agradecida a aquel hombre.

¿Qué ocurrió entonces?

Salimos unas cuantas veces, pero nos dimos cuenta de que buscábamos cosas diferentes en una relación.

Así que, amigos, ¿qué hemos aprendido de todo esto?

Las fotos son (inicialmente) la parte más importante de tu perfil. (¿Te has dado cuenta de que no he empezado con el resumen de tu perfil ni te he dicho si debes o no mostrar tus ingresos en la opción desplegable?). Las fotos te abren las puertas del «Oh… tal vez…», y en ocasiones se pasa por alto o se exagera su importancia. Veamos a continuación lo que lleva a pasar de un «tal vez» a «¡sí, tengo que conseguir una cita con ella!».

Cómo redactar un perfil online ganador

Tu perfil de presentación es una valiosa herramienta. Pone de relieve tu personalidad, te distingue de otras mujeres y atrapa la atención de quien busca pareja por su originalidad y posibles aspectos en común. Los hombres en busca de una cita quieren saber: ¿es atractiva? ¿es una persona de mi gusto (divertida, inteligente, tranquila, seria decidida, etc.)? ¿Somos compatibles (al menos para una primera cita)?

Las mujeres elaboramos a menudo nuestro perfil como parte del paquete esposa/pareja. Vamos por ahí anunciando el final del juego que tenemos en mente. Algunas mujeres declaran que el propósito de sus citas es el de casarse, tener tres niños y una cerca de madera blanca en el jardín. Es una afirmación intensa, y puede hacer que el hombre que la lea sienta como si estuvieran tratando de ponerle las esposas antes incluso se decir «hola». En este momento lo que el hombre de tu futura cita desea sabe es si eres o no guapa, interesante y posiblemente divertida. Utiliza el encabezado de tu perfil para ir al grano (a los hombres les encanta cuando vamos al grano). Muestra tu estilo único en las primeras cinco palabras.

Una queja frecuente que he oído de las mujeres es: «Los hombres que encuentras en internet solo están interesados en divertirse. No van en serio. Yo estoy buscando pareja. Nadie en internet habla de eso. Son todos unos ligones».

Si compartes esta queja, es posible que consideres que estás buscando compañía desde una perspectiva errónea. Estás abordando las citas *online* visualizando únicamente el final, y al hacerlo estás pasando por alto el comienzo. El hombre comprende que las citas *online* son un medio para conectar con una mujer a la que no tendría acceso en su mundo. Y cuando conecta con ella, desea trasladar ese encuentro en internet al mundo real. Y en esa cita el hombre en cuestión va a ver si le gusta ella y si la encuentra atractiva, encantadora y divertida. Porque cuando un hombre se casa, lo hace con una mujer que encuentra atractiva, que para él es encantadora y con la que se divierte.

La diversión es lo primero, en realidad. Los hombres viven el proceso de las citas paso a paso. Entienden que descubrir lo que te gusta hacer y lo que defiendes es información importante que hay que reunir antes de declararse y comprar el diamante.

Cuando un hombre busca por internet a una mujer para divertirse, no es que sea superficial; es inteligente. Está siguiendo el proceso paso a paso. Las mujeres deberíamos aprender un poco de los hombres en este aspecto.

He entrevistado a más de cincuenta hombres sobre este tema. Les hacía la pregunta: «¿Qué piensas de una mujer que habla de su deseo de casarse en su perfil en internet?». Y seguía preguntando: «¿Qué opinas de una mujer que en el apartado "requisitos" describe cómo será su vida de casada cuando encuentre marido —es decir, número de hijos, educación en el hogar, etc.?». La mayoría de los hombres dijeron que francamente les daba miedo, que era demasiado, o variaciones del tipo: «Caray, ¿puedo invitarla antes a un café?». Un hombre, por ejemplo, dijo: «Me gustaría saber al menos cómo se llama (aparte de otras cosas), antes de hablar de cuántos hijos quiere tener».

Cuando ponemos todo eso —el vestido de novia, la educación en casa y el resto de nuestra visión de «felices para siempre»— en la presentación, puede parecer que tenemos un criterio equivocado. Estas cosas son elementos importantes que ha de tener en cuenta una pareja, pero no constituyen material para una primera impresión. Hay que decir algo para dar pie a que las cosas sucedan de manera natural. Muéstrale la persona que eres antes de mostrarle quién serás como esposa.

Sé breve y ve al grano

Me he dado cuenta de que los perfiles cortos, que van al grano, les resultan más atractivos a los hombres que a las mujeres. Las mujeres, en general, queremos saber más por adelantado y, en consecuencia, buscamos perfiles más largos y detallados, mientras que los hombres tienden a considerar los perfiles más largos demasiado farragosos, con tanta palabrería.

Para los hombres, menos es más.

Instintivamente las mujeres buscan el detalle. Nos gusta una buena historia y queremos la historia completa. La mayoría de los hombres no. Mi perfil para citas era demasiado largo. Contaba historias. ¿Adivinas a quién atraía? A escritores (maestros de la palabra que adoran una historia bien contada).

A la mayoría de los hombres no les gustan todos esos detalles. Aunque seas «superguapa», si tu perfil es «superlargo» probablemente él no lo leerá entero. Pero te pedirá una cita basándose en tus fotos y en las primeras frases que has escrito. Pongamos que en tu cita él te hace una pregunta que tú respondías en realidad en tu perfil *online*, un poco más abajo de donde él dejó de leer. Puede que te sientas insultada al darte cuenta de que no ha leído tu perfil. Esto podría llevarte a pensar que se trata de una persona superficial. He aquí un enfoque mejor: en lugar de escribir un perfil largo y después desilusionarte al darte cuenta de que no lo han leído, para ayudarte a ti misma, libera tu perfil de detalles superfluos y de largos párrafos descriptivos. Yo caía en este error al principio y estoy aquí para decirte que se puede hacer mejor.

Así qué ¿de dónde debes recortar? Debes suprimir asuntos que no conducen a puntos de conexión. Por ejemplo, si estás hablando de tu pasión por la jardinería y eso es algo que te gusta hacer sola, no te extiendas escribiendo sobre esta actividad.

Crea un perfil positivo

Haz que resulte optimista. La razón de ser de las páginas de citas *online* no es solo la publicación de un montón de fotos, es también que la gente lea parte de ese contenido en el que tú tanto has trabajado (siempre y cuando no sea toda una novela). Buscan datos sobre tu personalidad que esperan que coincidan con la suya. Hay quien busca sentido del humor; otros buscan comprensión o sentido de la aventura o aptitudes maternales. Todos los hombres buscan a una mujer con intereses y valores compatibles con los suyos y que se sienta cómoda en su piel y feliz con su vida.

Muestra quién eres escribiendo qué es lo que te apasiona. Habla de las cosas que te hacen feliz. ¿Qué es lo que te gusta de tu vida? Y sí, si te sientes cómoda haciéndolo, muéstrate algo sexy. Nada vende más que la confianza en uno mismo.

Sé única

«Me encantan los paseos por la playa».

«Soy una aventurera y me gusta viajar».

«Me gusta cocinar, bailar, el senderismo, ir de acampada, patinar y la escalada».

«Puedo pasar de los vaqueros y la camiseta a ropa forma de cóctel en un mismo día».

«Soy fiel a mi familia y a mis amigos. La familia y los amigos son muy importantes para mí».

Si utilizas alguna de estas frases, felicidades, acabas de hablar exactamente igual que el resto del mundo, y el posible candidato habrá leído un perfil como este cien veces antes de llegar al tuyo. Procura no crear este mismo perfil genérico. Vuelca tu verdadero yo en esas líneas y conseguirás que quieran ponerse en contacto contigo. He estado en la playa y esperaba encontrarme con veinticuatro millones de usuarios de Match.com paseando por ahí.

Adelante, habla de la playa, pero hazlo de manera original: «Es un hecho poco conocido que las temperaturas en Ocean Beach, en San Francisco, pueden ser de 15 grados en enero. A casi nadie se le ocurre ir a la playa en invierno, de manera que cuando voy, ¡es fantástico! Sol cálido y olas enormes. Somos yo y la Madre Naturaleza cara a cara... ¿Vienes conmigo?».

¿Te gusta viajar? ¿Necesitas que a tu pareja le guste también viajar? En lugar de decir «Me gusta viajar» y repetirlo en el apartado «Busco...», escríbelo en la sección «Nosotros» y trázale un cuadro en el que pueda verse a sí mismo a tu lado.

«Nos encantan las Islas Galápagos. Nadar junto a enormes tortugas marinas, tumbarnos al sol y devorar novelas». No sé tú, pero yo estoy en ello. Estoy haciendo una maleta y metiendo el pasaporte en la cartera, así que vamos. Cuando tú dices: «Me gusta viajar», sin pintarle ningún cuadro, él piensa que viajar es para ti una prioridad. No parar de viajar. Viajar una semana todos los meses. Podría pensar: «¿Puedo permitirme los gastos que supone viajar todos los meses?». Tal vez pase de largo porque piense que te mereces a alguien que te haga feliz y él no puede afrontar tu estilo de vida ideal.

Cuando pienses en qué es lo que te hace única, considera estas preguntas:

- ¿Qué es lo diferente o lo más impresionante de ti o de la historia de tu vida?
- ¿Qué es lo que influye en tus decisiones, tus metas y tu dirección en la vida?
- ¿Qué te diferencia de las demás solteras que buscan cita por ahí?

El apartado «Busco...»

Utilizamos el apartado «Busco...» para fines de criba. Nuestro instinto nos impulsa a describir tantas características deseables como podemos para procurar evitar las que no lo son.

«Busco un hombre masculino, espiritual y divertido que sea buen conversador. Debe ser atractivo, estar en forma y ser económicamente responsable/desahogado y tienen que gustarle las actividades al aire libre y arreglarse para salir. Debe ser un hombre tranquilo, divertido, espontáneo e íntegro. Ha de ser honesto y abierto, y tiene que querer a mi perro».

¡Hala!

Si fuera por mí, lo único que escribiríamos en este apartado sería «Busco a la pareja adecuada para mí». Porque no podrás encontrar las cosas que realmente necesitas en una pareja utilizando ese tipo de descripciones. ¿Te apoyará? ¿Comprenderá de dónde vienes? ¿Será capaz de reconfortarte y hacer que te sientas segura? No puedes contar nada de esto poniendo una sarta de palabras juntas en la sección «Busco…».

Cuando hablemos de lo que estás buscando, por el amor de Dios, evita por favor usar la frase «Estoy buscando a alguien que sea abierto y honesto». Adivina qué: después de 121 citas, doy fe de que prácticamente todos los hombres con los que salí eran abiertos y honestos (de acuerdo, tal vez no del todo en lo referente a su altura). Pedir a un hombre que sea «honesto» es algo así como un insulto. Es lo mismo que decir: «Busco a ese raro hombre honesto porque el grueso de vosotros sois unos mentirosos». Y el hecho de poner ahí «abierto y honesto» no va a cambiar el tipo de hombres a los que atraes. La gente no lee esa frase y piensa: «Oh, vaya, no puedo quedar con ella porque soy un embaucador y un mentiroso». ¿Los que mienten? Sí, van a contactar y a mentir diciendo que no mienten.

La mayoría de la gente es abierta y honesta si se crea un ambiente seguro. ¿Qué entiendo por «seguro»? No hacer que alguien se sienta inoportuno, juzgado o avergonzado por contar su verdad. Mi pareja, Dave, es una persona que lo comparte todo. Hay algo espectacularmente íntimo en estar con alguien que comparte mucho cuando tú representas un lugar seguro, dispuesta a escucharlo (casi) todo.

Sé auténtica

Hablando de mentir, sé honesta contigo misma. Nadie quiere comenzar una relación que merezca la pena con mentiras o falsas verdades. Chicas, ello incluye la edad. Comprendo que tengas la tentación de quitarte años o de elegir una talla menos de la que te corresponde para entrar en la categoría de búsqueda «correcta» de los hombres. Si dices que tienes treinta y nueve cuando en realidad tienes cincuenta y seis o afirmas que tienes una talla «mediana» cuando eres una hermosa mujer XXL, adivina qué: lo descubrirán en su primera cita y su reacción, con toda la razón del mundo, puede que no sea estupenda.

Cuando un hombre miente, suele hacerlo en lo referente a su altura y a su edad. Cuando una mujer miente, a menudo lo hace sobre su talla y su edad. En cualquier caso, esto no es agradable para el engañado y ciertamente no es agradable para quien disfrazó la verdad, cuando se da cuenta de la decepción en la cara de su primera cita.

Algunas de vosotras no responden sinceramente al cuestionario *online* para mejorar su posición en las preferencias de búsqueda de la gente (para posicionarse en el intervalo 25-39), pero justo ahí, en primera línea en tu página, has de decir la verdad. Hay quien dice: «Soy la mujer de cincuenta y cinco años más joven que has conocido jamás. Tengo el cuerpo de una chica de treinta y nueve. No querría que me descartaras de tus preferencias de búsqueda». En la mayor parte de los casos esto es motivo de suspenso. Cuando le pregunté por ello a Dave, me dijo: «Déjame que lo entienda. ¿Una mujer dice que está buscando una relación abierta y honesta y empieza contándome una mentira? Para mí, esa sería una razón para romper. No es la edad; es la mentira. ¿Todavía no la conozco y ya está tratando de engañarme o de mentirme? No, gracias».

Muchas mujeres creen que se les presta menos atención en internet a partir de cierta edad, y puede que sea verdad. Pero ello no quiere decir que se trate de atención de peor *calidad*. No toda la atención es increíble, ya sabes. Y que conste que conozco a docenas y docenas de mujeres de cincuenta y de sesenta años que reciben un montón de atención (más de la que pueden afrontar) de sus perfiles *online*. La autenticidad es irresistible.

Después de esta larga charla moral sobre la honestidad, no sé muy bien cómo decírtelo, pero... yo mentí. Sí, a lo largo de toda mi experiencia de citas *online*, mi «estado civil» decía «divorciada», cuando todavía no estaba

legalmente divorciada. Debido a una grave enfermedad cuando tenía veinte años, no pude acceder a un seguro durante años. Cuando por fin pude
hacerlo, presentamos la documentación para el divorcio.

Cuando quedaba con alguien, tenía una norma para la tercera cita:
era cuando confesaba a esa persona los detalles de mi situación. Me ayu-
daba comenzar diciendo «La parte romántica de nuestra relación terminó
el verano de 2002». Afortunadamente, los hombres se mostraron siempre
comprensivos con este asunto.

Impedimentos y coincidencia temporal

Los sitios de citas te ayudan a filtrar impedimentos, ofreciéndote opciones
sobre asuntos como el consumo de tabaco, alcohol o drogas. Puedes también filtrar a la gente en función de si quieres o no tener hijos y cuántos. A
menudo proponemos el paquete completo «Soy una gran pareja», porque
eso es lo que queremos atraer, pero es un error quedar solo con personas
que quieren una relación de inmediato. Te advierto del peligro de utilizar
la coincidencia en el tiempo como filtro de impedimentos.

Cuando me encontraba inmersa en el proceso de citas, buscaba pareja. Mi esposo, compañero o lo que fuera a ser en el futuro era alguien a
quien estaba buscando en ese momento, y pretendía que estuviera listo
para comprometerse conmigo muy pronto. Yo no tenía bagaje de relaciones
anteriores; sabía quién era, qué deseaba dar y a quién estaba buscando (en
su mayor parte).

Ahora bien, lo que me diferenciaba de otras mujeres de entre treinta y
cuarenta años era que yo no quería tener hijos. Y había estado casada antes,
de modo que no pensaba en el matrimonio como un requisito; una relación
de compromiso mutuo estaría bien. Esto me hacía parecer algo más relajada
que muchas de mis amigas solteras. Yo quería reflejarlo en mi perfil. De
modo que escribí esta frase: «Estoy buscando al que será mi pareja, pero
hasta que aparezca estoy dispuesta a quedar de manera informal».

Eso es lo que yo decía.

Lo que quería decir era: «Estoy buscando al que será mi pareja, pero estoy dispuesta a salir por ahí y a quedar contigo de manera informal hasta que te des cuenta de que quieres ser mi pareja».

Efectivamente, no decía lo que quería decir, y ¡a Dios gracias! Dave (cita 121) leyó mi perfil como «Estoy buscando al que será mi pareja, pero estoy dispuesta a quedar de manera informal hasta que él aparezca», y se dijo a sí mismo: «¡Guay! Puedo quedar con ella alegremente hasta que su pareja aparezca».

Dave acababa de salir de un matrimonio de veinticuatro y cuatro años y no buscaba pareja. Comprometerse con una mujer era lo último en lo que pensaba. Sin embargo, en nuestra segunda cita nos enamoramos, y no fue nada informal. A los diez meses celebramos una ceremonia de compromiso y a la semana siguiente nos fuimos a vivir juntos.

Espera… ¿La experta en citas quedó con un hombre recién divorciado? ¿Qué? Todo cuanto puedo decir es que sigas leyendo. Tengo mucho que decir acerca de los recién divorciados.

Volviendo al asunto de la coincidencia en el tiempo: cuando limitamos nuestras citas a los hombres que están «listos», no estamos permitiendo que los milagros ocurran. No estamos dando pie a la casualidad ni a la magia de lo que podría ser una pareja increíble cuando las dos personas correctas se conozcan. A mí me costó 121 citas encontrar a Dave y fácilmente podría no haberle encontrado nunca, porque él estaba en un lugar distinto a aquel en el que estaba yo cuando nos conocimos.

Cada uno tiene sus preferencias y sus propios impedimentos. No dejes que nadie te diga lo contrario. Los hombres pueden tratar de convencerte de que no estás siendo razonable al rechazar una cita porque alguien se sale de tus parámetros. Pongamos, por ejemplo, la edad: que tengas preferencia personal por un grupo de edad para tener citas, más jóvenes o más viejos, no quiere decir que estés obsesionada con los años de la gente: son tus preferencias. Ahora bien, si eres empresaria y discriminas a la gente a la hora de contratarla en función de su edad, esa es otra historia. Pero estamos hablando de citas. Si prefieres quedar con gente más joven o mayor, eso es algo que decides tú, y no dejes que nadie te avergüence por ello. Lo veo a menudo, ese enfado por los rangos de edad, más en mujeres que en hombres, cuando todos somos libres de elegir quién nos atrae y con quién nos sentimos cómodos. De modo que concedámonos ese capricho, ¿de acuerdo?

Mis preferencias personales se inclinan hacia los hombres mayores. Aunque me causan asombro las señoras que salen orgullosas con chicos mucho más jóvenes que ellas, yo no me siento a gusto en ese papel. Me hace sentir incómoda. Necesito sentirme como si yo fuera el premio, no como la ganadora de un premio, y un hombre joven lo único que hace es que me sienta realmente mayor. Pero, como soy amante de la aventura, lo intenté.

He aquí una divertida cita en la que rompí un poco las normas.

Cita #45
La antiasaltacunas

Escena: En un barco atracado, San Rafael, California

Portátil en mano, me dejé caer en la butaca junto a mi cama. Me acurruqué de tal manera que el ordenador me quedó perfectamente encajado entre las piernas cruzadas. ¿Necesitaba realmente encenderlo para entrar en Match.com? Después del fracaso de la cita de esa noche, posiblemente fuera mejor idea tumbarme en la cama y someterme a una dosis de algún *reality* basura de televisión. Pero eran solo las 10:30 de la noche; y todavía había algo que me decía que la vida merecía la pena.

«Tienes un correo». Gracias, Match.com. Un hombre alto, guapo y joven, supuestamente diez años menor que yo, aparecía a la izquierda del mensaje enviado. «¿Por qué no?». Respondí y comencé un chat a tiempo real. A las 10:30 de la noche, él hizo un movimiento audaz y dijo: «Voy a tu ciudad. Conozcámonos ya».

«De acuerdo». Yo estaba ya lista para la cita y no me costaba nada salir de casa. Nos encontramos a las 10:50 p.m. en el centro de la ciudad y todo estaba cerrado, salvo un bar de mala muerte que él quería evitar, y que probablemente era lo más correcto, ya que este niño de más de metro ochenta de estatura no estaba ni por asomo cerca de los treinta. No estoy segura de que su DNI le hubiera dejado traspasar el umbral. Yo soy una absoluta antiasaltacunas.

Tras acercarnos a varios locales cerrados, me dijo «Conozco un sitio. ¿Confías en mí?».

«Pues claro. ¿Por qué no?». Quiero decir, ya estábamos fuera y ya me había hecho a la idea. Le seguí, conduciendo cada uno su coche, hasta un oscuro puerto deportivo en las afueras. Me hizo una señal para que aparcara en el aparcamiento de visitantes de la zona residencial cercana e hice lo que me sugirió.

Nos encontramos entre nuestros coches aparcados y él me abrazó con fuerza y me dijo: «Bien, este es el plan. ¿Ves esas casas de ahí?».

Miré en dirección a las casas de multimillonarios, cada una con su barco propio y vistas de la ciudad de San Francisco. Asentí con la cabeza.

«Mi padre vive allí, en la tercera casa. Está fuera de la ciudad. Usemos su barco para pasar el rato y tomar una copa».

Sin salir de mi asombro, sentí una oleada de emoción y miedo que me resultaba claramente familiar. Cuando tenía catorce años, salía a escondidas de casa de mis padres por el sótano para salir por ahí con mis amigos. Corríamos por los alrededores y hacíamos cosas que probablemente no debíamos hacer, en lugares en los que probablemente no debíamos estar.

Oigo aún en mi cabeza la voz de mi abuela: «No tienes nada que hacer fuera de casa después de medianoche. Nada bueno ocurre después de medianoche». Y ahí estaba yo, apenas unos minutos ante de la hora del «nada bueno», de la mano de un chico, cruzando de puntillas el jardín de su padre y tratando de no hundir en el césped mis tacones de aguja mientras caminábamos hacia la puerta lateral.

El chico de mi cita forcejeó con el pestillo lo más silenciosamente que pudo, luchando por abrirlo. De pronto, la enorme puerta se abrió hacia delante, y el chico corrió para atraparla antes de que se estrellara haciendo más ruido. Me di cuenta por su necesidad de sigilo de que no éramos visitantes bienvenidos. De hecho, éramos dos chicos (bueno, algo parecido) fuera de casa de noche y en un lugar que no era nuestro. Extrañamente lo admiré por ello (al mismo tiempo que dudaba de estar en mi sano juicio).

Me ayudó a caminar sobre mis tacones de quince centímetros a lo largo de un camino irregular de roca que conducía hasta el barco. Saltó al barco, blanco y enorme, y después me ayudó a subir. Este asombroso espacio flotante, medio salón medio oficina, hizo que me preguntara cuál es la diferencia entre un barco y un yate. No podría decir lo que era, pero era precioso. Y frío.

Mi Cita 45 revolvió en la selección de licores de su padre y encontró una botella casi llena de whisky. Sin decir una palabra, sirvió un vaso para cada uno y mientras me tendía el mío supe que no iba a servir de nada decirle que no bebía whisky. Hice una excepción aquella vez. Nos sentamos, susurrando, riendo y bebiendo nuestro whisky. Me rodeó con su brazo y me besó suavemente, hasta que oímos un ruido.

Nuestra atención se centró entonces en otra cosa y desperdiciamos el resto del tiempo en este lujoso barco tratando de determinar de dónde venían los ruidos y si, de hecho, iban a descubrirnos. Seamos realistas: parte de mí deseaba que nos descubrieran. Si su padre no estaba fuera de la ciudad y estaba soltero, sin duda tendría una edad mucho más apropiada para mí.

¿Qué ocurrió entonces?
Me pidió que saliéramos una y otra vez. Fue insistente. Yo siempre dije que no. No tengo muchas normas, pero tengo una llamada «la norma del útero». Y dice algo así: si eres lo suficientemente joven como para poder haber salido de mi útero, no vas a poner nada tuyo cerca de él.

cómo encontrar pareja
en internet

Nada me gustaría más que poder decirte que todo cuanto tienes que hacer es hacerte una bonita foto, encadenar unas cuantas palabras siguiendo mis instrucciones, sentarte, ver qué parejas son compatibles y en veinticuatro horas tu correo estará atestado de hombres clamando conocerte. Por desgracia, queridas, no funciona así.

También me encantaría decirte que las personas más idóneas y cualificadas con la que vas a quedar (y con la que yo quedé) son aquellas que dan el primer paso y contactan contigo. No, no, no.

Cuando subí mi perfil por primera vez, crucé los dedos y recé para que fuera el hombre quien me encontrara. Si él daba el primer paso, las cosas serían mucho más fáciles porque yo sabría realmente que me estaba buscando y que yo era su tipo —es decir, que era lo que él buscaba (al menos sobre el papel).

Esto suena bien y todo, pero cuando se trata de citas *online*, las cosas no suelen funcionar así. Hay que realizar una búsqueda y hay que contactar. De los tipos estupendos que conocí por internet, yo diría que al 80 por ciento de ellos los encontré yo, mientras que el otro 20 por ciento me encontraron a mí (yo fui quien encontró a Dave).

Para sacar el mayor partido posible de la experiencia y encontrar el tipo de pareja que estás buscando, vas a tener que trabajar un poco. Utiliza tus criterios de búsqueda, a través de las categorías que proporciona la página de citas *online* que has elegido, para filtrar y reducir el campo de elección. Piensa en buscar a hombres que sean como tú o que al menos compartan tu punto de vista sobre la vida.

Tu mejor amigo tiene principios morales, ideales, pautas, metas, sueños, planes y una forma de ver el mundo similares a los tuyos ¿verdad? ¿Querrías que tu pareja fuera tu mejor amigo o al menos algo muy parecido? Cuando leas perfiles, busca cualidades, metas y actitudes en la línea de lo que tú eres y de tu vida. Busca a alguien con quien puedas hablar del día a día, en lugar de al tipo alto y guapo pero que no tiene nada en común contigo.

Yo me di cuenta de que podía quedar con hombres que no fueran mi «tipo», pero no con hombres que non fueran de mi misma «cuerda». El hecho de compartir la forma de ver el mundo o tener puntos de vista complementarios fomenta el respeto en una relación. La frase «¡Oh, yo también!» pronunciada por el hombre de tu cita lo hace un poco más atractivo y hace que la conexión entre ambos se haga sólida y fuerte más rápidamente. Considera sexy que el hombre de tu cita esté de acuerdo contigo, en comparación con otro que parece tu tipo pero muestra una perpetua expresión de perplejidad en su rostro mientras cenáis o tomáis una copa. No estás haciendo nada mal, ni él tampoco: simplemente él no es tu pareja. Si puedes mantener una conversación sin sentirte tensa, desconectada o como si estuvieras trabajando demasiado, tal vez sea que simplemente no es de tu misma cuerda.

Has oído la frase «Los opuestos se atraen», ¿verdad? ¡Pues es cierto! Se atraen. ¿Te gustaría saber por qué tu cuerpo se inunda de dopamina y testosterona (las dos hormonas presentes en una oleada de química sexual)? Para tener hijos. Así es. Eso es todo. Es un imperativo biológico. Y adivina cuándo es más intenso. Cuando estás ovulando. Sí, cuando más alta es la probabilidad de concebir un hijo, tu impulso intentará llevarte frente al hombre más masculino que puedas encontrar (y a la cama). Menos mal que tenemos libre albedrío ¿verdad? (en general)[8].

Lo mismo sucede cuando besas. Tu ADN y su ADN suben y bajan por la boca de los dos, interpretando una feliz danza al tener tu ADN componentes distintos del ADN del otro. Esto es también cuestión de instinto, que lleva a los seres humanos a tratar de engendrar el hijo más grande, más fuerte y más sano, a buscar a alguien con genes tan distintos que el sistema inmunitario del bebé tenga mayor capacidad de lucha contra cualquier agresión[9].

Tu instinto de procreación está grabado en tu disco duro y no se preocupa por quién sería realmente tu mejor pareja a largo plazo. Escoge por ti basándose en la química, no en la compatibilidad. A veces no tiene nada que ver con tu calidad de vida, ni con tu sintonía con esa persona o ni con vuestros planes de vida, esperanzas y sueños comunes. Ahora bien, ¿significa esto que no vayas a tener buena química con una persona con la que tienes muchas cosas en común? No; yo tengo mucha química con Dave y nos parecemos mucho. Y estoy segura de que esos niños que no vamos a tener serían fuertes y hermosos. La cuestión es que hay que tener cuidado con eso de que «los opuestos se atraen», pues no siempre es una buena medida para una vida feliz.

Cómo dejar caer el pañuelo online

De acuerdo, has encontrado unos cuantos candidatos. Son guapos, saben deletrear y por lo que lees puede haber cierta sintonía. Es el momento de dar el paso. De manera que deja caer el pañuelo… *online*.

Es sencillo: apenas una o dos líneas sobre algo que has visto en su perfil. Puedes ofrecerle un «¡Oh, a mí también!» por cosas que tenéis en común. Por ejemplo: «¡Te gustan los caballos! ¡A mí también! Monto en un picadero del lado este de la ciudad. ¿Dónde montas tú?».

Puedes hacerle un cumplido por algo que admiras. Por ejemplo: «¡Eres director de una protectora de animales! ¡Caray! Es algo que llevo en el corazón, una causa que apoyo tanto económicamente como a través de la adopción. ¿Cómo decidiste dedicarte profesionalmente a ello?».

Puedes hacer alguna pregunta sobre algo que has leído en su perfil. Asegúrate de que preguntas desde la curiosidad, que no parezca un interrogatorio. Por ejemplo: «¿Has estado diez meses en Argentina? ¡Qué bueno! Me encantaría conocer tus experiencias allí. ¿Volverías alguna vez?».

¿Te has dado cuenta de que he hecho una pregunta en cada ejemplo?

¿Te has dado cuenta también de que ninguno de estos ejemplos es especialmente rebuscado ni está cargado de intriga o emoción?

El propósito de dejar hacer el pañuelo es simplemente el de dar pie. Darle un empujoncito. Hacerle saber que en el océano de veinticinco millones de personas *online*, tú existes y estás interesada en él. Su señal será dar un paso y recoger lo que tú has dejado caer. Puedes decir más cosas, pero no inviertas demasiadas energías en ello. Reserva tu tiempo; es un desconocido y no sabes cuál es su grado de interés por ti.

Ahora viene la parte difícil. Una vez que has encontrado este perfil sensacional, has redactado el correo y se lo has enviado, tu siguiente paso es ocultar su perfil. Espera… ¿qué? ¿Por qué? Confía en mí. Ocúltalo. No lo bloquees. Si lo bloqueas, no permitirás que se ponga en contacto contigo y tus intentos habrán sido en vano. Sin embargo, la mayoría de los sitios web te ofrecen la posibilidad de ocultar el perfil de un usuario. No te preocupes, si él te contesta, puedes desactivar la opción de «ocultar» y hacer que sea de nuevo visible.

Te reto a poner en práctica la idea de ocultar el perfil después de dejar caer el pañuelo y de olvidarte de que alguna vez has sido tú la primera en escribir. Sencillamente olvídate incluso de que existe. Cuando se trate de dejar caer el pañuelo, quiero que tengas la memoria de un perro: un momento aquí, ya en lo siguiente. Si sigues adelante y te olvidas de todos tus esfuerzos, no te desilusionarás si él no te responde. No te preguntarás cómo podrías haberlo hecho mejor; no podrías haberlo hecho mejor, porque lo mejor para ti es lo mejor para ti. Él no es tu pareja ideal. No necesitas que te recuerden constantemente que «no es tu pareja» cada vez que entras en la página y que ese servidor de internet te muestre su foto en los resultados de búsqueda. Ocúpate solo de quienes te contestan.

Hablemos ahora de los hombres que se ponen en contacto contigo.

Cómo ser un ciudadano educado en internet

Recibirás respuestas de hombres buenos y recibirás respuestas de hombres que actúan mal. La interacción *online* hace que sea difícil definir la frontera entre aquello a lo que se ha de responder y aquello que hay que ignorar y, francamente, saber cómo lidiar con cierta basura que aparecerá sin duda en tu camino.

Pongamos que estás en Manhattan, en un quiosco. Coges tu botellita fría de Perrier y tu revista *New Yorke*r y estás esperando para pagar. Un hombre más o menos de tu edad se pone detrás de ti para esperar en la cola. Dice: «¡Hola, qué hay!». Le sonríes amistosamente y dices: «Hola». «Bonita pulsera; qué interesante», comenta. «Gracias», contestas. Pagas, te vas, ha sido una agradable interacción.

Si ese tipo agradable, que se acerca con buenas intenciones, se dirige a ti, ¿es de buena educación contestar? Sí. Habría resultado raro si el hubiese dicho «¡Hola, qué hay! Bonita pulsera, qué interesante» y tú le hubieses ignorado. También *online* puedes ser educada y seguir la conversación, aunque no estés interesada en alguien.

Siguiente ejemplo. Estás en la cola con tu Perrier fría y tu *New Yorker* en la mano esperando para pagar cuando los trabajadores de la obra a tu izquierda empiezan a silbar y a lanzarte piropos. ¿Contestas a esos muchachos con la misma cortesía? No. Los ignoras. Y la forma en la que ignoras a un hombre así *online* consiste en pulsar la tecla en la parte superior derecha del teclado que dice «Suprimir».

Ignora a los ligones

Me has oído hablar de personas «idóneas» y «cualificadas», de modo que tal vez te estés preguntando cómo es una persona no idónea. En última instancia dependerá de a quién estés buscando. Pero he aquí un tipo universal: el ligón.

El ligón es el tipo que escribe un *email* que contiene entre dos y seis palabras. Correos como estos:

«¡Hola, guapa!».
«Eres hermosa. ¿Qué haces?»
«Bonitos pechos».

Conoces esta técnica (si se la puede llamar así), ya se trate de citas en internet o en cualquier otro lugar. Resulta molesta. Es una de las muchas cosas que pueden conseguir que dejes de buscar citas *online*. No debes nada al ligón, ni tan siquiera un «gracias» de respuesta. No dejes que te quite ni un ápice de energía ni de tiempo. Pulsa «suprimir» y haz como si nunca te hubiera escrito. Si te vuelve a escribir, bloquéalo.

Algunos sitios permiten insertar *winks*. Es una basura de opción y el ligón es el que más la utiliza. Pero en ocasiones la usan también novatos en las citas *online* o algún que otro chico encantador que es tímido pero quiere probar tu grado de interés. De modo que si utilizas un sitio que permite a los usuarios enviar un «me gusta», puntuar o mostrar interés sin decir nada, puede merecer la pena que investigues. Si es un ligón lo sabrás enseguida por el modo en que ha escrito su perfil o fijándote en si lleva puesta al camiseta o no. Tras lo cual, puedes responder (o no).

Consejo útil

En el perfil suele haber un recuadro para rellenar que dice: «Escríbeme si…». Puedes decir: «Los emoticonos están bien, pero yo solo respondo a correos que contienen más de seis palabras». El ligón no lee los perfiles; nunca verá esta frase. Hazlo pensando en ti, no en él.

Evita las grandes distancias

Ya hemos hablado de esto antes. Tú quieres dar una oportunidad a esa persona que has conocido en internet, pero si vive demasiado lejos de ti no es, por definición, adecuada para ti como pareja. «Demasiado lejos» es cualquier distancia que no estés dispuesta a recorrer tres veces por semana. Esa es mi regla general. ¿Cuál es la tuya? Cuando vayáis en serio y paséis mucho tiempo juntos, estarás todo el día viajando. Incluso si es él quien realiza la mayoría de los viajes, si cae enfermo de gripe y quieres ayudarle y cuidarle, tendrás que desplazarte tú. Sé realista en cuanto a tu nivel de tolerancia con los desplazamientos.

Una de las cosas que odiamos de las citas *online* es que a menudo resulta un proceso agotador y que dedicamos un esfuerzo importante a personas que no son idóneas, como por ejemplo a alguien que te escribe desde Florida cuando tú vives en California.

Esta es mi política de respuestas para largas distancias: no le debes nada.

Si Mr. Florida escribe: «Hola, eres muy guapa», usa la tecla de suprimir, inventada para eso.

Si Mr. Florida te escribe una larga carta de amor diciéndote que eres la mujer de su vida …y tú sabes que él no es el hombre de la tuya, simplemente escribe: «Gracias por escribirme. No quedo con nadie que viva a más de [inserta aquí tu distancia máxima] kilómetros de mi casa».

Si él vuelve a escribirte un correo largo o corto, utiliza la tecla de suprimir y, si es necesario, el botón de bloquear. Has establecido un límite y lo que te está demostrando con su insistencia es que es una persona que no respeta tus límites. Adiós.

Tengo que decir que la excepción a esta regla se da si el tipo en cuestión se está mudando a tu ciudad. En este caso establece conversación solo cuando falten menos de sesenta días para que se mude. Esta es mi regla «realista». E incluso entonces, no inviertas demasiado tiempo en él.

Mr. Florida podría contarte que es rico y que le gustaría que tomaras un avión para pasar con él el fin de semana. Oye, si te apetece una aventura salvaje y un encuentro en el que no controles las circunstancias, ¿quién soy yo para detenerte? Pero si lo que buscas es algo que te dure más de tres días, por muy tentador que pueda presentarse ese alocado fin de semana, considera que si realmente fuera guapo y rico, ¿por qué iba a «importar» una mujer? Sabes tan bien como yo que cualquier mujer soltera en un radio de 70 kilómetros estaría dispuesta a ese plan. El hecho de que pretenda «importarte» es una señal de alerta roja.

Los sitios de citas son para gente soltera y casada

Si estás buscando pareja a largo plazo, evita a los casados. Las buenas noticias son que, en su mayor parte, la gente casada suele decir la verdad.

Match.com parece centrarse sobre todo en gente soltera que busca gente soltera. Hay sitios de internet, como OkCupid, que tienen otras categorías aparte de la de solteros; no obstante, te ofrecen esas opciones para que puedas estrechar tu campo de búsqueda, si bien proponen un millar de categorías de estilos de relaciones. Hay todo tipo de personas buscando todo tipo de relaciones y lo bueno es que la mayoría de ellas te lo dirán directamente: «Somos un matrimonio abierto y buscamos parejas para jugar» o «Soy un poliamante en busca de otra relación en mi vida». Estos tipos saben lo que están buscando y tienen su propio concepto de cómo funcionan las relaciones. (Más datos en el apartado «Amigos con privilegios y relaciones no convencionales»).

Si buscas una relación monógama, puedes pasar de largo delante de los matrimonios abiertos y de los poliamantes, pero ten en cuenta que este tipo de desvíos pueden también alejarte de una potencial pareja monógama a largo plazo, si eso es lo que realmente persigues.

Si no estás convencida de que las citas *online* vayan a llevarte a alguna parte, he aquí mis estadísticas. Yo conocí a los hombres de mis 121 citas de las siguientes maneras:

- Sitios de citas en internet: 103
- En persona: 5

- A través de amigos: 9
- Agencias matrimoniales: 5

De las 121 citas, estas son las cifras referentes al número de citas que siguieron a la primera:

- Solo una cita: 84
- Dos citas: 16
- Algo más: 21

Mi estadística de citas demuestra por sí sola que no habría llegado a ninguna parte sin las citas *online*. De acuerdo, seamos sinceros: a alguna parte habría llegado, pero no con mi pareja. Conocer a hombres a través de amigos y los encuentros casuales en persona me proporcionaron un total de catorce hombres, que es algo menos que un hombre y medio al año durante todos los años que estuve soltera. No son buenas cifras, gente. Los encuentros fortuitos en persona funcionan para algunas personas, pero estadísticamente mi experiencia se inclina con fuerza a favor de las citas *online*.

Ahora bien, ¿quiero yo que tus números sean tan altos como los míos? ¡Claro que no! A continuación hablaremos de formas inteligentes en las que puedes utilizar el sistema en tu beneficio y deslizarte a través del proceso de citas con mucha más elegancia de la que tuve yo.

12

Buenas prácticas en las citas online

Cuando te haces cliente de un sitio de citas *online*, creas un perfil. Una vez presentado, se sitúa en primera línea y el sitio te anuncia como si fueras lo más de lo más en el mercado de las citas. Cada vez que se une una mujer, tu perfil se vuelve algo menos popular, al ser ligeramente menos «actual».

Cuando inicias sesión, apareces frente a otros usuarios también en línea. Si cambias o actualizas el contenido de tu perfil, el sistema vuelve a reenviarlo como «nuevo», lo presenta otra vez ante el mundo y lo catapulta a la cima de la pila de perfiles.

Actualizad a menudo, amigas. Puedes realizar cambios menores, aunque solo sea una palabra, ese es el truco. Yo solía cambiar el color de mis ojos de «azules» a «azul claro», después de nuevo a «azules», prácticamente cada vez que me conectaba.

Usa la modalidad «ocultar de la búsqueda»

Existe la opción de no volver a ver ciertos perfiles, para lo cual deberás «ocultarlos». Si acudiste a una cita y no hacíais buena pareja o si lo descartaste nada más verlo, simplemente ocúltalo para que no te vuelva a aparecer en tus búsquedas. De esta manera no tendrás que seguir viendo a Mr. Tipo complicado con barba o a Mr. Tipo sin camiseta como futuras oportunidades. Esta función hará que tus búsquedas sean más novedosas y te ayudará a mantener una mentalidad positiva.

Cortar antes de decir «hola»

Cómo decir «No, gracias» *online* es una habilidad como cualquier otra. Manejar una atención no deseada es un problema importante y muchas mujeres están programadas desde la infancia para ser simpáticas, a menudo demasiado simpáticas, si pensamos en su propio bien. Para no ser grosera ni desagradable, puedes escribir una contestación, cuando realmente todo cuanto quieres decir es una versión educada de «No. Siguiente».

Algunas mujeres no escriben contestación alguna. Puedes escoger este camino, pero yo creo que es grosero no decir nada en respuesta a alguien que se ha tomado su tiempo en leer tu perfil, redactar un correo agradable y ha puesto en ti alguna esperanza (piensa en el quiosco de periódicos). Yo trato de ser cortés en mi proceso de citas *online*, del mismo modo que intento ser un ser humano educado ahí fuera en el mundo real.

Más veces que menos, después de enviar mi sencillo correo para declinar la invitación de un hombre para conocernos, suelo recibir un corto correo de agradecimiento. La mayoría de los hombres aprecian cualquier respuesta, ya que la mayoría de las mujeres eliminan su perfil después de la criba inicial.

Un querido amigo mío, un hombre absolutamente de primera (ahora casado), me contó que una vez escribió a cuarenta mujeres y ni una de ellas le respondió ni tan siquiera con un «No, gracias». Se salió de las citas *online* para siempre. Cerró su cuenta y nunca más volvió a conectarse. Yo suponía que a la mayoría de los hombres les gustaba recibir este tipo de agradecimiento, pero en mi cita 120 (edad treinta y siete), hablamos sobre el tema y la respuesta de aquel hombre fue: «No. El rechazo es ya mal suficiente. Yo no deseo en absoluto respuesta alguna». Me quedé asombrada. De modo que hice lo que suelo hacer: investigué.

En diciembre de 2012 pregunté a cincuenta hombres de edades comprendidas entre los treinta y los cincuenta y siete años si preferían recibir una respuesta de una mujer que no estaba interesada en quedar con ellos o si preferían no recibir contestación alguna. De los hombres del estudio, el 85% querían recibir un educado «no, gracias» para poder seguir adelante y dejar de pensar en ella y el 15 por ciento pensaban que la mujer no les debía nada y no les preocupaba si no respondía nunca. (Descargo de responsabilidades: me di cuenta [demasiado tarde] de que en este grupo de estudio en particular, la mayoría de los hombres eran escritores y músicos. El elevado porcentaje puede constituir un resultado sesgado, pues todos ellos tenían un fuerte vínculo con la comunicación y la expresión).

Cuando hablo de escribir una contestación, me refiero a los hombres que realmente escriben, no a los supermachos que piensan que el volumen es una estrategia aceptable para ligar. Sabes a quien me refiero: tú (o cualquier otra mujer de sangre caliente que respira oxígeno) recibes de un tipo así un *email* que dice: «¡Hola, cuerpazo! ¿Qué pasa?». Con tipos así en circulación, gracias a Dios que existe la tecla Supr.

En la época en la que buscaba pareja, yo tenía respuestas ya escritas y archivadas en un documento de Word debidamente guardado en mi ordenador. Lo abría, lo cortaba, lo pegaba y lo enviaba. No ponía en esa respuesta ningún pensamiento real ni, lo más importante, le dedicaba tiempo alguno. No te sientas culpable por emplear técnicas de este estilo; tu tiempo es oro. Además, estás siendo considerada con ellos. Te recomiendo escribir una respuesta para tantas situaciones como se te ocurra que pueden surgir. He aquí las que yo utilizaba habitualmente. ¿Preparada?

Te escribe un hombre. Vive fuera del radio de zona que estarías dispuesta a recorrer conduciendo para ver a tu chico.

Querido Joe,
Muchas gracias por escribirme. Pienso que no haríamos buena pareja,
pues yo estoy buscando a alguien que viva cerca, a menos de treinta
minutos de mi ciudad. ¡Suerte en tu búsqueda!

Te escribe un hombre. Tú no estás interesada.

Querido Joe,
Muchas gracias por escribirme. He leído tu perfil y he llegado a la
conclusión de que no haríamos buena pareja. ¡Suerte en tu bús-
queda!

Te escribe un largo correo electrónico. Tú no estás interesada.

Querido Joe,
Gracias por dedicar tu tiempo a escribirme un email tan bonito. He
leído tu perfil y he llegado a la conclusión de que no haríamos buena
pareja. ¡Suerte en tu búsqueda!

Puedes cambiar «No haríamos buena pareja» por «No encajaríamos», pero eso es todo. Eso es todo cuanto necesitas. Si alguien te envía un largo *email*, puedes sentirte obligada a escribir más porque piensas que le debes algo. No es así. Además, has de saber que si vas y comentas algo que él ha dicho —por ejemplo, algo que tenéis en común— lo único que estarás haciendo será animándole y es posible que recibas otro correo en el que vuelva a intentarlo, esta vez con más fuerza. Da una respuesta amable, simple y corta.

La mayoría de la gente en busca de pareja aprecia una respuesta; a algunos no les importa. Y luego están las excepciones, unos cuantos especiales que no se lo toman bien si tú dices «no, gracias». Prepárate para la poco habitual pero mordaz réplica. Son esos tipos de los que has oído hablar en alguna historia horrorosa sobre citas *online*. Escribirá algo sarcástico, del tipo: «Debes tener una venda en los ojos. Espero que te arrepientas y te acuerdes de mí cuando no encuentres lo que andas buscando —una y otra vez. Has dejado pasar tu oportunidad en el amor». Sí, estas son exactamente las palabras de un correo que recibí yo. Encantador, ¿verdad?

Si recibes un correo electrónico de este tipo, quítatelo de encima. No permitas que un comportamiento tan estúpido te impida ser educada con la mayoría de los hombres que aprecian una respuesta amable. Elimina este asqueroso mensaje, respira hondo y continúa. ¡Siguiente!

¿Quién me ha marcado como favorito?

Yo no soy muy fan de dar favoritos. No soy partidaria de utilizarlos para contactar con la gente. Sin embargo, tal vez quieras ver quién te está marcando como favorito.

Si un hombre te ha dado un favorito, y te gusta, deja caer el pañuelo y dile hola, como hice yo en mi cita 51. Ese chico me dio un favorito, y cuando leí su perfil, me gustó. Cuando lo conocí mejor, le pregunté por qué me había dado un favorito en lugar de escribirme un correo. Su respuesta fue: «Soy nuevo en esto, y soy tímido. Estaba esperando a que tú me escribieras». Su deseo se cumplió. Él fue la inspiración para este libro.

Cita #51
Papá punk-rockero

Escena: Almuerzo en un restaurante Thai, San Francisco, California

El hombre de mi Cita 52 era un padre punk-rockero de un preadolescente. Era perfecto —o sea, éramos perfectos el uno para el otro— desde la primera línea de su perfil en Match.com. Lo había encontrado; era realmente él. Lo sabía. La larga búsqueda había finalizado. Era él.

Nuestros largos *emails* y nuestras llamadas antes de conocernos cara a cara fueron más que prometedores. Habíamos crecido en el mismo entorno cultural, habíamos tenido el mismo círculo de amigos y habíamos ido a los mismos espectáculos desde que yo me movía por el Área de la Bahía de San Francisco, es decir, desde mediados de los 80. Nos conocimos.

«Es guapo», susurraba para mí mientras caminaba a su encuentro. Mi futura pareja fue a mi encuentro con el mismo paso y una amplia sonrisa que parecía expandirse a cada paso. Cuando nos encontramos, metro setenta frente a metro noventa, él se inclinó ligeramente y me dio un enorme abrazo. *¡Ahh, le gusto!*

Fuimos caminando hasta un pequeño restaurante Thai a la vuelta de la esquina de su trabajo. Tratamos temas como nuestro pasado compartido, los años de la adolescencia, puntos de vista, gustos y aversiones. Nos saltamos el tema de las relaciones y fue magnífico. Nos saltamos aquellos detalles para los que sabíamos que habría mucho tiempo más tarde.

«¿Puedo verte otra vez?», me preguntó. Busqué en sus ojos y vi inquietud —de la mejor clase.

Qué hicimos bien: los dos teníamos el punto de vista de que estábamos ahí y solteros por razones válidas, omitiendo completamente los detalles de nuestras pasadas relaciones.

¿Qué ocurrió entonces?

Los mensajes de texto no cesaron durante toda la semana hasta la cita 2. Estábamos tan ansiosos por volver a vernos que lo echamos todo a perder con una cita de veinticuatro horas que incluía una reunión con cinco de mis amigos más íntimos, casi de la familia.

Por desgracia, existe algo que podría definirse como «demasiado y demasiado pronto». Dejamos de salir tras esa segunda cita. Él volvió un par de veces en los dos años siguientes por razones sobre todo de amistad, pero no encontró ya conexión suficiente conmigo como para quedarse. Nos gustábamos, pero él acabó volviendo con una antigua novia. No puedo remediarlo, pero sigo adorándolo, muy a mi pesar.

Parte II

La primera cita

Estás lista. Estás arreglada. Tu perfil parece un sueño.

¿Qué es lo siguiente?

Eso es: las citas reales. Ahora que estás preparada para el éxito en la medida de tus posibilidades, ha llegado el momento de empezar a quedar con algunas de esas potenciales parejas. Hay una serie de elementos a considerar aquí: a quién escoger y cómo, dónde ir, de qué hablar, cómo presentarte y (lo más importante) cómo decidir si el hombre de tu cita tiene la clase de potencial que merece dos, tres o más citas.

Vamos a analizar aquí esto y mucho más, desde las reglas de etiqueta de la primera cita hasta cómo mantener a raya las hormonas o qué hacer si necesitas retirarte de una cita más deprisa que un corredor de Fórmula 1. Motores en marcha, chicas. Ha llegado el momento de la primera cita.

De internet al mundo real

Lo que llamamos «química» es una combinación de sustancias químicas biológicas (dopamina y testosterona, por nombrar un par de ellas) y elementos sonoros y visuales, reacciones y respuestas que se desencadenan ante el aspecto de una persona, su olor, cómo se mueve, cómo suena su voz y cómo todo ello te trae a la mente cosas del subconsciente[1]. La química solo se desata cuando estás cara a cara con otra persona. No funciona *online*, a través de mensajes de texto ni por teléfono, no importa lo profunda que sea su voz[2].

La química no es algo metafísico. Es más primario que eso y, si bien no debe ser el punto central de vuestra potencial compatibilidad como pareja, su importancia no ha de ser infravalorada. No sabréis si tenéis potencial hasta que no os hayáis conocido en persona.

¿Adónde quiero ir a parar con todo esto? El objetivo de las citas *online* no es llegar a conocer a alguien en internet. El objetivo es quedar para tomar café, para comer, cenar, jugar al tenis o ir al cine y saber si existe la posibilidad de que haya algo más. En persona. Las citas *online* son simplemente una herramienta que te ayudará a encontrar gente soltera a la que no tienes acceso en tu vida diaria.

Lo he dicho una vez y probablemente lo diré cien veces más: ¡queda ya!, quiero decir, lo antes posible. Dentro de tres días, este fin de semana o, si estás de viaje, en cuanto vuelvas. Según mi experiencia y por lo que he visto en mi práctica de *coaching*, parece que prácticamente cualquier relación alimentada por vía telefónica termina en menos de un minuto cuando las personas se encuentran cara a cara.

Intentamos conocerle para ver si es nuestro hombre. En primer lugar, queremos que haya intercambio de correos, de mensajes de texto y de llamadas telefónicas porque buscamos eficacia. Pensamos que salir a conocer a alguien no es un uso eficaz del tiempo.

De modo que escribimos. Y escribimos. Y escribimos. El primer correo es rápido: dejar caer el pañuelo lleva apenas cinco minutos. Pero después él te contesta, y te gusta. Oh, realmente te gusta. Dice cosas maravillosas y ahora parece que hay más que perder, de modo que redactamos la respuesta perfecta. Esto lleva cuarenta minutos.

¡Y él vuelve a contestar! Tu siguiente respuesta te lleva una hora para ser perfecta. Ya son cuatro días. Cuando no estás escribiendo, estás pensando en él y fantaseando acerca de lo maravillosa que será vuestra vida juntos. Tal vez comiences a compartir cosas íntimas con él, cosas que no deberías compartir con un absoluto desconocido.

Entonces trasladas tu «relación *online*» al teléfono: esto suele suceder de una de las siguientes dos maneras:

1. Escuchas su voz, no te gusta y lo descartas. Se acabó. Esto suele ser un error. Yo llegué casi a hacer esto con uno de los hombres de mis citas. Oí su voz por teléfono y me pareció demasiado afeminada. Casi no quedo con él. Pero pensé: «¡Qué demonios!». Cuando me encontré frente a él, cara a cara, aun teniendo la misma voz en persona, su espíritu, su esencia, todo él hacían que, en persona, fuera sexy e increíble. Estuvimos saliendo dos meses, hasta que me rompió el corazón (pero me estoy desviando del tema).

2. Te gusta su voz, de modo que decidís conoceros mejor (pero sin conoceros aún en persona). Por desgracia, como no estáis frente a frente, no es una conversación orgánica. Y él va a intentar impresionarte (porque eso es lo que hacen los hombres), de modo que todo cuanto hará será contarte su historia. Comenzará compartiendo su pasado, sus logros, contándote que es el mediano de varios hermanos. Aunque todo esto represente la información más interesante del mundo para ti, no dice nada de vuestra compatibilidad en el mundo real.

Pongamos que sigue todo bien y llega un momento en el que tus fantasías acerca de él van más allá y entonces compartes con él más información personal de la que nunca compartirías con un completo desconocido.

Y finalmente quedáis. En dos segundos te das cuenta de que no te atrae, o tú no le atraes a él o ninguno de los dos se siente atraído por el otro. Se acabó. Tal vez hayas dedicado semanas, o incluso meses (he conocido a mujeres que lo han hecho), a esta persona, y todo para nada. Algo así es suficiente para que una buena mujer pierda la fe en nuevas citas.

Entonces ¿por qué lo hacemos?

Por seguridad. Piensas que si averiguas cosas por teléfono o por *email* podrás confiar en él. Este es un falso indicador del conocimiento de una persona.

Piensas que podrás precalificarlo (como un préstamo bancario) si le haces suficientes preguntas antes de conocerle en persona. Amiga, no vas a descubrir por teléfono las cosas que necesitas saber de él. Solo conocerás las respuestas con el tiempo, cita tras cita con él, observando si sus actos se corresponden con sus palabras.

Terminas así con las expectativas creadas, con la esperanza de una relación que no es real, y pierdes un montón de tiempo, que nunca recuperarás. Esta no es una manera eficaz de manejar las citas.

¿Sabes lo que es ser eficiente? Adivínalo: encontrarse cara a cara. Puedes maquillarte y peinarte y acudir al café o al bar a cuatro portales de distancia de tu casa y estar de vuelta en menos de cincuenta minutos. Eso es ser eficiente.

Hacia el final de mi experiencia en el mundo de las citas hubo muchas veces que no quise hablar con un hombre por teléfono antes de conocerlo personalmente, y para mí esta actitud funciona mejor.

Escribí a Dave. Dejé caer el pañuelo. Él lo recogió y me escribió en respuesta. Yo le contesté y en el correo siguiente me dijo: «Hola, soy nuevo en estas cosas *online* y en realidad no sé cómo funciona. ¿Podemos quedar en persona el viernes?». La respuesta fue sí, y así fue.

Este asunto de esperar es una trampa en la que caen muchas mujeres y si tú lo haces, puede hacerte abandonar. No lo hagas. No construyas al hombre de tu cita de modo que llegue a ser más estupendo de lo que realmente es. No te engañes a ti misma con eso de que tienes un «sexto sentido» que te permite conocer a alguien antes de reunirte con él en persona. No es así.

Esta es mi principal queja acerca de eHarmony: llega a darte la impresión de que estás perdiendo demasiado tiempo respondiendo a preguntas irrelevantes para darte a conocer antes de poder empezar a hablar con tu pareja.

Conozco a un afamado *coach* para encontrar pareja que enseña a sus clientes el método dos-dos-dos. Afirma que si deseas citas de calidad, lo primero que tienes que hacer es escribir al candidato un *email* dos veces y recibir *emails* de ellos dos veces en el sitio de citas *online*. Después de eso, has de pasar del correo electrónico del sitio *online* a tu correo electrónico personal e intercambiar otros dos correos. El siguiente paso es conectar por teléfono y tener dos conversaciones antes de quedar. El asesor en cuestión ofrece este método para salvar a las mujeres de la tortura de una mala cita para tomar café o para cenar. Comprendo y aprecio sus intenciones, pero mi experiencia en el mundo real (y la experiencia de muchas mujeres que conozco) pone de manifiesto que no es este un método eficaz, pues ni proporciona encuentros de calidad ni garantiza la conexión cuando finalmente el hombre de tu cita y tú llegáis a conoceros cara a cara.

Cancelaciones

Antes de una primera cita pueden producirse cancelaciones. No tienes que tomártelo como algo personal. Esta es otra razón para no invertir todo ese tiempo inicial del que hemos hablado antes de conocer a alguien. Repite conmigo: «Su cancelación no tiene nada que ver conmigo y todo con él».

La razón por la que ha cancelado no es algo que tú tengas que resolver. Mejor ahora que cuando llevarais ya seis meses de relación. Sé que es más fácil decirlo que hacerlo, pero sigue adelante y céntrate en la siguiente cita.

Nada será real hasta que estéis los dos cara a cara delante de un café.

Las citas *online* pueden ser más rápidas

Tú tienes mucha información sobre él y él sobre ti, por tu perfil. Es fácil y tentador moverse deprisa, caer en una «relación» después del primer encuentro o casi.

Parece real. Se percibe como la pareja correcta. Frena, amiga. Asegúrate de que habéis pasado juntos tiempo suficiente para ver que ambos estáis comprometidos en la relación (si es lo que perseguís los dos). Frases sobre lo maravillosa que eres o sobre el milagro que es haber encontrado finalmente a alguien como tú son estupendas y todo lo que tú quieras, pero lo que necesitas mirar es el tiempo real invertido. ¿Estáis planeando quedar? ¿Te está tirando los tejos? Los actos reales y el tiempo, no las palabras, son los mejores predictores de cómo van a ir las cosas.

Consejo útil

En el caso de que no seas capaz de seguir mi consejo de «ir despacio», cuéntale qué es lo que necesitas antes de tener relaciones sexuales con él. Cuéntale lo que necesitas antes, durante y después (incluidos los días siguientes) para estar bien.

Todos conocemos a una mujer —oye, tal vez tú seas una de esas mujeres (yo lo soy)— que hace lo que quiere al momento y, al día siguiente (o los días siguientes) se encuentra a sí misma sentada junto al teléfono, soportando esa voz en su cabeza que le dice que lo ha echado todo a perder.

Una cosa que necesitamos es una llamada de teléfono al día siguiente. Necesitas sentir conexión, preocupación y aprecio y sentir que eres la única a la que quiere, en el mismo grado que cuando te buscaba antes de tener relaciones sexuales.

Facebook y otras redes sociales

¿Quieres saber cuándo aceptar como amigo al hombre de tu cita? Cuando seáis real y honestamente amigos, y no un segundo antes. Pregúntate «Si no estuviera en este lío romántico, ¿podría ser amiga de esta persona?».

No lo aceptes como amigo la primera semana. No el primer mes. Activa el botón de amigos cuando estés en una relación o cuando el asunto de la cita haya pasado a ser amistad. No añadas como amigo a alguien a quien acabas de conocer, especialmente si estás loca por él. Facebook no es tu amigo.

Resulta tentador, lo sé, pensar que tras esa excepcional cita, o dos o tres, aceptarlo como amigo podría ser la progresión natural hacia lo siguiente. Pero, veamos, ya sabes quien entra en tu Facebook. Tienes a esos familiares tuyos que suben comentarios sobre tus amigos (a algunos de los cuales ni siquiera conocen). Están también todos esos desconocidos de la universidad y toda una variada miscelánea de gente a la que en realidad no conoces y que no para de despotricar de religión y política. Toda esa gente está en Facebook. Oh, espera, me olvidaba de una categoría: los ex —o en mi caso el desfile de exnovios— que disfrutan publicando bromas sexuales sobre ti en Facebook. Puede que no quieras que alguien a quien acabas de conocer lea estas cosas.

Pongamos que lo aceptas como amigo. Adivina qué es lo siguiente: descubres cosas que no quieres saber de él, como que tiene citas con otras mujeres (lo cual, por otro lado, es algo aceptable como soltero que es sin compromiso con nadie).

Empiezas a usar Facebook para atraer su atención.

Te enfadas cuando es evidente que tiene tiempo para escribir en Facebook, pero no para responder al *email* que le enviaste hace cinco horas.

Revisas su estado, sus publicaciones, sus fotos y comentarios, de forma insana, como una vulgar *stalker*.

En serio, contente a la hora de agregar amigos. No es necesario nada de esto mientras no exista algo más, como una amistad real y viva, en exclusividad, con compromiso de un futuro juntos.

Entonces ¿en qué punto estamos?

- Queda ya para conocerlo en persona, en aras de la eficiencia y para que sea real.
- Confiar en el teléfono puede ponerte en el camino de una relación. Pero necesitas verlo en carne y hueso.
- No es posible clasificar por completo al hombre de nuestra cita con antelación.
- Si el hombre cancela la cita, es cuestión suya, no tuya.
- Presta atención a la velocidad de la relación; las citas *online* pueden ir deprisa.
- Facebook no es bueno para la amistad; no puedes dar por no visto algo que ya has visto (y él tampoco).

De modo que salgamos al mundo real y quedemos en persona, ¿de acuerdo?

14

Lo que debes y no debes hacer en la primera cita

Accedes a conocerlo en persona. De hecho, él está ahí, muy cerca. ¡Hurra! Has dicho sí a una primera cita; para almorzar este sábado. Él te pregunta: «¿Dónde te apetece ir?»

Y tú dices: «Donde tú quieras estará bien».

Eso es frustrante, tanto para ti como para él. Tal vez él lo intente de nuevo, preguntando: «¿Cuál es tu restaurante favorito?». Y una vez más tú evitarás tomar la decisión final diciendo algo así como: «Me gusta todo, elige tú», dejándole de nuevo toda la responsabilidad. En el caso de algunas parejas esta situación se repite una y otra vez, siempre que salen, durante décadas ¿Quieres saber por qué?

En el juego de seducir y de salir en pareja, es instintivo que él trate de impresionarte y que tú trates de atraerle. Es así. Así es el proceso de emparejamiento. Él usa todo lo que tiene (o dice que tiene) para impresionar. Tú haces todo lo que puedes para atraerle.

Un hombre sale contigo porque está tratando de conocerte y quiere impresionarte. Lo principal que desea en esa cita es hacerte feliz. (Lo segundo podría ser tener suerte, pero aún no hemos llegado ahí). Le gustaría ir a un lugar que a él le parece bien, pero en última instancia lo importante es que paséis un buen rato. De modo que si te pregunta dónde quieres ir, agradecerá que le digas qué es lo que te gusta. Pero a menudo no lo hacemos. ¿Por qué?

Una manera de atraer a un hombre es tratando de complacerle. Pensamos: «El bajo mantenimiento le atraerá» o «No plantees problemas». Esta es la razón por la cual decimos cosas como «Cualquier cosa está bien».

Pero adivino que cualquier cosa no está «bien». Si te lleva a una cafetería de alguna cadena tipo Denny's[a] adivino que no te parecerá bien (salvo si eres una adicta a las tortitas o algo así). A *snobs* de la gastronomía como yo no va a emocionarnos quedar en un restaurante familiar de una cadena, aunque los aros de cebolla sean deliciosos. Pero si eres una persona amable y quieres ser considerada con sus necesidades y su presupuesto, resulta difícil decirle exactamente lo que quieres, sobre todo si lo que te haría feliz sería ir a Chez Panisse o a Le Bernardin. Qué hacer entonces.

Sugiere dos lugares que te gustan, con carta y precios diferentes, y ofrécele la posibilidad de elegir. Puedes decir algo así como:

«Me gustan Zuni e It's Top. Si te interesa alguno de ellos, por mí estupendo. También me gusta conocer sitios nuevos, así que si quieres proponer alguna otra cosa, estoy también abierta a ello».

Mira, así le has dado algo con lo que trabajar: Zuni en la franja más alta de precios e It's Top en la franja más baja. Y además son dos estilos distintos de comida. Antes de tus sugerencias se abría ante él todo un mundo de opciones. Su intención sería seguramente causar una buena primera impresión, pero ni siquiera sabía lo que te gustaba. ¿Comes pescado crudo? ¿Te gusta la comida italiana? ¿Y la etíope? ¿Qué tal un perrito caliente? ¿Eres alérgica al gluten? Ahora le has reducido el campo de elección. Puede consultar en Yelp los dos restaurantes y ver cuál le conviene más y, si no le vienen bien, puede buscar un sitio parecido y realizar una contrapropuesta.

Al sugerirle dos opciones, estás teniendo un gesto amable con él. Ahora está preparado para conquistarte, lo cual le da cierta seguridad, y seguro que sabe apreciarlo. Además, esto también te beneficia a ti. Vas a ir a un sitio que sabes que está bien y donde seguro que encontrarás algo que te guste. Y todos salís ganando.

consejo útil

Tu primera cita no tiene por qué ser nada del otro mundo. De hecho hay quien argumenta que puede que sea mejor un encuentro sencillo. Hacer algo sin preparar (léase: barato) resta presión, especialmente si es la primera vez que os veis, y se trata precisamente de conoceros en persona y saludaros. Quedar para tomar café o beber algo después del trabajo es muy habitual. Una de mis primeras citas favoritas se desarrolló paseando a orillas de un lago en la ciudad. Podéis quedar para caminar o pasear, siempre que sea un camino o un parque urbano transitado. O aprovecha alguna oferta divertida de tu ciudad, como un paseo nocturno, un evento en un museo o una exposición en una galería de arte. Hablaremos un poco más acerca de esto en el siguiente capítulo.

Dónde ir (y no ir) en tu primera cita

Yo no dedicaría mucho tiempo a pensar a qué sitio ir en tu primera cita, pues ello solo complica el asunto y añade cosas que hacer a la lista. El pequeño bar o el acogedor café a dos manzanas de tu casa puede ser un lugar idóneo, siempre. Da conversación a la gente que trabaja allí. Acabarán apreciándote y harán que vuelvas.

Una mujer dijo en una ocasión: «No quiero conocer a mi marido en un Starbucks. Nuestra historia tiene que ser romántica». Después de dos años buscando encuentros memorables con cada nuevo desconocido, ha acabado pensando como yo, que me declaro a favor de ese comienzo de cuento de hadas a partir de la cita 2.

Una mujer me dijo en una ocasión: «Yo tengo un plan para las citas. Cuando conozco a un hombre *online*, la primera cita es para tomar un café, la segunda para comer y la tercera cita puede ser para cenar. No tenemos relaciones sexuales durante los tres primeros meses y no salimos juntos de la ciudad ni pasamos la noche juntos durante otros tres meses». Esa era su estrategia. Tú sabes lo que necesitas, y si lo que necesitas es una estrategia, adelante.

Te imaginas cuál fue mi primera pregunta a esa mujer ¿verdad?: «Entonces ¿con cuántos hombres has salido durante más de tres meses?»

«Con uno… y fue a distancia».

No estoy diciendo que su plan fuera malo. Ella necesita lo que necesita, y yo no soy quien para juzgarla. Sin embargo, puedes deducir de este ejemplo que de este modo se da poco pie (o nada) a que una relación crezca orgánicamente. Es todo estrategia, sin flexibilidad.

Trabajar desde un plan estratégico o con la agenda en la mano puede parecer manipulador y poco auténtico, que es lo opuesto a lo que nos hace atractivos, es decir la confianza y la autenticidad. El plan para que sus citas fueran «correctas» tal vez espantó a algún buen partido.

Tenemos la libertad y la facultad de saber que no existe una «manera correcta» de tener citas.

Cita para almorzar

Una cita para almorzar es una opción bonita y segura. Si es un día entre semana, siempre estará la excusa de que tienes que volver al trabajo si quieres poner fin amablemente a la cita. Es un camino fácil. Pero puede convertirse en un obstáculo si os gustáis y querríais disponer de más tiempo que una mísera hora para estar juntos.

Brunch del domingo

Quedar para desayunar un domingo puede ser divertido, sobre todo si le añades un cóctel Mimosa.

Cita para cenar

Una cita para cenar es una idea estupenda para cualquiera que piense que puede hablar durante al menos una hora, incluso si ninguno de los dos sois románticos.

Cine o un espectáculo

Ver una película o asistir a algún espectáculo no es la mejor primera cita, a no ser que se trate de algo que los dos teníais intención de ver, en cuyo caso recomiendo cenar o tomar algo antes cerca del teatro o de la sala en cuestión para poder conoceros un poco. De este modo, si luego hay movimiento para cogerte la mano, habrá ya cierta confianza y alguna sensación que te lleve a desear corresponderle, o no.

Feria de productos del campo

Si vives en una zona en la que se celebra una gran feria agrícola, esta puede ser una divertida primera cita. Podréis pasear y hablar. No habrá presión y podréis dar por terminada la cita de forma fácil y natural en cualquier momento o decidir dónde podéis ir juntos después.

Paseo por un parque o lago

Pasear por un parque, a orillas de un lago o incluso por calles interesantes de tu ciudad, es una opción que ofrece una relativa y bonita intimidad. Puedes prolongar la salida o ponerle fin pronto. Este tipo de cita te permite cambiar de plan amablemente.

Otras ideas

Podéis ir a hacer surf, a practicar tiro al blanco o esgrima, a jugar a los bolos, al golf, a montar en cars o a caballo, o podéis ir a patinar sobre ruedas o sobre hielo. Participar juntos en un proyecto de voluntariado, hacer picnic en un área pública, jugar al tenis, jugar a la búsqueda del tesoro, acudir a un concierto o a un evento literario, visitar una galería de arte o un museo, asistir a una conferencia o debate… Las posibilidades, si no infinitas, son más que numerosas. ¿Quieres más? Consulta a tu buen amigo Google en busca de propuestas populares u opciones locales especiales.

Citas desastrosas: el lugar de encuentro

Ha habido más de una comedia romántica basada en la premisa de encontrar el verdadero amor paseando al perro en el parque. Estoy aquí para decirte que he comprobado sobre el terreno este punto y una cita en un parque con perros es desastrosa. Imagínate tratando de hablar sobre cuántos hermanos tienes y sobre lo que haces para ganarte la vida mientras el hombre que te interesa corre tras su Shih Tzu, que está tratando de montar a una cruce entre labrador y caniche. Mmmm… ¿sexy?

¿Otra mala idea? Acudir a un evento presentado por un celebridad de la que eres una gran fan. En una ocasión asistí en San Francisco a la presentación de un libro de Jack Boulware, escritor y todo un héroe local. Y no pude centrarme en absoluto en mi cita.

Pero la peor idea para una cita es sin duda la que te cuento a continuación, para que disfrutes con su lectura.

Cita #66
El delincuente

Escena: caminata y cena en Bungalow 44, Mill Valley, California

Este tipo resultaba prometedor. Guapo, casi uno noventa de estatura, empleo bien remunerado y vida acomodada. ¿A quién no le gustaría?

Quedamos para hacer un poco de senderismo por Mt. Tam. Como bien saben los locales, senderismo es prácticamente lo único que se hace aquí en North Bay, de modo que la propuesta de salirnos del camino marcado no me pareció nada raro. No obstante, cuando me encontré con él cara a cara, algo en mis entrañas me dijo que cambiara de plan. (Confía siempre en tus entrañas.)

«Hola, creo que con estos zapatos no voy a aguantar. ¿Te importa si hacemos una ruta urbana por los barrios de la colina, en vez de por el monte?», le pregunté.

Él se mostró dispuesto. Cuando estábamos subiendo la primera cuesta hacia las casas más modestas (precio medio de mercado de alrededor de 1,4 millones de dólares —lo sé ¿vale?) me preguntó: «Entonces, ¿quieres casarte otra vez? A mí me gustaría casarme».

«Claro, probablemente», le dije. «Precisamente estoy buscando la pareja ideal para mí. No me importan los papeles ni necesito el título de «esposa». Oye ¿cómo es que con cuarenta y cuatro años no te has casado nunca si eso es lo que quieres?».

«He pasado la mayor parte de mi vida de adulto en San Quintín y otros centros por toda el Área de la Bahía de San Francisco».

Sí, señoras y señores, estaba teniendo una cita con un delincuente profesional.

«¿Cuál es el principio de esta historia?, le pregunté, imaginando que podría escuchar la historia completa si él estaba dispuesto a contármela.

«Cuando tenía trece años, caí en una banda en la que se consumían drogas. Nos dimos cuenta de que robar valiosas obras de arte y venderlas a anticuarios podía ser una forma lucrativa de financiar nuestros vicios.

«Mi mayor logro fue la ganancia que obtuve del propietario de una gran mansión, su residencia de verano. Me convertí en su «cuidador» y le vacié la casa en un mes. Fui a la cárcel por ello durante un largo tiempo. Aprendí una buena lección».

«¿Qué lección fue esa?», pregunté.

«Me pasé a los edificios comerciales, a robar antigüedades de bancos, locales representativos y sitios parecidos —la pena de cárcel para este tipo de grandes robos no es tan dura».

Oh. Dios mío.

Una hora más tarde, mientras caminábamos colina abajo, me preguntó: «¿Quieres que vayamos a cenar?».

«¡Pues claro!», le dije. (Este tipo de entretenimiento no tiene precio.)

Sentados en una mesa en un rincón del lujoso Bungalow 44, mi Cita 66 me obsequió con más historias. Su droga preferida era la metanfetamina; decía que sacaba a la luz su lado creativo. Como efecto secundario indeseado, le hacía escuchar voces, algunas de las cuales le dijeron que matara a sus vecinos. Las voces le dieron instrucciones concretas para llevar a cabo esa tarea: bombear toxinas venosas por los conductos de ventilación y cortar el sistema eléctrico. Tras un tiempo en prisión por ello, se quedó con una amiga —es decir, hasta que la chica fue desalojada porque él cortó la luz en el edificio de apartamentos en el que vivían.

«Cuando dejé las drogas, las voces, con el tiempo, dejaron de sonar. Así que ya no voy por ahí con un martillo en el bolsillo del pantalón».

consejo útil

No vayas de excursión en una primera cita para conoceros. Podría tratarse de un delincuente y drogadicto en recuperación que lleva un martillo en el bolsillo del pantalón.

Sin embargo, hay algo que hice bien en aquella ocasión y que podría fácilmente haber ido mal. En el momento del encuentro confié en mis entrañas y cambié de plan. ¿Me costó decirle que no fuéramos a caminar por el monte? Sí.

Muchas veces nuestras entrañas nos dicen que algo va mal y nosotros pensamos: «No le puedo decir que no» o «No puedo cambiar ahora el plan» o incuso «Podría pensar que le estoy prejuzgando». No queremos ser desagradables —es una tendencia propia de la mujer. De modo que una parte de tu instinto (tus entrañas) está tratando de mantenerte a salvo, al mismo tiempo que otra parte de ti trata de ser complaciente. Es una locura. ¡Pero debes prejuzgarlo! Por favor, por tu propia seguridad, procura no pasar por alto tus instintos. Trabajan para mantenerte a salvo.

15

En tu primera cita

De acuerdo —por fin ha llegado el momento de la cita.

Si se trata de una cita *online* o de una cita a ciegas, intercambiad el número de móvil antes de salir. La mayoría de la gente no tiene el mismo aspecto que en las fotos y a veces resulta difícil reconocerse la primera vez. Además, es posible que no hayas tenido en cuenta el tráfico y que necesites contactar con la otra persona si llegas tarde.

Si no te gusta dar a un extraño tu número de teléfono, en Estados Unidos puedes usar un número de Google Voice, que es gratis (simplemente busca en internet «Google Voice»). El número suena en tu móvil y existe la opción de desactivar el número cuando lo desees. Asegúrate de bloquear el ID de quien te llama porque, si no lo haces y le devuelves la llamada, tu número de teléfono real aparecerá en su móvil.

A mi no me importaba dar mi número de teléfono. Y después de 121 primeras citas y cero incidentes, tengo la certeza absoluta de que puedo confiar en una persona con un número de teléfono. Un problema potencial de dar tu número es que pueden buscarte en Google. En mi caso sabrían que he escrito un libro sobre citas, que he tenido 121 primeras citas y que doy detalles de ellas en ese libro. Mi situación era delicada. Si eres conocida por algo que no quieres que sepan tus futuras citas y tu número de teléfono está ligado a ti en Google, puede que prefieras utilizar otro método. No siempre es fácil ser famoso.

Se suponía que el hombre de mi cita 56 iba a encontrarse conmigo a las 10:00 p.m., y eran las 10:51 p.m. y no podía localizarlo. Sus fotos no me daban suficiente información, pero sabía que debía ser alto.

Un hombre apuesto empezó a caminar a mi lado, me sonrió como si me reconociera y continuó andando sin decir una palabra, justo hasta la puerta. ¿En serio? ¿EN SERIO? Vas a caminar a mi lado y solo porque no soy tu tipo no vas a tener la mínima cortesía de decir :«Gracias, pero no, gracias»? ¿En serio?

Solo para estar absolutamente segura, le escribí un mensaje de texto al llegar al coche «K…¿dónde estás?». Cuando estaba arrancando el coche aún en la codiciada plaza de *parking* de San Francisco, contestó: «Estoy al final del bar, esperándote. ¿Dónde estás tú? Uy. «Estoy en el *parking*», le escribí.

Nos echamos unas risas por ello, pero aprendí un par de lecciones, la primera de las cuales fue que hay que pedir una foto mejor (más reconocible) antes de salir para una cita y la segunda cosa que aprendí fue que siempre hay que llevar su número en el móvil, por si acaso.

Una vez que los dos hayáis llegado bien y os hayáis encontrado, toma tu móvil y di: «Voy a apagar esto. No quiero que interrumpan nuestra cita». Esto le hará saber tres cosas de ti:

1. Eres amable.
2. Quieres que él también sea amable, de modo que también él debería apagar su maldito móvil.
3. No tienes intención de utilizar más tarde el móvil para hacer una falsa llamada de emergencia (Nota: esto solo funciona si no vas a utilizar más tarde el móvil para hacer una falsa llamada de emergencia. Nunca harías esto, lo sé).

Uno de los mayores regalos que puedes hacer a la persona de tu cita es el de ser auténtica. A mí me gusta ponerme vestidos y faldas. Para mí ir a una primera cita con pantalones sería raro. Por otro lado, no cocino, nada en absoluto.

Consejo útil

No intentes ser quien no eres. Yo intenté preparar una cena completa para mi primera cita con alguien a quien acababa de conocer, mi Cita 6. Y fue un desastre. Pasé días arrepintiéndome, obsesionada y preocupada (era un simple plato de pollo, por cierto) y él no supo apreciar mi esfuerzo. Aprendí que, a partir de ese momento, iba a tratar de impresionar a los hombres con cosas en las que realmente soy hábil, no con cosas difíciles para mí.

El truco secreto para conocerle

El primer detalle que, en mi caso, hacía que una primera cita fuera más agradable era la manera de conectar con un hombre al encontrarnos por primera vez. Hacía como que ya lo conocía. Tú también puedes hacerlo. Cuando lo haces, resulta asequible, cómodo y fácil estar con él. Esta actitud tranquiliza a la otra persona y le produce la sensación de conoceros desde hace mucho tiempo. Así es como funciona:

Entra en el lugar donde estéis citados como si ya lo conocieras.

Salúdalo como si fuera uno de tus íntimos amigos: natural, amigable, relajada, cercana y genuinamente encantada de verle.

Cuando os sentéis, háblale como si fueras su mujer o una buena amiga. Cuando estéis sentados cada uno con vuestro café, puedes preguntar: «¿Qué tal el día? o «Cómo te ha ido?». Esto fomenta la familiaridad y demuestra que eres receptiva: te importa como persona.

Escucha. Es una manera de comprometerte y de hacer que el balón ruede, sin realizar una «entrevista» en toda regla.

Después de «¿Qué tal el día?», a menudo la conversación es más orgánica. Y lo bueno o es que, si él empieza a hablar, tú averiguarás más cosas sobre él (como quién es, qué le preocupa y qué es importante para él) desde el principio.

Los hombres odian las entrevistas. Y *odiar* no es en este caso una palabra lo suficientemente fuerte. Las odian, sí. Me refiero a la lista de comprobación o al cuestionario de preguntas que realizamos para saber si responde a nuestro altos estándares de «estupendosidad». Te contará todo lo que necesites saber si estás dispuesta a escuchar y a no interrumpir para cambiar de tema. Y te lo contará sin que tengas que preguntar. Este método de escucha es sagaz, pero absolutamente eficaz.

Otra importante consecuencia de «conocerlo» desde el principio es que se crea camaradería desde el primer encuentro. Esto es importante para un hombre que está interesado en alguien y dispuesto a comprometerse en una relación.

Ten cuidado con la estrategia para «conocerle»

Si a mitad de la noche te das cuenta de que está loco por ti y tú no estás loca por él, ¿qué haces?

En primer lugar, no es de extrañar: esa condenada estrategia para «conocerle», de que comparta contigo cómo le ha ido el día ha funcionado tan bien que se ha abierto, se ha sentido cómodo, incluso se ha enamorado un poco de ti. Sucede cuando se siente conexión, y a veces así de rápidamente. Puede que él sienta como si te conociera de siempre. Si no lo paras pronto, al final de la cita, cuando no quieras volver a quedar con él, lo dejarás totalmente contrariado. No tendrá ningún sentido para él y, francamente, es algo que no se debe hacer a nadie.

Cuando te des cuenta de que no es tu tipo, tienes que modificar la manera en la que estás interactuando con él y, tan pronto como puedas, dejar que se dé cuenta de que no hacéis buena pareja. Ahórrale el mal trago.

Desvía esa energía cálida, familiar y de conexión hacia otro tipo distinto de energía, más plana y directa, de persona agradable que está teniendo una charla agradable con un desconocido. Y entonces empieza a liquidar la cita, diciendo algo así como: «Gracias por venir a conocerme. Tengo que irme pronto».

Conversación de cita

Existen diversas corrientes de opinión sobre qué y cuántas cosas decir en una primera cita.

La experta en relaciones Alison Armstrong aconseja a las personas en busca de una cita que «expongan el propósito de la relación» antes de empezar[3]. Una vez allí, en tu primera cita, sé tu misma y cuéntale adónde quieres llegar en el proceso de citas. Por ejemplo: «Quiero casarme, quedarme en casa y tener muchos niños».

O «Estoy buscando marido. Quiero casarme, comprar una casa con un gran porche y vivir en Hudson Valley el resto de nuestras vidas».

Nooo, Alison, no. Ella aconseja a las mujeres que hagan esto porque ella lo hizo con su marido en su primera cita y le funcionó. Lo que es distinto en su situación es que su primera cita no fue una cita a ciegas ni una cita *online*. Cuando tuvieron su primera cita, Greg sabía quién era ella. La había visto en acción y, basándose en su trabajo de voluntariado, sabía cómo era y qué era lo que le importaba. Y el detalle más importante. Ya estaba enamorado de ella. Tú no tendrás ese mismo lujo cuando vayas a tomar un café para conocer a Mr. Match.com.

Piensa en ello: una cita es para que os conozcáis. Ya sabes, como amigos. Tú no le dirías a una mujer que acabas de conocer como amiga en vuestra primera cita para tomar café juntas que te mueres por casarte, tener un montón de hijos y ser ama de casa. De acuerdo, tal vez lo harías. Y no está mal, porque las dos sois mujeres y a muchas mujeres nos gusta revelar este tipo de detalles y escucharlos, pero para la mayoría de los hombres resulta un poco excesivo. Quiero decir, el tipo de tu cita no sabe ni tan siquiera si tienes bicicleta, si te gusta cocinar, si estás dispuesta a viajar a Ohio todas las Navidades para estar con su familia ¿y ahora tiene que imaginarse a sí mismo siendo el padre de tus hijos? ¡Frena, frena, frena! ¿Recuerdas cuando hablábamos de no incluir todos los detalles de tu «felices para siempre» en tu perfil, en primer plano? Pues aquí ocurre lo mismo. Es ahora cuando los hombres dicen cosas como «¡Llegó como una apisonadora! y «¡Hablar de boda en la primera cita da miedo!».

Probé el método de Alison, con resultados desastrosos. Yo siempre estoy dispuesta para un buen experimento científico, de modo que lo intenté una y otra vez. Tras los nada estelares resultados personales con este planteamiento, realicé un montón de estudios con hombres.

En una de mis entrevistas escuché la historia de un hombre de treinta y muchos años que buscaba esposa en la ciudad de Nueva York. Estaba entusiasmado porque la mujer en la que se había fijado en el gimnasio había aceptado a su invitación a cenar. Apenas se habían sentado cuando ella le anunció: «Estoy buscando marido. Tengo treinta y cuatro años y no tengo mucho tiempo que perder. Quiero tener hijos. De modo que si no estás interesado en ello, deberíamos dejarlo ahora. Quiero un marido y estoy hasta de perder el tiempo». Y en ese momento, la cita terminó.

Esta es la cuestión: por lo que el hombre pudo contar, ella merecía la pena. Hubiese querido conocerla y puede que darle lo que ella andaba buscando, pero no a la semana siguiente. El planteamiento brusco y directo acabó con la cita.

Como ya he mencionado, si en mi primer cita con Dave yo le hubiera dicho que solo quería quedar con hombres que estuvieran interesados en una relación seria en ese momento, me hubiese dicho: «Frena, por favor». Y nunca —y digo nunca— fuimos triviales en nuestras citas. En algún momento entre la segunda y la tercera cita quedamos atrapados dentro de la burbuja del amor.

Seattle Nate, cuarenta y seis, pasó por una larga fase de búsqueda de esposa. Podía darte, para una primera cita, una lista de siete páginas de impedimentos, esperanzas, sueños y deseos. De modo que aprecia toda esta información previa. Sabido esto: es una rara excepción. Solíamos bromear a propósito de esto siendo amigos: él hacía de chica y yo de chico.

He aprendido que hay que decir algo para dejar que las cosas se desarrollen de forma natural, como se haría con cualquier nuevo amigo. Tú tienes un millón de otras cosas de las que hablar, y él también. Ese hombre que acabas de conocer te contará qué es lo que anda buscando, si estas dispuesta escucharlo. En cualquier caso, la respuesta llega entre la primera y la segunda cita.

Decir a un tipo en la primera cita que quieres un anillo de casada, niños y una valla blanca en el jardín (o algo parecido) para poder vivir felices para siempre es tan sexy para un hombre como probablemente lo será para ti hablar de un acuerdo prematrimonial. No actúes con el final de la historia en la mente.

Tu ex, tu terrible jefe y otros cuentos de miedo

Y hablando de cosas impensables para decir, ¿sabes qué? El hombre de tu cita no tiene necesidad de oír hablar de la pesadilla de tu ex en vuestra primera cita. Y, por cierto, si llamas a tu ex idiota, él se preguntará cuánto tiempo tardarás en llamarle también a él idiota (incluso si su ex era un absoluto idiota). Compadécete de él teniendo en cuenta que la desgracia de tu pasada relación no es un asunto precisamente sexy.

Resulta tentador hablar de tu ex. Tal vez te sientas obligada a concederle una cita jugosa para probar tu soltería. No es necesario. Él da por supuesto que estás soltera por válidas y legítimas razones, como lo está él. No es necesario explicar nada. Y no es necesario que te justifiques. Si él pregunta, puedes dar una explicación rápida, algo como «No éramos una pareja y te contaré más cuando te conozca mejor», y pasar a otro tema.

A menos que uno de los dos trabaje o realice un voluntariado en el gobierno local, sea funcionario electo o miembro de un grupo de presión o simplemente quiera seleccionar a su pareja en función de sus convicciones políticas, puedes dejar la política para otra ocasión.

¿Religión? Si tienes opiniones o convicciones muy arraigadas, es bueno hablar de ello pronto para ver si sois compatibles en vuestra fe (o en la ausencia de ella). Si no lo sois, considera si ambos sois tolerantes con el punto de vista del otro. Las conversaciones sobre religión y política pueden servirte para acelerar el proceso de selección, pero también es posible que te haga salir de la vida de tu pretendiente antes de empezar.

A mí no me preocupaban demasiado los temas tabú. Era un mecanismo más de selección. En mi primera cita con Dave, le obsequié con la historia de mi aventura de seis meses de autoexcomunión oficial de la Iglesia de los Mormones. Aproximadamente un mes después, me dijo que cuando me conoció supo que quería acostarse conmigo, pero que cuando empecé a contarle aquella historia se dio cuenta de que quería conocerme.

Algunas de las mejores citas que tuve fueron aquellas en las que hablamos de sexo, religión y política. Si surge uno de estos temas puede que quieras abordarlo o pasar a otra cuestión. Por ejemplo, puedes decir: «No puede creer que hayamos llegado tan lejos hasta hablar de religión». Sí, soy de Utah y todo eso, ¿pero no es este un tema tabú para las citas? Me siento cómoda hablando de ello, pero tampoco me importaría cambiar de tema. Podríamos hablar de tu nuevo trabajo, por ejemplo. ¿De que te apetece hablar a ti?».

Ahora bien, si estás empezando a acalorarte, yo ni siquiera preguntaría, pasaría directamente a otro tema. Puedes decir: «Oh, hemos abordado algo sobre lo que a mí no me resulta muy cómodo hablar. ¿Qué tal si, en lugar de ello, te cuento los mejores momentos de mi reciente viaje a Nueva York?».

Mantén al margen los temas emocionales en *emails* y en persona cuando hables con alguien a quien todavía no conoces bien. Hablar de la enfermedad terminal de tu hermana resulta difícil de manejar para un desconocido. E incluso si es capaz de manejarlo, no es la mejor manera de comenzar una relación. Si hay cosas tan dolorosas en tu vida presente que no puedes dejar de hablar de ellas ni siquiera en una primera cita, considera que no estás aún preparada para salir con alguien.

¿A quién más estás viendo?

«Entonces ¿sales con otros hombres?» El tipo de tu cita podría hacerte esta pregunta. Es una pregunta grosera. Por favor, no preguntes al hombre de tu cita por las otras mujeres con las que puede estar saliendo. ¿Quieres saber por qué? Estar soltero no tiene tantas ventajas como vivir en pareja. Pero esta es una: estar soltero o soltera significa ser independiente. Haces lo que quieres, con quien quieres y en el momento en que te apetece. Y no es asunto de nadie.

¿De quién es asunto? No es asunto de nadie.

Estar soltera significa estar sola y disponible. No hay nada malo en quedar con más de una persona; estás buscando pareja, y no vas a hacerlo en un estanque donde solo haya una opción. Si lo hicieras así, no tendrías criterio suficiente para elegir, y tampoco él. Esto es lo que puedes responder a «Entonces, ¿sales con otros hombres?»:

«Estoy soltera y salgo con hombres, sí».

Él podría preguntarte: «Bueno ¿con cuántos?», y tú puedes decir, «Lo siento, eso es privado, salvo que esté malinterpretando lo que me estás preguntando. ¿Me estás pidiendo que tenga exclusividad contigo?». Esto debería poner fin a esa línea de preguntas. Si insiste, te está diciendo algo acerca de quién es. Presta atención, porque acabas de establecer educadamente una frontera y él podría estar a punto de saltársela con algo como: «Pero necesito saber con quién más estás quedando». Umm, no, eso no. Es tu vida privada, tienes derecho a ella y puedes decirle lo que te he sugerido.

Considera ahora la siguiente pregunta: ¿qué opinas de acostarte con más de una persona? Dejo ahí esta decisión superdivertida para que consideres qué es lo mejor para tu vida. No obstante, cuando se trata de compartir esta información, son aplicables las mismas reglas: la soltería es como es y no debes nada a nadie, a menos que tengas un acuerdo de exclusividad (solo recordad que hay que practicar sexo seguro, amigas).

Cierra el pico

Resístete al impulso de hablar demasiado de ti misma; procura escuchar. Todo el mundo tiene una historia que contar. En algunas de mis citas más importantes, mi mayor arrepentimiento fue que había hablado demasiado.

Esto sucede estás nerviosa por la cita. Quieres que te conozca para que se quede contigo. Hablas y hablas, y a veces hablas sobre cosas ridículas —y cuando digo «hablas», digo «hablo». Verás, yo cometí este error una y otra vez precisamente para que tú no lo cometas (ya, ya, de nada). Permitirle hablar te proporcionará una valiosa información para el proceso de selección (como hacía yo cuando les «comía la oreja»).

Pero ¿por qué seguía cometiendo el mismo error? Creo que porque, cuando conocemos a alguien que realmente nos gusta, el cerebro solo quiere tomar el atajo. Sientes que es el hombre adecuado, de modo que intentas cazarlo impresionándolo, y toda la curiosidad acerca de esa persona se desvanece… y eso es «objetizar».

Mascotas

Yo tengo una perra. Adoro a mi perra. Se llama Lilly. También la llamo Lilly-Bee o The B. Si pudiera llevarla conmigo a todas partes, lo haría. Sí, soy una de esas bobaliconas mamás de perros. Es de raza Catahoula Leopard, o al menos eso es lo que me dijeron cuando me la traje de la perrera. Tiene una triste historia. Está viva de milagro. ¿Te gustaría conocer la historia de cómo me hice con ella?

No, claro que no. Ya te aburre esta historia.

No hagas esto tampoco en tu cita. No hables de tu mascota de manera obsesiva. Él no quiere a tu mascota como tú la quieres (no por ahora), pero se ve obligado a escuchar, fingir interés y demostrar entusiasmo; de lo contrario, no te va a gustar, por no querer a tu perra. No hagas esta tontería.

Tener citas agota

No hables sobre lo pesadas que resultan las citas, salvo que se trate de una historia graciosa y bien hilada que hayas preparado antes con tu mejor amiga. No lo hagas de repente, después de dos copas de vino. No sabes dónde ni de qué manera una cosa así puede volverse en tu contra.

Un poco de modestia

Hablarle de que consideras que eres una mujer ardiente, inteligente, interesante o una candidata excepcional (si te gusta él) no está muy bien. No te pongas a ti misma por las nubes, querida. Te mereces algo mejor.

Los demás hombres pueden esperar

Sé que no hace falta que te diga esto, pero de todos modos quiero mencionarlo: no te fijes ni flirtees con otro hombre mientras estés en tu cita. ¡Espera, mujer! Tanto si te gusta como si no, le debes el respeto de dedicarle toda tu atención. Y si se da la circunstancia de que tu pretendiente perfecto está cenando en el mismo restaurante que vosotros, ya hará el karma que estéis juntos en otro momento, en otro lugar.

Cuál es tu papel y cuál no

Aunque es estupendo que resultes entretenida, no es tarea tuya garantizar la diversión de la otra persona. Una manera de compensar la aparente ausencia de diversión del otro o un vacío en la conversación consiste en tratar de sostener ambos lados de la conversación. Inconscientemente yo hice esto en muchas de mis citas. Resulta agotador y no es nada divertido, nada en absoluto. Cuando estés en una cita, controla la compensación excesiva y realiza ajustes de manera que solo estés haciendo tu parte.

La conversación ha de ser como un baile y fluir entre los dos. Si te gusta, tu papel consiste en dar pie y mostrarte abierta, no en dirigir la situación. Deja que sea él quien dirige. No se trata de ningún guion cultural a la vieja usanza, pero si dejas que el hombre dirija, podrás ver si muestra disposición y entusiasmo. Tú quieres ver adónde quiere llevarte, ¿verdad? Si eres tú quien dirige, puedes tener la duda de si realmente está interesado o simplemente se está dejando llevar.

La siguiente cita es un ejemplo de una ocasión en la que no tuve en cuenta nada de lo que acabo de contarte. Disfruta.

Cita #101
Los temas tabú y las reglas infringidas pueden llevar a más

Escena: Writers with Drinks en Make-Out Room: Doc's Clock; y Beast and the Hare, San Francisco, California

Cualquiera que quiera conocerme puede encontrarme habitualmente en Writers with Drinks. Se trata de un evento literario que tiene lugar el segundo sábado de cada mes en Make-Out Room, un pequeño y singular local en Mission District, San Francisco.

En origen, yo acudía para escuchar a los escritores leer su trabajo. Después de mi tercera vez, me di cuenta de que no iba allí por las lecturas de los autores; iba por la anfitriona, Charlie Jane Anders. Es una de las mujeres más brillantes y divertidas que conozco. Como a la mayoría de la gente en San Francisco, me tiene fascinada. Charlie Jane siempre nos sorprende con su fantástico sentido de la moda y con el último color de pelo, al tiempo que pone en circulación elaboradas biografías falsas de los escritores antes de presentarlos al público. Es toda una institución.

Writers with Drinks representa en mi caso la cita de prueba perfecta. Si un hombre no puede soportarlo, probablemente no podrá soportarme a mí. Los escritores son irreverentes, atrevidos, inquietos y generalmente leen en sus libros fragmentos de sexo, BDSM o lesbianismo y a veces sobre BDSM entre lesbianas, como fue el caso de aquella tarde.

Me detuve en la Calle Veintidós, frente a la vieja marquesina del Make-Out Room, para leer sus mensajes, en los que me decía que ya estaba dentro, que había comprado también mi entrada y reservado dos asientos. Un momento más tarde, me llegó un nuevo mensaje: «Me reconocerás fácilmente: soy el atacado». Esta nueva información empezó a calmar mis manos temblorosas y mis piernas tambaleantes. ¿Cómo sería? ¿Cómo podía estar tan nerviosa? Me dije a mí misma: «Puedo con esto. Lo he hecho antes, cien veces ya».

Lo reconocí guardando nuestros dos codiciados taburetes. Me invitó a una copa y durante los primeros minutos dio la impresión de estar extrañamente inquieto: serían los nervios. Qué tierno. Cuando los dos nos relajamos, intercambiamos un puñado de historias antes de que comenzara la lectura. Lo encontré inteligente, perspicaz, interesante y realmente divertido. Nos reíamos de las mismas cosas cuando a menudo otras personas no. Perfecto.

Se parecía a Hugh Laurie —que resulta atractivo a casi todas las mujeres (en mi opinión). También era mi tipo y me olvidé de que aquello era una cita— después de todo, la química entre las personas es como un droga. Mi salvación fue que no hablaba ni actuaba como Hugh Laurie. Tenía su propia personalidad, lo cual me dio la oportunidad de ser yo misma en lugar de una versión rara y retorcida de alguien que pudiera parecerse a mí.

Durante sus años de formación había vivido en East Coast, de donde tenía acento. Apenas me di cuenta, hasta que nos animamos un poco a contar historias y entonces se desató. Cuando hablaba de su madre, me parecía como si estuviéramos sentados en la cocina de su casa.

Según fue avanzando el espectáculo, le presenté a viejos amigos míos: el propietario del bar, el encargado de sonido y otros. También fuimos a saludar a Charlie Jane, el momento culminante. Cuando todo el mundo salió del club, nos dimos cuenta de que prácticamente no nos habíamos dedicado tiempo el uno al otro.

Nuestra siguiente parada fue Doc's Clock. Una mujer que parecía la hermana gemela de Susan Sarandon con un toque de Shelley Long nos preguntó qué queríamos beber, y entonces comenzó la auténtica velada narrativa.

Cuando caíamos en temas tabú, yo me mostraba vacilante y retrocedía. Finalmente, me dijo que lo dejara y que confiara en él. Tal vez, solo tal vez, pudiera confiar en él en el sentido de que no iba a juzgarme por lo que estaba a punto de decir. De modo que fui a por ello. Con ganas. Tuvimos todo tipo de peligrosas conversaciones para una primera cita, que podrían haber acabado con cualquier posibilidad de una segunda cita, y sin embargo todo salió bien.

Funcionó porque confié en él. De acuerdo, tal vez no sabía si podía confiar en él, pero imaginé que podía confiar en Hugh Laurie. Hablamos, nos miramos a los ojos y nos besamos, y hablamos y nos miramos y nos besamos un poco más. Repetimos este ciclo varias veces. Me gustaba mi vida. Después, miré mi móvil para ver la hora: 1:30 de la madrugada. Horrorizada, me di cuenta de que el *parking* donde solía dejar el coche cerraba a medianoche. El metro también dejaba de funcionar a las doce.

Le pregunté: «¿Puedes llevarme a casa de mi amiga Melissa? Tiene cuatro niños. Probablemente los despierte a todos. Aunque a ella no le importará».

«Podría, pero preferiría que te quedases conmigo. No te preocupes, no vamos a tener sexo. Solo quiero pasar más tiempo contigo», contestó.

¿Qué iba a hacer?

Por la mañana me dijo que estaba bonita sin maquillaje. Nadie me ha dicho nunca eso. En aquel momento, me pareció el mayor de los piropos que me habían dicho jamás.

Fue tan amable que me dejó sus zapatillas Converse rojas, porque me sentía incapaz de calzarme mis botas hasta la rodilla con tacón de 15 cm para un «Paseo de la vergüenza» —que yo rebauticé como «Paseo del orgullo»— un domingo por la mañana. De modo que, con mi vestido negro corto, mis medias negras y las zapatillas rojas prestadas, encajaba perfectamente entre los modernos de Mission District un domingo a última hora de la mañana.

Tras un delicioso desayuno de pollo y gofres, me acompañó caminando hasta mi coche, me dio un beso de despedida y cada uno siguió su camino, él con pintalabios en el labio inferior y yo con unas zapatillas prestadas.

|||| |||| ||||

Regla 1 infringida. Hablamos sobre temas tabú que normalmente se dejan para mucho más adelante, cosas como el hecho de que yo dirigiera talleres sobre relaciones y sexo, que diera clases sobre encuentros de parejas, que él fuera mi primera cita 101 y que yo practicara *pole dance* en Power Exchange.

Regla 2 infringida: pasé la noche en su casa, en la primera cita (sí lo hice). Estaba chiflada. No juzgues y, si lo haces, juzga lo bonita que estoy por la mañana sin maquillaje.

¿Qué ocurrió entonces?

Unas cuantas citas más y nos convertimos en «solo amigos». Yo estaba loca por él (sigo estándolo). Él quería mudarse a China. Yo nunca quise hacerlo (no es que él me lo pidiera).

|||| |||| ||||

Hay mucho que trabajar, muchas directrices que seguir y muchas trampas que evitar en una primera cita. Pero, en última instancia, lo más importante es que hay que ser uno mismo. La autenticidad es absolutamente cautivadora. Incluso si te das cuenta de que llevas veinte minutos hablando de tu gato. Incluso si de manera accidental revelas una historia embarazosa. Incluso si no paras de hablar porque te sientes superatraída por él. Concédete un descanso. Es bueno y es parte de la experiencia de las citas. Tu experiencia se convertirá en carne de cañón para ti y tus amigas delante de un café la semana que viene, y os divertiréis. Si lo haces lo mejor que puedes (incluso con una metedura de pata, o diez) y te muestras tal y como eres, lo habrás hecho bien.

Tú necesitas conectar, él necesita cumplir

Ahora ya sabes cómo hacerlo. Demostrando confianza en ti, misma pero también una actitud abierta, dices: «Me gustan Zuni e It's Tops. Si te apetece ir a alguno de estos restaurantes, por mí bien. Pero también me gusta probar sitios nuevos, de modo que si quieres sugerir alguna otra cosa, también estoy abierta a ello».

Cuando tu amiga Maggie os puso en contacto, tú dijiste «claro». Después él dijo: «Oh, Zuni. No he estado allí desde que lo abrieron. Vayamos. Te recogeré; no hace falta que paguemos los dos el *parking*».

Él llega a la puerta de tu casa, deja el coche en doble fila y llama al timbre. Abres la puerta y ahí está él, frente a ti —en carne y hueso, un hombre real al fin y al cabo— y en un instante tienes lo más importante que has estado buscando, y que es sentir esa cierta conexión no verbal. Desde que os presentasteis vía *email* ha sido un largo frenesí de una semana de mensajes de texto y quieres ver si esa chispa va a trasladarse a un ¡guau! en persona —ese hormigueo que sientes cuando existe conexión física. Bien, bastante bien por ahora.

Entras en su Honda gris estacionado en medio del carril, con los intermitentes puestos, y después entra él por el lado del conductor y emprendéis camino hacia el restaurante. Inmediatamente empiezas a hacer preguntas:

«Qué bonito coche. ¿Es nuevo?».

«Cómo fue tu presentación en el trabajo?».

«¿Qué más ha ocurrido esta semana? Cuéntame…».

Te das cuenta de que está poco receptivo. Parece distraído. Tu crítico interior abre la boca y se pone a trabajar a toda velocidad. ¿Está *nervioso por mí? Tal vez no le guste tanto como yo pensaba. ¡Oh no!* De modo que pruebas con otras preguntas. No funcionan mucho mejor. Parece que no tenéis mucha conexión.

Mmmm… puede que no sea muy hábil al volante y necesite centrarse en la conducción. Te sientes algo incómoda y guardas silencio hasta que llegáis al restaurante. Una vez dentro, pruebas otra vez.

«Entonces, viniste cuando abrieron. ¿Tenían entonces ya esta zona de bar?»

«Sí, creo que sí».

De acuerdo, buena señal. Empiezas a disparar nuevas preguntas, pero él sigue pareciendo distraído. De hecho no te está prestando atención alguna. Parece más preocupado por lo que hace la hermosa mujer que recibe a los clientes. ¡Uff! ¿Es de ese tipo de hombres? ¿O simplemente está tratando de llamar su atención para que se dé cuenta de que estáis ahí y tenéis reserva? Es guapa, con ese diminuto vestido vintage, medias de encaje y zapatos con trabilla. Te miras tus zapatos y tu crítico interior decide captar ese momento para decirte que debes ir más a la moda.

Os sentáis en vuestra mesa, con las cartas en las manos, y dices: «¿Qué tomaste la otra vez que viniste?». Murmura algo sobre las hamburguesas pero que no las sirven hasta las 11:00 p.m., y ya te desmoralizas. Has intentado conectar con él y claramente no ha ido bien. No es el mismo tipo con el que te has estado mensajeando durante toda la semana. Parece despistado y pendiente de todo a su alrededor menos de ti.

(Suspiro).

¿Qué pasa?

Tu prioridad es establecer conexión —atracción física y, lo que es más importante, conexión personal—, pero la suya está lejos de eso. En la mayoría de los casos, las prioridades del hombre son diferentes: «Consíguelo, cumple y no metas la pata». Encontrar dónde vives y enfrentarse a la imposibilidad de aparcar en tu barrio estaba unido a unos resultados. Que te subieras al coche y conducir sin problemas hasta el restaurante conllevaba otros resultados. Y acompañarte a la mesa también iba unido a unos resultados.

La mayoría de los hombres no tienen gran capacidad de multitarea. ¿Te has dado cuenta de que los hombres tienden a centrarse en un resultado cada vez? De modo que el hecho de centrarse en obtener esos resultados deja poco espacio para la charla o para el contacto visual. Desde el punto de vista del hombre, esto último solo podrá suceder cuando los dos estéis ya tranquilos en el restaurante, en vuestra mesa, hayáis elegido plato y pedido. Será entonces cuando él podrá levantar la cabeza, buscar tu mirada y decir: «Hola. ¿Qué tal has pasado la semana?». Pero, para entonces, tú ya lo habrás descartado. Desde tu punto de vista, ha sido claramente un miserable durante esos primeros cuarenta y cinco minutos. La chispa se ha esfumado. En ese momento, tú estarás lista para marcharte, precisamente cuando él lo estará para empezar. Es un error que la gente comete con frecuencia: no sabe qué le pasa al sexo opuesto, cuando la mayoría de las mujeres actúan movidas por una serie de prioridades totalmente distintas de las de los hombres, y viceversa.

¿Cómo lidiar entonces con esta forma diferente de comunicación? ¿Cómo evitar que te suceda esto (una y otra vez)? Comienza por comprender que cuando un hombre se encuentra centrado en obtener un resultado (en este caso, llegar a la cita y conducir), probablemente no te estará prestando mucha atención en ese momento. Ello no quiere decir que le gustes menos. De hecho, yo lo consideraría un indicador de que la cita y tú sois muy importantes para él.

No juzgues la compatibilidad hasta que hayáis pasado juntos un tiempo considerable, hasta que hayáis hablado ininterrumpidamente durante la comida. Es muy importante comprender tus instintos en el momento —esa sensación de que es de carne y hueso cuando le ves por primera vez (hablaremos más sobre esto en el siguiente capítulo)— y después dar tiempo a que la conexión personal surja a través de la conversación cuando ambas partes se sienten cómodas, presentes y preparadas. Y por el amor de Dios, si te gusta donde estás, quédate. Un cambio de ambiente daría lugar a una nueva desconexión momentánea. Yo antes pensaba que las cenas progresivas (un lugar diferente para cada plato) eran divertidas, hasta que comprendí este aspecto de los hombres gracias a Alison Armstrong. Ahora las cenas progresivas simplemente me parecen una tortura.

He aquí la historia que acabó en éxito por conocer este aspecto de la personalidad de los hombres

Cita #31
Quedarse en el mismo sitio

Escena: Mi casa (eso es, mi casa), Sonoma, California

El plan era cenar en un bonito restaurante de Sonoma, aunque la preparación de esta cita resultó algo liosa. Su viaje de San Francisco a Sonoma a las cinco de la tarde un lluvioso viernes de invierno podía llevarle desde una hora y media (siendo optimistas) hasta tres horas (siendo realistas), y yo lo sabía.

Era un gran esfuerzo para una primera cita. Teníamos mucho en común, incluidos un puñado de amigos. Para mí era como una señal. Dado que estaba dispuesto a realizar el esfuerzo, le abrí las puertas de mi casa como lugar para nuestro primer encuentro. Yo vivía en un coqueta casita en una preciosa finca cercada, a apenas unos pasos de una mansión. En la casa principal vivían uno queridos amigos, de modo que me sentía segura a la hora de invitar a gente a casa, pues no me encontraba sola en absoluto.

«No nos arriesguemos a quedar en el restaurante. No hay manera de saber cuánto tiempo te llevará llegar a Sonoma. No quiero que vengas con la presión de llegar a tiempo a la cita. Ven a recogerme y cuando llegues será cuando comience nuestra cita».

Efectivamente: con tráfico, lluvia, perdiéndose y deteniéndose para enviar un mensaje durante el viaje, llegó a las ocho de la tarde, completamente empapado y agotado.

«Tomé un desvío equivocado y las carreteras están muy oscuras y no hay en ninguna parte señalización luminosa de las calles».

Una mirada y supe que si salíamos en ese momento, su energía agotada por el viaje chocaría inmediatamente con su prioridad de conseguir que la cita fuera satisfactoria para ambos —llegar al restaurante, conseguir mesa, pedir—, de modo que sonreí, agarré su abrigo empapado, le ofrecí un vaso de vino y dije: «No tenemos ninguna prisa. Sentémonos para que puedas descansar del viaje».

Nada más cruzar el umbral de mi casa se encontró con una luz cálida y tenue y música tranquila (Billy Bragg, Cat Power y algo similar), un vino tinto descorchado (para que respirara) y un plato con los mejores quesos, fruta, aceitunas y salami de la comarca.

No llegamos a ir al restaurante.

Qué es lo que hice bien: le di tiempo para llegar, quitarse de encima toda esa lluvia y realizar la transición del viaje a conectar y salir conmigo, en lugar de meterle prisa para salir y acudir al mejor restaurante para dar comienzo a la auténtica cita. También me anticipé a su necesidad de comer algo y preparé unos aperitivos para cuando llegara. Soy genial.

¿Qué ocurrió entonces?

Pasamos un tiempo juntos, hasta que se mudó al sur para estar cerca de sus hijos. Todavía lo adoro. Es sexy, un narrador de historias cautivador y una sensacional persona.

17

Cómo seleccionar pareja

¿A quién estás buscando?

¿Alto, moreno y guapo?

¿Mr. Director ejecutivo?

¿Artista sensible y creativo?

El instinto te llevará a elegir en función de la atracción sexual y del grado de química que percibas. Por desgracia, la química y la atracción sexual no siempre tienen mucha relación con una compatibilidad duradera. Dicho de otro modo, cuando anteponemos la atracción sexual a todo, acabamos buscando lo que es atractivo en lugar de lo que es importante. El hombre de una cita que deseas físicamente puede no tener nada de lo que necesitas para ser feliz durante más de dos horas, y mucho menos feliz para el resto de tu vida.

Según mi experiencia personal y según un sinnúmero de experiencias de otras mujeres que he conocido y con las que he trabajado, si tienes deseo sexual por alguien, en una escala de uno a diez, siendo diez el deseo más fuerte, lo dieces van para aquellos con quienes tienes menor probabilidad de ser feliz en una relación a largo plazo. Con ellos no tienes acceso a tu mejor «yo». Eres todo hormonas disparadas y entusiasmo y no actúas como realmente eres. Si actualmente tienes un diez en tu vida, apuesto a que ahora mismo tu instinto está gritando «No hagas caso a la aguafiestas de Wendy; ¡quema su libro y quédate con él!

La química es perversa. Admitiré que suele impresionarme la altura de los hombres. Mi altura favorita para un hombre es 1,95 m. Mi primer amor romántico (a la tierna edad de quince años) tenía esa estatura. ¿Coincidencia? No, se llama «imprinting». Vivo en la tierra de los hombres de 1,70 m, lo cual hace que no sea muy afortunada, pero no es algo terrible. ¿Por qué? Porque esa talla de 1,95 m no tiene nada que ver con las cualidades de un hombre que me hace locamente feliz y sí con lo que desea mi rombencéfalo.

No, no te estoy diciendo que no quedes con hombres altos. La mayoría tenemos una preferencia razonablemente fuerte por el hecho de que nuestro chico sea más alto que nosotras. Está lejos de ser una necesidad, pero mentiría si dijera que no es un hecho, al menos para mí.

En una ocasión tuve una cita con un hombre de 2 m de estatura. Resultó ser mezquino y no especialmente brillante y con valores contrarios a los míos. Y sí, era guapo. Cuando lo miré, mi cuerpo quiso responder como un imán, tirando de mí directamente hacia su pecho. Pero ese lujurioso deseo nada tiene que ver con que fuéramos compatibles como pareja. Sabía con toda seguridad que nunca sería mi mejor «yo» con él, no importa lo alto o ardiente que fuera.

Piensa en un hombre de tu pasado, un diez en la escala. ¿Qué habría ocurrido si hubieses tenido que pasar el resto de tu vida con él? En la lavandería, en el supermercado, en la tienda de decoración un domingo por la tarde, haciendo las tareas de la casa y del jardín juntos, haciendo las cuentas familiares o la declaración de hacienda. ¿Serías feliz? ¿O solo pensarías en suicidarte? Por desgracia, la mayor parte de nuestra vida no transcurre entre sábanas de algodón egipcio en una villa en el Caribe.

Nuestras demandas instintivas sueles traducirse en el deseo de esta suerte de cosas en un hombre:

👄 Altura (al menos 10 cm más alto que tú)[4]

- Recursos (dinero, propiedades, contactos)
- Estatus (políticos, estrellas del rock, ejecutivos de alto nivel)
- Fuerza (tanto mental como física: músculos, inteligencia, sentido del humor)
- Belleza (genes excelentes para tus hijos, desees hijos o no)

Aunque esta lista no es en modo alguna cierta para todos, para darte cuenta de su gran relevancia no tienes más que mirar el perfil *online* de un hombre en casi cualquier sitio de citas de internet. Fíjate simplemente en los desplegables laterales y revisa las casillas de edad, altura, ingresos, trabajo y no olvides todas las fotos, tan importantes, que nos muestran su atractivo físico.

El instinto hace esto por nosotras porque quiere que sobrevivamos. El instinto sigue pensando que necesitamos hombres grandes y fuertes para que cuiden de nosotras. «Un hombre grande y fuerte» se traduce en nuestros días en cosas como estatus, aspecto y educación —los equivalentes modernos de conservar la mayor parte de los dientes y tener los hombros anchos para llevarte de vuelta a la mejor cueva del clan. Pero el instinto, aunque eficaz para mantener la supervivencia de la raza humana, puede ser, digamos, un poco burdo cuando se trata de encontrar pareja.

Apuesto a que en algún momento has elaborado una lista, si no en papel sí en tu mente, de las cualidades que buscas en tu pareja o marido. En realidad no eras tú quien hacía la lista; era tu instinto. Podría ser algo así como:

- Metro ochenta (estatura)
- Cabello oscuro, ojos bonitos, buen aspecto, por encima de la media (belleza)
- Atractivo y carismático, con excelentes habilidades sociales (estatus)
- Universitario (solidez y estatus)

Acabo de describir a Ted Bundy, uno de los criminales más famosos de Estados Unidos, asesino en serie, violador, secuestrador y necrófilo. Uff.

- Metro noventa (estatura)
- Megarrico (recursos)

- Conoce a todo el mundo en Hollywood (recursos)
- Puede llevarnos a cualquier club, en cualquier momento (estatus)
- Inteligente y divertido (solidez)

Acabo de describir al actor y rapero Snoop Dogg. ¿O dos centímetros más alto? Howard Stern.

No, no estoy comparando a Snoop Dogg o a Howard Stern con Ted Bundy. Lo que estoy subrayando es que estas cualidades, por sí solas, no te darán lo que te hace feliz. Aparte de eso, Snoop Dogg y Howard Stern ya tienen pareja. Señoras, no querréis que os persiga una esposa famosa.

Recomiendo quemar la vieja lista porque vas a elaborar una nueva y, al hacerlo, vas a descubrir a quién estás buscando realmente (y su color de ojos no importará). Deja que me refiera a la lista que te dispones a realizar como la lista del «unicornio», teniendo en cuenta que probablemente no habrá persona en el planeta que reúna todos los requisitos que aparecen en ella. Pero no te preocupes; vamos a empezar con la lista del unicornio y después vamos a pasarla por un tamiz para ver cuáles son tus requisitos mínimos. Al hacerlo, vamos a descubrir no solo lo que deseas, sino también lo que necesitas.

¿Preparada?

Tu lista de unicornio

Elabora tu lista de cosas sin las cuales te sientes descontenta, desequilibrada y mal. Vivir sin ellas te resulta demasiado duro. Son cosas que necesitas. Por ejemplo: «Que le guste mi cuerpo tal como es; que nos acostemos al menos dos veces al mes; que me encuentre a menudo interesante y divertida; que esté dispuesto a llevarme al ballet una vez al año; que aprecie mi talento para cocinar».

Después elabora una lista de cualidades, rasgos, descripciones físicas, hábitos y habilidades que son importantes para ti y que tu pareja debe poseer antes de conocerte. Algunos ejemplos podrían ser «amable, juguetón, cariñoso, generoso, divertido, caballeroso, responsable de su propia felicidad, apasionado, amante de la vida, aventurero, amante de la familia, respetuoso con todos (especialmente con las personas que ofrecen servicios en la sociedad), con un fuerte sentido de su propia identidad, tolerante y defensor de la diversidad y de las minorías, política y espiritualmente compatible conmigo».

A continuación añade cualidades que tienen tus amigos más queridos y que admiras y aprecias. Ejemplos: «Decidido, despierto e inteligente, irreverente, divertido, moderado en sus vicios, auténtico, que da pie a mi plena expresión, hábil con la palabra».

Por último, añade cualidades que tú posees y que te gustan. Ejemplos: «optimista, limpia, generosa, serena».

Echa un vistazo a lo que acabas de escribir. Has puesto muchas cosas en esta hoja, ¿verdad? Puede que incluso hayas escrito más de una página. Eso está bien; esta es tu lista de unicornio. Deja que circule. Puedes poner de todo, porque luego vamos a reducirla un poco. Vamos a pasar las cualidades de la lista, una a una, por tu filtro de requisitos mínimos.

Tu lista filtrada

Toma la primera cualidad de tu lista de unicornio y hazte la siguiente pregunta: «¿Preferiría estar sola que con alguien que no es _____?».

Es una valoración independiente; cada elemento de la lista debe valorarse de forma aislada. Comienza por la primera cualidad, y si preferirías estar sola que sin ella, mantenla. Si no es así, táchala de la lista y pasa a la siguiente cualidad, hasta que hayas repasado toda la lista.

¿Cuáles son las contradicciones de tu lista?

Echa un vistazo a tu lista y mira si hay unos rasgos que contradicen a otros o que no encajan entre sí. Por ejemplo, «tipo A, muy motivado y económicamente competente» son cualidades que pueden estar en tu lista, pero tal vez también figuren en tu lista «dispuesto a pasar mucho tiempo conmigo» y « la familia es su prioridad. Información: todas estas cualidades pueden encontrarse en un persona solo en las películas de Hollywood. En el mundo real estas son cualidades de personas distintas. Reevalúa la lista en busca de rasgos contradictorios.

Una vez que hayas editado tu lista, escribe las siguientes preguntas:

- ¿Cómo hace que me sienta segura?
- ¿Cómo hace que me sienta consciente de mis facultades?
- ¿Cómo hace posible la expresión de mí misma?
- ¿Cómo me reconforta?
- ¿Cómo me demuestra que soy hermosa?

¿Está loco por ti? ¿Qué te parece? ¿Interviene para salvarte de las arañas en el cuarto de baño? ¿Cómo te demuestra que le importas? ¿Lo hace como tú necesitas?

También es importante que añadas a tu lista cualquier impedimento. Ejemplos: «fumador, con hijos pequeños, bebedor… asesino en serie».

Reduce aún más la lista

Una vez que hayas completado tu lista de unicornio, vuelve atrás y recorta aún más las cualidades hasta quedarte con las ocho principales. Memoriza estos ocho aspectos imprescindibles de manera que cuando alguien diga «¿Qué estas buscando?», no tengas que rebuscar en tu cabeza para recordar tu primera lista de nueve páginas. Podrás declarar tus 8 principales en una frase redonda:

«Busco un hombre que se parezca a mí, espabilado. Que sea hábil con la palabra e irreverente, que sea decidido, amable y caballeroso. ¡Ah!, y que le guste tener mucho sexo conmigo.

¡Boom! Ahí queda eso.

Esta lista refleja quién eres, qué estás buscando y cómo puede ser tu vida. Tener esta especie de claridad mental supone una gran diferencia en el proceso de selección. Es como tener tu armario ordenado por colores. Yo lo hice. Ahora que sé cuáles son mis colores (y cuáles no), puedo ir a una tienda y pasar la vista sobre las chaquetas verde lima y amarillo chillón de moda y decir: «No», y salir directamente. No están en mi paleta de color. No voy a perder más tiempo.

Sabes quién eres. Sabes lo que quieres. Al final del día, coloca estas listas en algún lugar donde puedas consultarlas cuando conozcas a alguien con quien percibas mucha química y para quien necesites una comprobación realista.

Utilízalas como guía, no como una serie de reglas rígidas. Tienes que estar dispuesta a dejar que Dios, el Universo, el karma, el azar, el espíritu, Allah, Buda o quienquiera o lo que quiera que sea, te sorprenda. No seas demasiado rígida si una persona increíble parece no tener ninguna de las cualidades de tu lista. Si estás siendo tu «yo» favorito con esa persona, entonces dale una oportunidad (una vez excluidos tus impedimentos, claro).

Esta es la información clave que debes tener en tu archivador. En lugar de sacar estos detalles en una primera cita, haz uso de ellos en el momento de redactar tu perfil para citas *online*, de manera que quienes anden buscando pareja puedan realizar una autoselección antes de conocerte mejor tomando un café en tu sitio preferido.

Cómo abordar las diferencias

Los dos seréis diferentes. En ocasiones los opuestos se atraen: el instinto tiene algo que ver con esto. Por lo que respecta a las áreas en las que sois diferentes o incluso opuestos, necesitarás considerar si puedes asumir estas diferencias o trabajar con ellas. A algunas cosas puedes adaptarte; otras tendréis que abordarlas para tener lo que los dos necesitáis. Luego hay otros aspectos que se convierten directamente en impedimentos. Esto depende de los dos y del punto de vista de cada uno. Puede que tengáis exactamente los mismos retos que otras parejas y que vosotros podáis trabajar en ellos, mientras que otros serán incapaces de hacerlo.

Por ejemplo: tú eres muy madrugadora y te despiertas a las 5:00 de la madrugada, mientras que él es un dormilón que se despierta a las 11.00 de la mañana. Esto podría ser un problema. Para algunos es un impedimento. Para otros es una estupenda diferencia, pues pueden beneficiarse de un «tiempo a solas». Si estás dispuesta a que las diferencias resulten llevaderas para ambos, en primer lugar tienes que ser honesta con lo que necesitas. En segundo lugar, debes mantener la calma, del mismo modo que él contigo, de manera que ninguno de los dos esté anulando al otro o tratando de cambiar la forma de ser del otro o lo que necesita.

¿Eres introvertida? ¿Puedes estar con un extrovertido? ¿Eres una «mariposa social», pero el hombre de tu cita es socialmente cerrado y gravemente tímido? Os lo planteo para que trabajéis en ello. En ocasiones las mariposas sociales y los individuos tremendamente tímidos funcionan bien juntos, y resultan muy tiernos.

¿Eres tranquila o intensa? A veces es mejor preguntar estas cosas a tus amigos. Yo una vez me describí a mí misma como tranquila y Seattle Nate se rió tanto que terminó llorando. En ocasiones nosotros no nos vemos a nosotros mismos con claridad. Y, además, lo que en una persona es relajación en otra puede ser una locura. Todo depende de cómo te relaciones con los demás.

Escucha y aprende

Escuchen, Señoras. A estas alturas la mayoría de nosotras sabemos ya que, para encontrar pareja, el sistema de tipo entrevista (o, como a mí me gusta llamarlo, de interrogatorio) no es bueno, de modo que ¿cómo vas a obtener la información que necesitas para conocer a alguien?

Voy a enseñarte lo que puedes hacer para obtener información de calidad de los hombres, sin interrogatorios. Este proceso es fácil, pero te aviso, también es incómodo y va en contra de toda reacción instintiva.

Cuando llegues a una cita, utiliza la herramienta «conocerle» descrita más arriba: lo único que debes hacer es formular una sencilla pregunta como «¿Qué tal el día?». Después haz dos cosas.

Una: escucha lo que te dice. Si quieres que realmente se abra a ti, necesitas una nueva manera de escuchar. Escuchar es algo parecido a esto:

Solo escucha.
No interrumpas.
Ni siquiera asientas con la cabeza mientras te está hablando.
No hagas más preguntas.
Solo. Escucha.

¿Estás lista para la parte más difícil? Cuando deje de hablar, mantente a la escucha (sin hablar) durante veinticinco segundos más.

Eso es: veinticinco segundos enteros. Esto no es normal. Ahora, te reto a que pruebes a hacerlo. Agarra el reloj o el móvil y cronométrate durante veinticinco segundos. Imagínate que estás tanto tiempo en silencio frente al hombre de tu cita. Apuesto a que a los cinco segundos estarás ya revolviéndote en la silla. Así fue la primera (o la cuarta o la quinta) vez que yo lo probé.

Pero si dejas que se produzcan esos veinticinco segundos de vacío, seguramente él tendrá algo más que decir, ya que la mayor parte de los hombres tardan entre dieciocho y veintitrés segundos en reaccionar y decir algo más. Si esperas, escucharás con toda probabilidad algo más profundo que aquello por lo que comenzó.

Está bien, ¿verdad?

Me encanta que pienses que está bien, porque aquí viene la parte más difícil. Cuando deje de hablar, espera otros veinticinco segundos (aclara y repite). Una vez más, las mujeres no suelen esperar. Nosotras seguimos y seguimos y seguimos. Pero si pruebas este sistema, él te contará todo cuanto necesitas saber y más, sin que hayas tenido que sacarle la información como un policía a un sospechoso.

De acuerdo, aquí viene la segunda parte: escucha lo que tiene que decirte como si quisieras aprender algo nuevo acerca de él. Bien, obvio ¿verdad?

Pero aquí esta el asunto: cuando escuchamos realmente a la gente para aprender algo, hay un filtro que se interpone en el camino. Cuando estás escuchando a alguien que comparte su opinión sobre cualquier cosa, tu cerebro inmediatamente intenta averiguar si estás de acuerdo o no.

Sigue adelante y pruébalo en la próxima conversación que tengas. En serio, apuesto a que oirás a tu cerebro encenderse y preguntar «¿Estoy de acuerdo o no?», tan pronto como la otra persona empiece a hablar.

Esta pregunta es la cuestión que a menudo se interpone en el camino de obtener la información que necesitas, y entorpece asimismo tu proceso de selección.

Podrías pensar que la pregunta sobre si estás o no de acuerdo te proporciona información y es útil, si realmente estás de acuerdo. Pero, créeme, es un bloqueador de información. De modo que, en lugar de plantearte esta pregunta interior, escúchale de manera consciente para aprender algo nuevo. En este caso escuchar de manera consciente podría ser algo así:

- ¿Quién es esta persona?
- ¿Qué es lo que valora?
- ¿Qué es importante para él?
- ¿Qué le apasiona?
- ¿Por qué este tema es una prioridad para él?
- Vaya ¿por qué comienza la conversación aquí?

De esta manera obtienes la información que necesitas sin la ayuda de tu lista elaborada para encontrar pareja. Como ventaja adicional, esta técnica hace que los hombres piensen que tienes aptitudes para escuchar (y realmente, así es).

Prueba también lo siguiente: en lugar de preguntarte a ti misma «¿Es él…?» o «¿No es …?» cambia a «¿Cómo es él…?«. Por ejemplo: «Cómo es de generoso?» en lugar de «¿Es generoso?». Esto desvía la pregunta de un simple sí o sin respuesta a una respuesta más abierta e informativa. Haciendo estas cosas, aprenderás mucho de lo que necesitas saber para ver si tenéis alguna posibilidad.

Estas técnicas de escucha son ejercicios creados por Alison Armstrong (en realidad, ella utiliza treinta segundos). Las he enseñado a miles (sí, miles) de mujeres en un taller impartido dentro de los PAX Programs y todavía no he encontrado a una mujer que no haya experimentado el fenómeno de «¿Estoy de acuerdo o no?». Y cuando escuchamos durante veinticinco segundos más, ocurren milagros. Yo lo propongo como tarea para las participantes en la primera tarde de taller y, de manera constante, las mujeres vuelven a la mañana siguiente deseando compartir las perlas que soltaban los hombres cuando se les concedía la oportunidad de hablar. El equipo de PAX Programs (incluida yo) ha dedicado los últimos veinte años o más a llevar a cabo estudios sociales sobre este comportamiento y a comprobar cuánto tiempo tardan los hombres en responder, preguntándoles asimismo de cuánto tiempo les gustaría disponer para responder. Y la conclusión a la que hemos llegado es que un hombre tarda entre ocho y veintitrés segundos en procesar lo siguiente que va a decir. Nosotras las mujeres pocas veces esperamos más de un par de segundos. Sin ese vacío, la mayoría de los hombres no hablan.

Dave y yo acudimos a un evento y nos pidieron que nos sentáramos en grupos de cuatro. Nuestro grupo estaba compuesto por tres mujeres y Dave. Cuando le llegó el turno para hablar, las otras dos mujeres lo miraron, esperaron unos dos segundos y empezaron a hablar, saltándose su turno. Él nunca llegó a hablar (yo observaba la escena divertida —ya sabes que siempre me gusta un buen experimento científico). Cuando llegamos a casa y le pregunté acerca de lo sucedido, él me dijo: «Yo sabía lo que quería aportar, pero solo hablo si hay cinco segundos de silencio».

¿Cuántos segundos de silencio ofreces tú?

¿Quién es mi pareja?

Te has esforzado por conocerte a ti misma y saber quién eres realmente, a quién estás buscando y cómo podría ser tu vida y has aprendido nuevas habilidades para escuchar y obtener la información que necesitas. Cuando empieces a buscar, te animo a que lo hagas también fuera de tu tipo de hombre. Tú sabes lo que tu «tipo» te ha supuesto en el pasado. ¿El hombre que te está pidiendo que salgáis es guapo, pero no se parece a los hombres con los que sueles quedar? Bien. Tal vez su perfil parezca interesante, pero tú nunca has quedado con un hombre así antes. Excelente. Podrías considerar la posibilidad de concederle una oportunidad.

Como ya he dicho, después de salir con 121 hombres, aprendí que puedo tener una cita con un hombre que no sea mi tipo, pero no con alguien que no sea de mi cuerda. Para mí, tiene que haber maneras compartidas o complementarias de ver el mundo para que las cosas funcionen. Tenemos que estar en sintonía y tener una raíz común. Yo necesito sentir de dónde proviene y tener la sensación de que me conoce. Eso da pie al respeto mutuo. ¿Significa esto que tenemos que estar de acuerdo en todas las cosas importantes? No.

A Dave y a mí nos encanta la música. Él toca muy bien el piano y el teclado, lo hace con distintas bandas en grandes escenarios y en un momento de su vida llegó a tener cien conciertos en un año como trabajo y pasión. Tenemos gustos opuestos en materia de música. Él valora la complejidad mientras que a mí me gusta la sencillez. Él valora el ritmo, yo las letras. Los géneros musicales que nos gustan no están relacionados. Juntos nos hemos enseñado mutuamente a tener un sentido más abierto de la música y somos capaces de respetar los orígenes musicales del otro y de disfrutar con ello. Y, en última instancia, nuestro amor por la música es algo que tenemos en común.

Di sí a todo aquel que encuentres interesante. Di sí a quienes pienses que podrías admirar o respetar si alguna vez llegas a conocerlos.

Dar a alguien una oportunidad le permite crecer ante nosotros. No todos lo harán, claro está, pero una buena pareja tal vez sí. Nuestra cultura nos alimenta de cuentos de hadas del tipo «felices para siempre», «el uno para el otro», «amor a primera vista» y «el esperado», y nosotros nos los creemos. La narrativa con la que estamos familiarizados dice algo así como: si no nos enamoramos al instante, entonces no es el destino, porque él no es «el esperado». Esto es una idiotez. ¿Y si es tu chico y es estupendo para ti, pero estaba enfermo en su primera cita? ¿O estaba tan nervioso que no mostró su auténtica personalidad? ¿Dado que no viste estrellitas en los primeros veinte minutos, ¿vas a mandarlo de vuelta a su casa?

Aquí es donde las cosas se complican: encontrar el equilibrio entre proteger tu valioso tiempo y dar a tu cita una oportunidad. A menudo me preguntan: «¿Durante cuánto tiempo debo darle una oportunidad para que me guste?». Es esta una cuestión compleja y la respuesta tiene cuatro partes:

1. Ordena las cosas que necesitas en una pareja (como arriba).
2. Usa tu instinto (tus entrañas saben).
3. Queda con él un rato y comprueba si realmente te gusta esa persona. ¿Piensas que tenéis material suficiente para pasar tres días encerrados en una lavandería automática, por ejemplo? Cualquiera puede pasarlo bien durante tres noches en París, pero ¿crees que podrías aguantar con él la rutina diaria durante tres días seguidos (lavar, hacer la compra, limpiar la casa) y que siguiera gustándote? ¿Te gusta realmente? Utiliza el test de la lavandería.
4. No salgas con alguien porque tú le gustas mucho. Esta es una trampa que puede ocurrir: quieres darle una oportunidad de que llegue a gustarte. Es majo. De modo que quedas con él. Está bien. Te aburre un poco, pero tienes la esperanza de que vaya a mejor, de manera que quedas con él. Y él te trata muy bien. Ningún hombre te ha tratado nunca tan bien. Todas tus amigas te dicen que es un magnífico partido y que tienes que quedar con él. Ahora te sientes presionada. Presión por tus amigas, presión porque no quieres ser desagradable con él porque él se siente realmente atraído por ti y porque es estupendo, pero tú sabes, en lo más profundo de tu ser, que nunca vas a ser feliz con ese hombre. Es una situación frecuente. Conozco a una mujer que se encontraba en esta situación y la prolongó tanto tiempo que tuvo dos niños y un matrimonio de diez años. NO seas como ella. Si el hombre de tu cita no es la pareja adecuada para ti, no aguantes. No es justo para nadie.

Una vez que sepas quién eres y seas capaz de distinguir si un hombre es «de tu tipo» o «de tu cuerda», podrás rápidamente identificar a aquellas personas que claramente no son compatibles contigo como pareja porque no compartís la misma visión de la vida.

Cita #52
Los opuestos no siempre se atraen

Escena: Cafetería en Mill Valley, California

Llegó tarde, muy tarde. Esta cafetería de una popular cadena de establecimientos no es el mejor lugar para adultos intencionadamente sin hijos como yo. Se había convertido en una guardería de niños gritando y corriendo arriba y abajo, chocando con las sillas de la gente como coches de feria. Cuando yo era niña, el café era una bebida de adultos. Yo pensaba que las cafeterías y los bares eran para nosotros, la gente sin hijos, y que para los padres estaba, en fin, todo lo demás. Pero me estoy desviando del tema. Entre los niños salvajemente expresivos y las manadas de adolescentes riendo, me sentía totalmente una cascarrabias de mediana edad.

Por fin el hombre de mi Cita 52 llegó y parecía, ummm… interesante. No podría decirte si vestía intencionadamente con un estilo retro y no había acertado del todo o si sencillamente era un tipo de las afueras con estilo propio. Era profesor en una escuela y odiaba viajar, le gustaba rodearse de niños, no le gustaban las mascotas, sentía que el trabajo era lo más importante en su vida y dedicaba todo su tiempo libre a arreglar él mismo su casa en las afueras de la ciudad. En otras palabras, era el polo opuesto a mí.

«¿Podemos hacer un plan para el fin de semana que viene?», me preguntó. *Oh, Dios, no*, pensé. ¿Cómo podía indicarle lo incompatibles que éramos?

«Gracias por preguntar, pero pienso que no coincidimos mucho», contesté. Empezó a protestar, diciendo: «Ni siquiera nos han dado una oportunidad...».

Le interrumpí: «Mira, nuestras vidas son casi completamente opuestas. Lo siento, pero todo lo que a ti te interesa, a mí no. Y las cosas que son importantes para mí no lo son para ti».

Protestó, pero se dio cuenta de que yo estaba terminando mi té helado y que no iba a ceder.

Consejo útil

- Elabora tu lista. Conoce tu lista. Pero no fulmines a los hombres de tus citas con tu lista.
- Escucha de verdad. Mira dónde te lleva y lo que te muestra.
- Comprende la diferencia entre «de tu tipo» y «de tu cuerda». Concédele la oportunidad de que vaya gustándote, pero no tengas miedo a decir no cuando te des cuenta de que no es tu pareja ideal.

El divorciado (¿secreto mejor guardado o pesadilla?)

Mi experiencia y la experiencia de amigas y clientas me ha enseñado mucho sobre hombres recién divorciados, divorciados desde hace mucho tiempo o a punto de divorciarse. Un hombre que está saliendo de un doloroso divorcio (ya sea el primero o el octavo) estará encantado de salir contigo. Disfrutará de tu compañía, porque salir con una mujer interesada en estar un rato con él va a hacerle sentir increíble, y con casi toda seguridad hará tiempo que no sentía algo parecido.

Probablemente también tendrá poco o ningún interés en ofrecerte algo duradero, o tal vez ni siquiera sea capaz de hacerlo.

Tú quieres pensar que, cuando te conoció, se encontraba en un profundo y oscuro agujero. Pero tú, amiga mía, eres la escalera de cuerda que usará para salir de ahí. Pero una vez que haya trepado hasta fuera, probablemente no se le ocurrirá llevarse la escalera. Dará un paso, verá la luz del sol y dirá: «Oh, la vida es bella. Mira todo eso». Y se marchará. Es una señal de recuperación.

Esto no ocurre con todos los hombres, ni en todos los divorcios. Suele producirse una situación de recuperación cuando el hombre está pasando por un divorcio particularmente doloroso (a menudo un primer divorcio inesperado). Algunos hombres pasan por un período de recuperación con una mujer, que dura unos meses; otros se recuperan con una mujer y permanecen con ella durante un año o así, pero al final son incapaces de comprometerse con ella; y algunos hombres se emparejan y pueden comprometerse felizmente a pesar de su pasado, reciente o inminente divorcio.

Si estás leyendo esto tratando de diagnosticar qué tipo de divorciado tienes entre manos porque no quieres poner tu corazón en alguien que se largará en un par de meses, comprende esto: siempre hay excepciones. No des la espalda a un hombre que merece la pena solo porque se haya divorciado hace poco. Si estás dispuesta, sal un poco con él para ver cómo se relaciona contigo. ¿Fue él quien te pidió que salierais? Si fuiste tú quien tomaste la iniciativa, está bien. ¿Es él quien inicia el contacto y quien planea las citas?

Otro factor a tener en cuenta es que haya o no sido él quien inició el divorcio. Si para él fue una sorpresa total, puede que se encuentre en este momento en el fondo de ese agujero, mientras que si fue él quien pidió el divorcio o fue una ardua y larga decisión mutua, puede que le lleve meses, años o incluso décadas procesar el final de esa relación.

Si aparece un hombre que está en el agujero y tú sabes que eres su potencial escalera de cuerda, pero de todas formas quieres quedar con él, adelante. Eso sí, no te engañes a ti misma. Utiliza la experiencia para tu propio bien y para disfrutar, sin tratar de que se convierta en algo serio.

He oído a mujeres decir: «No quieras a un hombre divorciado; está usado», y también he oído referirse a hombres divorciados como «desechos» de alguien. Esto es ridículo. Creo que los divorciados son magníficos porque:

- Muchos de ellos saben lo que significa comprometerse y están dispuestos a hacerlo.
- Cometieron errores en su matrimonio y (con un poco de suerte) aprendieron de ellos.
- Han visto a sus ex mujeres cometer errores y ahora pueden ahorrártelos.
- Durante (o después) de su matrimonio, han llegado a tener expectativas realistas de lo que es una relación de pareja. Un hombre que

nunca ha estado casado se construye un futuro basado en las fantasías y los cuentos de hadas de los que nos alimenta nuestra cultura.

● Si tiene hijos, tienes la ventaja adicional de tener junto a ti a un hombre con sus ilusiones truncadas del mejor de los modos. Ha tenido ocasión de vérselas con todo. Un padre puede pasar una noche entera con su niño vomitando en brazos y no por eso deja de quererlo. Eso es aguante.

¿Puedo añadir, para que conste, que Dave estaba recién separado cuando nos conocimos? Solo había vivido separado de su mujer durante unos meses en sus veinticuatro años de matrimonio. Yo era su primera cita en décadas. Nadie habría apostado por que esta pareja funcionara, pero así fue. Estamos absurdamente compenetrados.

Cuando se trata de quedar con un hombre recién divorciado, hay que tener en cuenta más cosas: cuándo vayas a quedar por primera vez, no le preguntes qué le pasó en su matrimonio. Podría contártelo y, antes de darte cuenta, estarías haciendo el papel de terapeuta, escuchando su historia durante cuatro horas y media. Esto no es sexy ni para ti ni para él y puede acabar de inmediato con toda posibilidad de conexión.

Por otro lado, es mejor dejar el dinero al margen de la conversación, al menos inicialmente. Tal vez toda su situación económica haya cambiado y puede que necesite un tiempo para adaptarse y replantearse cómo vivir y cómo administrar su dinero. En más de una ocasión me sorprendí preguntándome si sería tacaño, cuando ese no era en absoluto el caso; fue una cuestión de estimación que supe corregir a tiempo. Y sea cual sea la historia entre él y su ex, no —repito, *no*— te metas en cuánto dinero tiene ni en cuanto dinero pasa a su mujer. No es asunto tuyo, amiga mía, aunque vayas a acabar casándote con él.

Piénsalo de esta manera: ella estaba con él, cuidaba de él a su manera, le daba lo que necesitaba y lidiaba con la versión mucho más joven e inmadura de él, esa versión que tú nunca verás. Por ejemplo, yo sé que me hice con un Dave 4.0 (el último y mejor modelo), mientras que su ex mujer tuvo la versión anterior, es decir, el Dave 1.0, que, según él mismo, era para dar de comer aparte. Considera que la ex de tu amor habría podido sacarle hasta el último céntimo. Sea cierto o no, te ayudará a dormir por la noche y a ser mejor persona en el planeta.

Así que has estado saliendo con este adorable divorciado durante un tiempo y ahora estás empezando a preguntarte: «¿Cómo puedo conseguir que se comprometa conmigo?».

Amiga, no puedes. Si has estado soltera un tiempo y él es un recién divorciado —y tú no eres la escalera—, entonces te sugiero que le dejes llevar la delantera. Poco después de empezar a salir yo le dije a Dave que estaba buscando pareja estable. No necesitaba casarme —ya lo había hecho antes—, pero quería una pareja para toda la vida y quería que él lo supiera de antemano. Sabía que estábamos en momentos diferentes y, dado que él acababa de salir de una relación, iba a dejarle que marcara el ritmo en nuestra relación. Iba a dejarle llevar la delantera y yo le seguiría. Si en algún momento él veía que no podíamos ser una pareja duradera, entonces me lo diría inmediatamente para dejar de salir. Pues bien, me cogió de la mano y empezó a conducir nuestros encuentros hacia una duradera relación de compromiso.

Dave fue un recién divorciado con el resultado que yo iba buscando. Pero a continuación te presento otro que no dio tan buen resultado. Bienvenida a mi propia experiencia de agujero y escalera de cuerda.

Cita #60
Yo fui la escalera
(alias El chico de la burbuja)

Escena: Cena en Amber India; excursión andando a la Coit Tower; postre a última hora de la noche en Fog City Diner, San Francisco, California

Era algo así como una versión masculina y alocada de mí. Igual de coloquial, el mismo punto de vista. Esto dio un toque insólito a una primera cita por lo demás excelente. Nuestras diferencias provenían de nuestra educación; él, hijo único, con todo el apoyo y la posibilidad de hacer todo lo que quería sin preocupación ni repercusiones; yo, no tanto. Mis inicios habían sido los de una hija de madre soltera adolescente que había conseguido abrirse paso con destreza hasta la clase media. Básicamente, soy una luchadora.

A los diez minutos de comenzar nuestra cita empecé a sospechar que no era mi hombre, pero para entonces ya nos habían tomado nota. A la mitad de la cena, me preguntó: «¿Has subido alguna vez hasta la Coit Tower atravesando los jardines privados?».

«No».

«¿Quieres que lo hagamos?».

«¡Claro!».

En la base de la Coit Tower me quité los zapatos de tacón de aguja y me puse las deportivas que había dejado en el maletero del coche (precisamente para esto). Subimos por las escaleras, admiramos las vistas de la Bahía y de la ladera de San Francisco, olimos las rosas, curioseamos en las casas de los ricos y disfrutamos de la conversación durante todo el camino hasta llegar arriba. Y al final de esta agotadora y sana caminata, ¿que podía estar mejor que un pastel de chocolate negro fundido, helado y *marshmallows* caseros en Fog City Diner? Nada, sin duda. Pero la verdadera guinda del pastel fue que el hombre de mi cita era un cliente VIP. Llamó con antelación para tener un reservado y cuando llegamos, cerca de las 11:30 p.m., estaba todo preparado y nos estaban esperando. Al entrar, vi que las paredes estaban plagadas de placas doradas grabadas —el legendario columnista del *San Francisco Chronicle*, Herb Caen, y Charles Williams, fundador de Williams-Sonoma— y después descubrí su nombre. Mi pareja estaba entre aquellas celebridades. ¡Guau!

«¿Puedo hacerte una foto junto a la placa con mi iPhone?», pregunté, medio en broma medio en serio.

«No», dijo amablemente.

Conclusión: la cita fue estupenda, él era un hombre divertido y aquello no fue un desperdicio de noche de viernes.

¿Qué ocurrió entonces?

Al final de nuestra tercera cita, en torno a las 3:00 a.m., estábamos en mi coche, parados frente a un aparcamiento. Llevábamos horas aparcados, charlando. No queríamos apartarnos el uno del otro. Fue entonces cuando entramos en «la burbuja». Yo nunca había estado antes en una burbuja de amor. Era eufórico, ese delirante nivel de mutuo deseo, tan fuerte que ni siquiera buscábamos estar con otra gente —éramos demasiado bobos.

Cuando una burbuja como esta estalla, lo hace desde unos 300 m en el aire y alguien acaba cayendo de cabeza (ay). Esta fue mi lección de «recién divorciado»: al cabo de dos meses la burbuja estalló. Se despertó una mañana y simplemente tuvo esa nueva sensación. No quería que me fuese; solo que quería salir conmigo y con otra gente. Me costó más de dos años olvidarme de él.

Consejo útil

1. Lleva siempre un par de deportivas en el maletero del coche, por si acaso.
2. Mantente abierta a un momento de aventura si te estás divirtiendo. Solo porque no estéis hechos el uno para el otro, tiene la cita tiene que terminar pronto. ¿Qué otra cosa vas a hacer el resto de la noche del viernes?
3. Disfruta de la burbuja —recién divorciado o no— pero ve con cuidado, porque las burbujas estallan.

19

Despierta su autoconfianza

Hay algo que les ocurre a hombres y mujeres por igual en las citas: los nervios. A menudo, los hombres están nerviosos en una cita sencillamente del mismo modo que lo estamos nosotras, especialmente si se trata de la primera cita, o incluso más si se sienten atraídos por ti.

Cuando un hombre se siente muy atraído por una mujer, ocurre lo mismo que cuando una mujer se siente muy atraída por un hombre. Intenta impresionarte, pero está nervioso, y se muestra «excesivamente agradable» y «muy volcado», lo cual a menudo resulta molesto e irritante. Ahora bien ¿no sería una triste pérdida que no pudierais conectar por esta razón, aun tratándose de un hombre fantástico? Que no te guste alguien porque a esa persona le gustas tú demasiado es una tragedia.

Si está nervioso y tú no estás segura de que te atraiga porque está haciendo esas cosas tan molestas que tú misma has hecho cientos de veces, déjalo en ese punto, porque has visto los rayos y centellas de tu atracción hacia él, pero todo eso se está desvaneciendo porque no ves la confianza que tiene en sí mismo.

Cuando un hombre está nervioso, su autoconfianza —una de las cosas que le hace atractivo a tus ojos— se encuentra eclipsada por ese comportamiento demasiado agradable, espoleado por los nervios. Tendrás que despertar su confianza, poco a poco. Te digo cómo: la manera más rápida de acceder a la confianza en sí mismo de un hombre consiste en pedirle que hable de sus logros, de algo de lo que esté orgulloso, o de su estatus.

Cuando digo que hable de algo de lo que se sienta orgulloso, no me refiero a sus hijos. Sus hijos no son él. Si él desvía la conversación hacia sus hijos y habla sobre ellos, deberás trasladar de nuevo la conversación hacia él como persona. Una manera suave de hacerlo consiste en preguntarle qué es lo que le hace un buen padre o qué lección ha aprendido por el camino o cuáles han sido sus influencias y por qué.

He aquí algunos aspectos de los que tal vez esté orgulloso y de los que es posible que te hable:

- Proyectos de trabajo, inversiones y logros
- Sus deportes
- Sus obras escritas
- Instrumentos musicales que sabe tocar
- Otras aficiones que le apasionan y en las que es bueno

Los temas en sí mismos no siempre te resultarán apasionantes. Pero este planteamiento te dará lo que necesitas: él estará más relajado, en su elemento, y —sí— con más confianza en sí mismo. Piensa en cómo cambias tú misma y en cómo actúas cuando estás hablando de cosas que te gustan: sentada más recta de lo habitual, gesticulas quizá con las manos, sonríes y ríes. Esta es la persona que quieres que él vea y así quieres verle tú a él. Puedes conseguir todo esto simplemente conduciéndole hacia los temas en los que suele triunfar, sean cuales sean.

20

Busca «esa mirada»

Una de las cosas en las que me fijaba siempre en un hombre, a lo largo de mis 121 hazañas, era en cuánto le gustaba yo a él. Si hubiese sido una adolescente, probablemente me habría preguntado a mí misma: «¿Cuánto le gusto?». Cuando conocía a alguien con la intención de que fuera mi pareja, esperaba que fuéramos compatibles en distintas áreas, pero un área absolutamente crucial para mí es la física. Yo sé que soy inteligente. Siempre escogía hombres que vieran inteligencia en mí; no tenía que preocuparme por eso. Pero también necesitaba saber si mi pareja en aquel momento pensaba que era hermosa. Si un hombre no me dirigía «esa mirada» en las primeras citas (tú sabes cuál —como si estuviera hambriento y tú fueses el bocado más apetitoso que hubiese visto jamás), no seguía saliendo con él. Toda excepción a esa regla terminaba en desamor.

Cuando un hombre piensa que eres hermosa por fuera y por dentro y expresa su adoración por ti y por tu cuerpo, es el paraíso y merece totalmente la pena esperar. Quiero eso para ti.

Si eres una persona que no necesita eso, algo en lo que sí deberás fijarte en una cita es en cómo te sientes. ¿Te sientes guapa? ¿Te sientes divertida? ¿Te sientes valorada? ¿Exteriorizas con él lo mejor de ti misma? Si no sientes esto, considera abandonar (aunque estés ante la viva imagen de Hugh Laurie).

En todos los años que llevo haciendo lo que hago, una cosa sigue estando clara: creo que lo que realmente deseamos es sentirnos como el premio, no como la ganadora del premio. De modo que si te parece que estás esforzándote demasiado para convencerlo de que eres increíble y él no está recogiendo nada de lo que tú estás dejando caer, respira hondo y piensa que quizá no sea el hombre adecuado para ti. O si, mediada ya la cita, te descubres a ti misma esforzándote demasiado, simplemente detente. Para de hablar, relájate en la silla y deja que sea él quien genere. Si tú estás generando en exceso, estarás cubriendo ambos frentes, el tuyo y el suyo. Como he mencionado, estarás haciendo todo el trabajo pesado, y eso es agotador. Déjale una puerta abierta para que retome la conversación donde tú la has dejado.

¿Qué pasa si no la retoma donde tu la dejaste? Bien, la cita terminará antes de lo previsto, lo cual es estupendo. Serás libre de volver a casa y ver tu serie favorita o de terminar esa colección de recortes que ya está criando polvo. ¿O crees que este libro se escribió solo?

Al final descubrí mi propia regla. No importa lo bien que esté el tipo en cuestión: si no piensa que soy atractiva, ya no es atractivo para mí.

Te presento a continuación a un hombre por el que perdí la cabeza. Conectamos tan bien que yo hice una excepción a la regla. Y mientras estuve saliendo con él nunca me sentí guapa, ni especial, ni deseada, ni tan siquiera durante un segundo. Fueron cinco largos meses. ¡Ay!

Cita #113
Desequilibrio

Escena: Cena en À Côté, Oakland, California

Mi primer encuentro cara a cara con el hombre de mi cita 113 fue en À Côté, un coqueto restaurante de Oakland conocido por los locales como sitio de citas. Él llegó antes que yo. Lo reconocí apoyado en la puerta abierta del restaurante. Me sonrió, como diciendo «Soy yo».

Una semana antes, estábamos los dos fuera de California, yo en Nueva Orleans, él en Portland. Durante seis días nos escribimos *emails* varias veces al día, dándonos a conocer e informándonos mutuamente de las aventuras que habíamos vivido en el pasado.

Consciente de la alta probabilidad en contra de que existirá conexión entre nosotros fuera de la red, pasé esa semana desenredando cuidadosamente los hilos de conexión, anticipación y esperanza. Debí hacer un buen trabajo en parte tratando de engañarme a mí misma para olvidar lo que me gustaba de él. Cuando nos encontramos, tenía pocas expectativas.

El sitio fue una sugerencia mía, y él tomó la iniciativa de reservar, pidiendo una mesa tranquila. Nos condujeron amablemente a una pequeña mesa para dos apartada, en el jardín trasero. Nos sentamos y comenzó entonces una batalla de animada charla, llena de chispa e ingenio. Fue una de esas noches mágicas que espera todo aquel que tiene una cita. Conversación que fluye sola, auténtico interés por ambas partes (o eso esperaba yo) y aprecio mutuo por el ingenio, la sinceridad y los conocimientos del otro.

Se recostó en la silla al acabar su plato, como si no pretendiera irse a ninguna parte, y su pelo sal y pimienta le cayó hacia el lado izquierdo. Al echárselo hacia atrás, puso sus dos manos detrás de la cabeza y se recostó placenteramente hacia atrás, y me di cuenta: me estaba empezando a gustar de verdad, era muy atractivo. Me había conquistado con su personalidad, pero de repente me di cuenta de lo guapo que era, y tenía un estilo que me gustaba: vaqueros y jersey, informal, sencillo, natural, sólido. Nada de ropa rara o polos de golf, nada de estrafalarias zapatillas de deporte, nada de tonos tostados.

Varias horas y docenas y docenas de historias después, pude ver que, aunque habíamos sido los primeros en llegar, íbamos a ser los últimos en irnos. No quería ir a ninguna parte. No quería moverme de allí. Deseaba disfrutar del hecho de que todo este asunto de las citas podía realmente estar funcionando.

Al salir del restaurante, me acompañó a mi coche y cuando me detuve en el lado del conductor, él salto el bordillo hacia el lado del copiloto, a unos dos metros de mí. La velocidad a la que se movió y el gran espacio que quedaba entre nosotros me dejó descolocada. *Vaya, en realidad no quiere besarme; se ha apartado de mí demasiado deprisa. ¡Oh...oh, mierda! No quiere volver a verme. ¿Cómo he podido perder esta oportunidad?* Mientras estos pensamientos se agolpaban en mi cabeza, le oí decir: «Entonces ¿vamos a repetir?».

«¡Sí!», exclamé.

Desvió la mirada y echó un poco los ojos hacia atrás.

«¿No?», le pregunté con voz suave y casi suplicante.

«Sí. Estoy pensando en mi agenda. Hoy es lunes; tal vez el sábado. Tengo que mirarlo».

Respira, Wendy, respira.

¿Qué ocurrió entonces?

Yo solía ir por ahí diciendo a mis amigas que buscaba un chico alto, inteligente y británico. El tipo de esta cita me enseñó que lo que estaba buscando realmente era un escritor afín a mí y que fuera irreverente, decidido y caballeroso. Añádele compatibilidad sexual y una dosis apropiada de adoración y sería toda suya.

Tenía muchas esperanzas en esta cita. Era un tipo increíble y realmente un buen chico que no pretendía hacer daño a nadie, pero el elemento clave que faltaba era la adoración. No veo que sintiera ninguna por mí. Quedamos muchas veces para cenar (y nada más) antes de saber que él, en torno a nuestra tercera cita, había decidido que no teníamos futuro. Pero yo era «divertida» y él disfrutaba con mi compañía, de modo que siguió pidiéndome que saliéramos. Y ahí estaba yo, varios meses después, en medio de un bar de jazz etíope, con el corazón totalmente roto, tratando de no llorar delante de él, después de tanto esfuerzo por seguir agarrada a la cuerda que él, sin querer, había entado tendiéndome.

Como ya dije: ay

Consejo útil

¿Recuerdas la lista que hiciste ¿Esa que elaboraste a partir de tu lista de requisitos imprescindibles que tu pareja debía reunir, sí o sí? Te lo diré un millón de veces y siempre será verdad: no te comprometas. No sigas saliendo con alguien si estás recibiendo menos de lo que necesitas.

21

Él nunca te prometió un jardín de rosas

Estás en una cita. Te gusta cómo se está desarrollando. Él es divertido, guapo, te está preguntando por tu vida, te está hablando de la suya y no ves alertas rojas (ni siquiera un Post-it rosa). ¡Bien!

Al cabo de un par de horas te habla de que todos los años pasa las Navidades en casa de su tía en Lake Tahoe. Oh, sí, se reúne toda la familia; es formidable. La casa tiene cinco dormitorios y siempre hay mucho sitio; tiene una bañera de hidromasaje; puedes esquiar por la propiedad y por fuera; y tienen de motos de nieve y de todo. Después dice: «¿Te gusta montar en moto de nieve? A mi madre y a mi tía les encantarías».

Es tu primera cita. Es agosto. ¿Te está invitando a pasar con su familia las Navidades?

La segunda cita llega enseguida. Es agosto. Descubres que a los dos os gusta Elvis Costello. Le dices que tu canción favorita es «Blue Chair» pero que nadie la conoce. Tu segundo tema favorito es «Shipbuilding». Él no tiene una canción favorita, pero le gustan las tuyas. Después dice: «Nunca había conocido a nadie que fuera mayor fan de Elvis Costello que yo. Sería muy divertido ver una actuación suya juntos».

¿Va a tocar Elvis Costello pronto en tu ciudad? ¿Te está pidiendo que vayas a ver a Costello con él?».

Es tu tercera cita. Averiguas que no solo hace surf, sino que además pasa el verano enseñando surf a niños. Tú sabes usar la tabla de bodyboard; ya está. Le dices que te gusta el bodyboard y él dice: «Oh, eso es divertido, pero no hay nada como el surf. El surf y el bodyboarding son cosas distintas. Y tú pareces deportista; estoy segura de que estás lo suficientemente en forma como para practicarlo. Te saldría bien de forma natural. Creo que sería divertido enseñarte».

¿Te está prometiendo que te va a enseñar a hacer surf? ¿Cuándo va a ser? ¿Dónde te va a enseñar? ¿Tendréis que pasar la noche fuera de casa? ¿Te está proponiendo un fin de semana romántico en Carmel?

No. Lo siento, mi amor, pero no es así. Él no te ha invitado a pasar las Navidades con él ni a un concierto de Elvis Costello ni a un romántico fin de semana en Carmel.

Los hombres hacen esto y ni tan siquiera se dan cuenta de que lo están haciendo. Alison Armstrong lo llama hacer Photoshop.

Él te tiene enfrente, pero te está imaginando en todo tipo de escenarios en su vida, para ver si encajas. Está haciendo Photoshop contigo en todos esos escenarios. El problema de los hombres es que lo hacen inconscientemente y, por desgracia para ti, en voz alta. No tienen ni idea de lo tentador y fácil que es escuchar lo que están diciendo y tomarlo como planes y promesas de un futuro juntos.

¿Recuerdas cuando eras una niña y tenías muñecas recortables? Las figuras tenían ropa recortable que podías probarles. Tal vez un gorro de cocinero o un uniforme de policía o un traje de enfermera o una falda y un maletín. Pues el hombre de tu cita te está probando en su vida del mismo modo que tú les probabas ropa a tus muñecas recortables. Trata de ver si encajas en su mundo. Puede parecer que va demasiado deprisa. O tal vez seas tú quien va demasiado deprisa cuando él hace estos comentarios en voz alta y tú los tomas como si fueran un plan.

Es injusto y da un poco de rabia, y lo siento. No lo hacen a propósito. No lo hacen para hacernos daño. Pero has de saber que si la invitación no va unida a un lugar y a una fecha concretos no es real. Te diría que esperes hasta escuchar una frase más o menos así: «¿Te gustaría ir a ver a Elvis Costello conmigo en el Grat American Music Hall de San Francisco el 3 de septiembre?».

Así es como sabrás que es un plan o una promesa.

En lugar de frustrarte o animarte en exceso y pensar que va demasiado deprisa cuando en realidad está jugando contigo a las muñecas recortables, piensa: «Oh, bien, está viendo qué tal encajamos juntos, de modo que debo gustarle», y déjalo ahí.

¿Quieres un ejemplo de Photoshop extremo? Tengo aquí uno para ti.

Cita #73
Estoy lista, así que llévame contigo

Escena: Área de recogida de equipajes del aeropuerto de Oakland, California

El hombre de mi Cita #73 pertenecía a una familia adinerada y trabajaba en los negocios de su padre. Buscaba una pareja que pudiera viajar con él fuera del país para tener sensación de hogar, pues se movía entre una fusión, una reorganización y una nueva adquisición. Esa era su vida. Me preguntaba cuál sería la pareja ideal para ese estilo de vida.

Su residencia principal estaba en Connecticut, pero por razones de negocios estaba buscando una casa en el norte de California, para añadir a su colección.

Habíamos intercambiado correos durante un tiempo, pues nuestras agendas de viajes no coincidían. La última vez que nos escribimos él había llegado a mi zona cuando yo me iba para dirigir un curso en Seattle.

En mi última noche en Seattle redacté un largo y revelador *email* y se lo envié. Compartí con él mi tristeza por la reciente muerte de mi perra Husky, Eloise, y de lo terrible que iba a resultarme viajar a la mañana siguiente, pues era el momento en que normalmente me preparaba para ir a casa con ella. También expresé mi desilusión por no habernos conocido la semana anterior —habíamos estado en el mismo aeropuerto al mismo tiempo. Lo envolví todo en esperanza, expresando mi deseo de conocerle en algún momento cuando volviera a California.

Temprano a la mañana siguiente, al dejar el Seattle Renaissance bajo una insistente lluvia, contuve las lágrimas de añoranza por Eloise. Cuando entraba en el coche de empresa para ir al aeropuerto, vi que me llevaba el conductor habitual y que estaba tan hablador como siempre. Hice lo posible por ser educada, pero estoy segura de que me quedé corta. De alguna manera me las arreglé para mantener la compostura mientras cruzaba la zona de seguridad del aeropuerto, pero en cuanto estuve sentada en mi asiento de ventanilla en el avión, las lágrimas empezaron a correrme por la cara. (yo no soy llorona, de manera que me resultaba muy incómodo). El duelo es terrible.

Dos horas después, cuando el avión aterrizó, usé el borde de la falda larga que llevaba para secarme la cara y retirarme cualquier resto de rímel corrido bajo los ojos. Encendí el teléfono para ver si tenía algún mensaje. Y tenía. De él.

«¡Siento mucho lo de tu perra! Sé que no es un consuelo, y sin duda no pretendo reemplazar nada, pero he cambiado mi vuelo a Chicago por unas horas, de manera que podría recibirte en el aeropuerto. Estoy en recogida de equipajes esperándote. Búscame; soy el alto». (Mide casi dos metros.)

Oh… Dios… mío. Qué increíblemente tierno y al mismo tiempo qué increíblemente horrible. Tenía los ojos hinchados de tanto llorar. Tenía unas bolsas terribles en los ojos por el agotamiento, como corresponde después de dos días de curso. Lo llamé de inmediato. «De verdad? ¿Estás aquí?».

«Sí».

«De acuerdo», le dije. «Hay algo que debes saber. Vas a verme en mi peor momento». Mientras me dirigía hacia la zona de recogida de equipajes, le expliqué que había estado llorando y que estaba agotada.

Cuando llegué, me dio un gran abrazo (lo necesitaba). Y mientras estábamos esperando mi maleta, vi la forma en que me miraba, como un delicioso aperitivo, con ojeras y rímel corrido y todo.

Cogimos mi maleta, la metimos en su coche y fuimos a una cafetería cercana, donde charlamos durante cerca de una hora y media antes de que se fuera a otro aeropuerto a tomar su avión.

Este hombre merecía una medalla. Ese día fue mi héroe.

¿Qué ocurrió entonces?

Pasamos nuestra segunda cita de compras para cosas de su nueva casa. Me describió su finca en Connecticut con todo detalle, imaginándome allí en otoño. Fantaseamos pensando en nuestra nueva agenda de viajes internacionales. Mis magníficas aptitudes de organización y buena compañía harían que estuviéramos cómodos. Vivía cada uno de estos sueños como si fueran a hacerse realidad. Tras varios meses quedando con él me di cuenta de que, si bien todo parecía perfecto sobre el papel (para mí, en cualquier caso), no éramos del todo compatibles. Los dos proponíamos cosas, pero mis intenciones y palabras eran a menudo malinterpretadas.

En cuanto al Photoshop, hay que decir que resulta tentador subirse al carro cuando el paseo parece magnífico. Me dejé llevar incontables veces, incluso siendo ya más consciente de ello. Si te descubres a ti misma escuchando algo como si fuera un plan o una promesa, acuérdate de identificar fecha y lugar. Estas cosas pueden establecer la diferencia entre fantasía y planes reales de la vida.

Cuando es mucho lo que está en juego —cuando realmente nos gusta alguien— somos más propensos al pensamiento mágico y ello acaba a menudo en un buen batacazo. Soñar es estupendo, pero procura mantener un poco los pies en la tierra.

Pagar en las citas

«¿Qué debo hacer para actuar con elegancia cuando llega la cuenta?».

Amigas, acercaos: yo tengo la respuesta a esta vieja pregunta.

Algunas mujeres esperan que sea el hombre el que pague; otras esperan pagar a medias. Muchas mujeres son expertas en hacer el falso ademán de coger el bolso. Algunos hombres quieren quedar bien e invitar; otros solo quieren que sea justo para ambas partes. Y a cualquier hombre le pesa pagar por un montón de comida para una desconocida a la que no volverá a ver.

Puede ser un problema y hay un montón de sandeces innecesarias en torno a este tema. Pero es un tema que va a surgir en algún punto de tu experiencia de citas, de modo que vamos a hablar de ello ahora.

Ten en cuenta que si un hombre está buscando una pareja compatible a largo plazo, probablemente tenga que quedar con 100 mujeres. Puede parecer mucho, pero mira: yo salí con 120 hombres antes de encontrar pareja. Seattle Nate cree que él lo hizo con más de 200, aunque él está demasiado exhausto para contarlas, pobre chico.

Vamos a hacer un ejercicio básico de matemáticas: 100 citas, de las cuales el 99 por ciento no funcionarán a largo plazo. Pongamos que el coste medio de una cita, incluidos aparcamiento, comida, copas y tal vez dos entradas para algún evento, es de unos 100 dólares, arriba o abajo.

Si son 100 citas, a 100 dólares cada una, el total es de 10.000 dólares, solo por ver si existe una posibilidad de encontrar pareja.

Ahora bien, aquí está mi pregunta para ti: ¿te gastarías 10.000 dólares de ese dinero tuyo, ganado con tanto esfuerzo, en los desconocidos de tus citas? Pues no, no si pudieras evitarlo.

En una ocasión un hombre llevó a una mujer que conocí a un hotel de lujo en Beverly Hills. La invitó a cenar, pagó un espectáculo y las copas. Al final de la cita ella se enfadó porque él no había pagado el aparcamiento. De forma similar, una vez una amiga dijo: «Cuando un hombre no se ofrece para pagar, me está diciendo que no soy especial».

Te diré lo que le dije a ella: si no eres la chica adecuada para él, considera que efectivamente no eres especial. No digo que no seas especial objetivamente; digo que no eres especial para él, y eso está bien. Esta calle es de doble sentido.

Para abordar este asunto de frente, hay que tener claras las expectativas de pago en las citas desde un principio. Es totalmente aceptable que un primer encuentro sea gratis, o muy económico, y si él se ofrece a pagar, sé amable y dale las gracias por invitarte. Si te encuentras en ese incomodo momento en el que llega la cuenta al final de la cena (ya sabes, el momento de sacar la cartera) y él se resiste a coger la cuenta de la mesa, en lugar de hacer el falso movimiento de coger el bolso, puedes decir: «Te puedo ayudar?».

«¿Te puedo ayudar?» es la pregunta. Y da pie a que la otra persona diga «No, pago yo» o «Claro, tú puedes pagar la propina» o incluso «Veamos, tocamos a…». Al hacer esto, estás siendo amable y considerada, mostrándote dispuesta a pagar si es necesario, pero también lista en un 100 por cien para ser cortésmente invitada.

«Pero ¿y si dejan la cuenta justo entre los dos?», podrías preguntar. Bien, en ese caso hay dos opciones: primera, esperar. Simplemente espera.

La cogerá y, cuando lo haga, pregunta «¿Te puedo ayudar?». La opción dos puede utilizarse si estás dispuesta a poner fin a la cita o si, mirando ese platito con la cuenta, te estás poniendo tan tensa que tienes que decir algo al respecto. Puedes señalarla, mover la cabeza o alargar la mano hacia la cuenta y decir: «Oh, ¿cómo quieres que paguemos?», que en teoría funciona como «¿Te puedo ayudar?» en cuanto a posibles respuestas.

Pongamos que se hace cargo de la cuenta. Ahora estás en deuda con él. Bueno, tranquila, no estoy diciendo que estés obligada a acostarte con él. La obligación a la que me refiero es de agradecimiento. Pongamos el ejemplo de la cena. Puedes darle expresamente las gracias por alguna de estas cosas, o por todas:

- Pagar
- La comida
- El ambiente
- La compañía

Podría ser algo así como:

«David, muchas gracias por la cena. Mis escalopines estaban deliciosos y el restaurante es precioso. He disfrutado mucho. Me ha encantado la historia que me has contado de tu perra. Debe ser adorable.»

Aunque le des las gracias, lo más importante es ser auténtica. Un sincero reconocimiento es lo único que esperan la mayoría de los hombres. Puede que tengan la esperanza de algo más, pero una muestra sincera y directa de reconocimiento es realmente necesaria para que los hombres de tus citas se sientan también a gusto.

Y después de la primera cita, o de las dos primeras citas, deja que él pague si quiere, pero compañera, ¡debes encontrar maneras originales de colaborar un poco! Tal vez deja que él pague la cena y tú invita después a las copas. Hazte cargo del picnic para la excursión. Lleva galletas o bizcochos para aportar algo más a una cita rápida para tomar café. Demuestra que estás ahí y que él no tiene que asumir toda la carga.

23

Hablar de sexo
en una primera cita

Una mujer me preguntó en una ocasión: «Es improcedente que un hombre hable de sexo en una primera cita. Aun cuando solo esté hablando en términos generales, yo me siento incómoda. Me parece un poco pronto; casi no nos conocemos».

Como regla general, un hombre que habla mucho de sexo en la primera cita querría tener relaciones sexuales contigo en esa primera cita. Así de sencillo. Él es optimista. Espera que tú recojas el pañuelo que él está dejando caer. Se siente sexualmente atraído por ti, pero no existe suficiente conexión por otra cosa que no sea el sexo (o no está en condiciones de pensar en otra cosa). De haberla, no correría el riesgo. Tendría mucho que perder arriesgándose a hablar de sexo tan pronto.

El sexo es un tema apropiado para una primera cita si eso es directamente lo que buscas. Y como sabes, yo seré la última persona en juzgarte si es así.

Sí el hombre de tu cita está hablando mucho de sexo en la primera cita, toma nota mental de ello. Lo que te está diciendo es que se siente sexualmente atraído por ti (lo cual es estupendo), pero puede que no esté pensando en ti para nada más que para una o dos noches. Si existe para él algo más que mera atracción sexual, no correrá el riesgo (a menos que lleve encima varias copas de vino —merece la pena que tomes nota también de esto).

Si trae a colación el sexo, tantea el terreno con algo como: «En mi opinión, es demasiado pronto para tener esta conversación. ¿Podemos dejarla para cuando nos conozcamos mejor?». Luego observa atenta lo que dice.

He aquí dos bonitos ejemplos de pretendientes absolutamente optimistas. Se sentían sexualmente atraídos por la mujer de su cita y estaban más que ligeramente equivocados.

Cita #3
Bonito Speedo (alias *El Paquete*)

Escena: Su casa, Sonoma, California

Voy a romper la tradición de contar mis primeras citas para ofrecerte esta segunda cita, pues fue mucho más interesante que la primera. Nuestra primera cita estuvo «bien»; fue para cenar.

Accedí a una segunda cita: cena en su casa. Tendría la oportunidad de conocerle mejor y sería también mi oportunidad para ver el interior de su casa en las colinas de Sonoma. Me encanta una casa donde los únicos vecinos son los ciervos; es un excelente material para soñar despierto. Algunas mujeres fantasean con el día de su boda; yo fantaseo con la idea de compartir una vida juntos.

Su casa de mediados de siglo construida en madera en una ladera estaba bien conservada y guardaba armonía con el entorno natural. Mi anfitrión, sonriendo en la puerta principal, me condujo a través de una modesta entrada hasta una moderna cocina que daba a un estrecho comedor con ventanales de suelo a techo con vistas al bosque. Encantador.

Nos detuvimos en la cocina. En la encimera había verduras sin cortar. No parecía que hubiera ningún tipo de comida preparada, cocinándose, descongelándose, marinando o enfriándose.

«Lo siento, la cena no está aún en marcha», me espetó en respuesta a la expresión de mi cara. «Acabo de mudarme y se me ha ido el tiempo arreglando un poco la casa para cuando llegaras. Tenía que decidir entre cocinar o limpiar. Y me parecía que limpiar era más importante. No he tenido tiempo ni de darme una ducha. ¿Te parecería horrible si me diera una ducha rápida? Después, me pondré enseguida a hacer la cena». Hablaba mientras se movía de un lado a otro de la cocina, preparando dos copas de champán sobre la encimera de mármol negro. Sacó una botella de Gloria Ferrer y la descorchó. Dejé que mi mente se relajara.

Se acababa de mudar. Está bien. Podía entenderlo. Me ofreció una copa de champán y dijo: «Puedes esperarme en la terraza. Disfruta de las vistas y relájate».

«De acuerdo». Estaba todavía un poco incómoda, pero pensé que podía beberme la copa de champán y susurrar a los vecinos ciervos para que vinieran a hacerme compañía. La *chaise longue* de estilo Adirondack creaba un confortable rincón para disfrutar de una cálida noche de verano.

Supongo que, en el recogimiento de ese lugar tan sereno, mi mente empezó a divagar. Y de repente estaba ahí, de pie a la derecha de mi silla. Todo él, con su metro noventa, y casi desnudo. Pecho muy peludo, vello claro en las piernas y un breve calzoncillo de tipo Speedo con dibujos en espiral azules, verdes y amarillos.

«Sabes, los americanos son demasiado estirados en lo referente al cuerpo. Nunca se ponen ropa interior como esta».

Oh… Dios… mío. ¿Me está sucediendo esto a mí?

«Los americanos visten muy desaliñados. No tienen estilo», dijo, inclinándose un poco, con el paquete a unos centímetros de mi nariz.

«Creo que debes saber que una de las razones por las que quiero quedar contigo», siguió hablando, «es porque necesito tener relaciones sexuales con mujeres grandes. Estoy tan bien dotado que hago daño a las mujeres de talla normal o pequeña».

Oh, Santo Jesús. Di algo, Wendy. Tienes que hacer algo.

«Vaya, esto… vale, me voy. Gracias por invitarme, pero no voy a quedarme a cenar». Traté de levantarme por el otro lado de la tumbona, para no chocarme accidentalmente contra su voluminoso paquete bien apretado en el Speedo.

«¡No, no, espera! Me pondré algo. Podemos empezar a cenar ya».

«No. Así esta bien. Puedo salir sola».

«¡Pero no te he enseñado mi nuevo Lanborghini!».

Mientras avanzaba rápidamente hacia la puerta principal seguí escuchando linduras.

Nota especial: llegar a una fiesta como si estuvieras a punto de perder una partida de *strip poker* no es nunca una actitud de primera clase, a menos que cuentes con el consenso general y todo el mundo vaya a acudir en el mismo estado de desnudez.

¿Algo más? Ver un Lamborghini nuevo no borra, mitiga ni elimina un comportamiento inadecuado, de ninguna manera.

Y, efectivamente, no vayas a la casa de un hombre en tu segunda cita.

No obstante, a decir verdad, yo nunca llegué a aprender esa lección. Soy una optimista. Creo en lo más profundo de mi ser que la mayoría de los hombres no son así. A la mayoría de los hombres les gusta cenar con la chica de su cita. Pueden ser optimistas en lo referente a llegar a algo más, pero no serán tan idiotas como para intentar el método Speedo.

Cita #54
A vueltas con Mr. Pene

Escena: copas y cena en Piazza D'Angelo Ristorante, Mill Valley, California

«Lo siento. Tendremos que ir despacio. Vengo lesionado», dijo el hombre de mi cita mientras avanzaba cojeando hacia mí. Todo encorvado y moviéndose a velocidad de caracol, había envejecido sin avisar. Su perfile *online* decía que tenía cuarenta y ocho años (lo cual puedo asegurar que no era cierto) y, a primera vista, podía calcular que estaba más cerca de los setenta y ocho.

Me sonrió confiado, sin mostrarse afectado por el estado de su atuendo, que mc hizo cucstionarmc su cordura y sus condiciones de vida, dudando de si realmente dormía bajo techo o no. El los años 70 debió ser estupendo, pero tendría que haber retirado de la circulación esa chaqueta de pana de color tostado nada más instalarse en su solapa esa enorme mancha de vino tinto (por muy desvaída que estuviera ya, varios años después). La camiseta que llevaba tenía algo escrito (no me molesté en leerlo) y manchas de comida y chorretones de grasa de arriba abajo. Procuré no mirarle los pantalones.

Yo en general soy agradable y, dado que ya estaba ahí, iba a intentar ser lo más amable posible. Y como hacemos muchas mujeres, pensé: «Si resulta que es fantástico, le vestiré».

Nuestro plan era tomar algo en el restaurante italiano. Tras elegir mesa, pidió una carta.

«Espera, ¿dijimos que solo íbamos a beber algo verdad?», preguntó.

«No, yo tengo hambre. Deberías pedir algo».

Para no torturarte con una larga y aburrida tarde, te diré únicamente que la conversación fue tediosa. Él no tenía nada que ofrecer. Tuve que extraerle información y animarle a participar sacando temas que consideraba que podían gustarle, como quién lanza cebo a los peces. Pero por lo menos los peces pican. Este tipo de ausencia de participación la presentan habitualmente los hombres que no quieren estar en una cita contigo, pero que no son lo suficientemente hombres como para ponerle fin. Con cincuenta y tres citas en mi haber, estaba muy familiarizada con esa situación. Pero en el caso que nos ocupa, a este no-participante realmente sí le gustaba yo, y este pequeño detalle lo empeoraba todo.

Cuando terminamos de comer, él preguntó: «¿Puedo contarte cómo me lesioné?»

Por fin me ofrecía algo interesante con lo que trabajar.

«Claro».

«¿Estás segura?».

«Claro, estoy segura».

No estaba segura.

«Fue en un accidente de moto la semana pasada. Me di un golpe en la zona de la ingle y, bueno… toda la sangre se me acumuló en el pene. De modo que tengo una erección desde el viernes. No se va. He ido al hospital y me han hablado de cirugía, pero es arriesgado. No quiero intentarlo al menos hasta que pase un mes. Quiero ver si se cura de forma espontánea». (Bien, bastante juicioso).

Continuó: «Lo bueno es que sería un buen momento para acostarme con alguien, ya mismo. Sería como si estuviera bajo los efectos de la Viagra —no va a bajar, no importa lo que pase».

¿Te estás quedando conmigo?

«¿Y te está ocurriendo eso ahora mismo?», pregunté.

«Sí»

Pausa.

Finalmente solté: «Gracias por una oferta tan generosa, pero he de rechazarla».

Le trajeron la cuenta. Yo, educadamente, pregunté: «¿Puedo ayudarte?».

«Sí, Treinta dólares, por favor».

Un cálculo rápido y una mirada furtiva a la cuenta revelaron que esa cantidad era cerca del doble de lo que había costado lo que habíamos tomado.

Como dice mi amiga Alanis, «Vivir para ver».

Poco después, una clienta, Simone, acudió a mí para que la ayudara a encontrar pareja. Había tenido una experiencia traumática y había estado soltera y fuera del mercado durante más de una década. Después de trabajar conmigo durante una sesión, decidió entrar en Match.com. Anunció con orgullo en nuestra segunda sesión: «Tengo mi primera cita en más de diez años y es esta noche, una cita para cenar. Tiene una pinta estupenda. Tiene cuarenta y ocho años. Vive en Sausalito con vistas al puente de Golden Gate y es hacker ético profesional... y».

«¡Alto, Simone, no!».

consejo útil

- Si el hombre de tu cita centra la conversación en sus genitales, discúlpate y pon fin a la cita. Siempre. (A no ser que quieras tener sexo con él... en cuyo caso, escucha y aprende.)
- Si te has lesionado, tienes alguna dolencia, erupción, granos o alguna inflamación que pueda ensombrecer gravemente la cita, tómate una semana para recuperarte antes de quedar.
- Si no tienes hambre, no pidas nada.
- Si no estás interesada en él, no te quedes.

Parte III

Después de la primera cita

Dejando a un lado las decisiones desalentadoras, la fervorosa búsqueda del alma gemela y los encuentros incómodos, una cosa está clara si has llegado hasta aquí. Lo has hecho, has entrado en el mundo de las citas.

¿Y ahora qué?

¿Hacia dónde debes dirigir tus pasos?

¿Qué es lo siguiente?

Me gustaría poder decirte que el comienzo es lo más difícil y, de hecho, para algunas personas lo es. Para mí, sin embargo, lo más duro vino *después* de que conseguí ponerme en funcionamiento. Tener una cita es, definitivamente, algo más que el inicio de un viaje hacia un destino final; así pues, analicemos las claves que pueden hacer que ese viaje sea fluido (en especial cuando no queda más remedio que desilusionar a otras personas), fácil, divertido y tan satisfactorio como sea posible.

24

¿sin interés por una segunda cita?

Tu primera cita toca a su fin. Le has dado numerosas pistas en el sentido de que, aunque te parece una persona agradable, no deseas prolongar la relación; sin embargo, le resultas tan atractiva que su fascinación lo ciega y no capta tus respuestas y los mensajes que intentas transmitirle. Cuando la cita tiende a su conclusión, él se prepara para un beso de buenas noches. ¿Qué hacer en estos casos?

¿Hacer cualquier cosa para poner fin a la cita?

No.

¿Girar displicente la cabeza?

No.

¿Estornudar y decir que tienes algo contagioso?

Tampoco es buena idea.

Lo que es importante es estar preparada para la situación. Todavía puedes evitar que se lance, pero para ello es preciso que tomes la iniciativa. Al salir del restaurante, conviene que seas la primera en despedirte, caminando uno o dos pasos por delante de él. Al llegar al coche, debes girarte y extender la mano para estrechar la suya, mientras dices: «Ha sido un placer conocerte. Muchas gracias por haberme dedicado tu tiempo». De este modo, si la otra persona está atenta a los gestos (es educada) se dará cuenta de que no estás interesada en ir más allá.

Si estás más habituada a dar abrazos, puedes actuar de la misma forma, solo que, en vez de extender la mano, puedes darle un pequeño abrazo. Cuando se lo hayas dado, has de estar preparada para evitar un posible beso, debiendo apartar el cuerpo de él.

En caso de que no tengas experiencia en este tipo de citas, puedes practicar estas formas de despedida con algún amigo (incluyendo el abrazo o el apretón de manos) de modo que, cuando la situación sea real, estés más segura y evites lo que probablemente podría derivar en una situación algo incómoda.

Cómo decir «No, gracias»

Tal vez sea directamente tras este abrazo de despedida o tal vez después de una o dos citas más cuando te das cuenta de que ese no es el hombre adecuado para ti, pero aun así te pide que volváis a veros.

¿Cómo resolver la situación? Hazlo rápidamente, arrancando la tirita de un tirón, sin «paños calientes». No debes responder afirmativamente a la pregunta «¿Quieres que volvamos a vernos?», para después no responder a sus llamadas. Los dos sois personas adultas. Él podrá asumir el rechazo y para ti es preferible afrontar la situación de manera decidida y de una vez por todas. Después de todo, ¿te gustaría que él dijera que va a llamarte y al final no lo hiciera?

No prolongues el proceso. No sigas saliendo con él si solo deseas que sea un amigo. Él no se sentirá en última instancia mejor, ni tú tampoco.

La mayoría de las personas no nos sentimos cómodas en este tipo de circunstancias, porque no deseamos herir los sentimientos del otro o parecer desagradables. Es natural. Si no has trazado un plan sobre cómo poner fin a una cita de este tipo, es posible que, de manera accidental, te encuentres a ti misma haciendo algo que no deberías hacer para terminar de manera concluyente con esa situación. La presión es a veces intensa y el instinto puede hacer que te sientas acorralada. Se trata de un trance embarazoso, estresante y que puede sin duda agobiarnos.

Si te encuentras desempeñando el papel de chica demasiado encantadora como para «plantarse», ten en cuenta que debes pensar en lo mejor para ti misma. Tu instinto puede llevarte a intentar ser agradable (o al menos a no ser desagradable) en casi cualquier situación. Cuando conseguimos romper esta tendencia, es una victoria. Pero si no lo logras, piensa por favor que simplemente estás siguiendo las órdenes que tu instinto te sugiere. Este tiende a veces a protegerte, diciéndote: «No hagas nada, no digas nada; necesitas salvar esta situación de forma segura». No hacer ni decir nada, acatando solo esas órdenes (aunque no sea lo mejor para ti), no es algo por lo que debas culparte después. Has hecho lo que considerabas que era mejor y, además, no estás sola.

Una vez más, creo que la mejor opción para evitar problemas en estas circunstancias es practicar con un amigo. He aquí algunas pautas que pueden resultar eficaces y que, aunque en un primer momento puedan parecer hirientes, harán que nadie se sienta mal consigo mismo, ya que no tienen connotaciones personales. Escoge una o dos y practica con algún amigo que haga el papel de la persona con la que te has citado:

«Creo que no coincidimos en demasiadas cosas».
«Me lo he pasado muy bien, pero no creo que encajemos».
«No veo que tengamos futuro como pareja».
«No siento que haya suficiente conexión entre nosotros».

Todas ellas son frases que un hombre puede entender perfectamente. Si insiste, prueba la siguiente:

«Estoy buscando algo diferente».
Y si aún se obstina:
«Eso es todo cuanto tengo que decir».

Es más que probable que no tengas que ir más allá. Cuando la mayoría de los hombres oyen afirmaciones como: «Creo que no coincidimos», no suelen preguntarse por qué. Ese es un rasgo más propio de las mujeres. Las mujeres sí deseamos conocer ese porqué, ya que pensamos que, si nos lo hacen saber, podremos cambiar para transformarnos en personas más acordes con las preferencias de la otra persona o seremos capaces de «corregir» algo de nosotras mismas y evitar así futuros rechazos. No vayas por ahí.

Si el hombre de tu cita resulta ser uno de esos tipos que plantea preguntas tales como «¿Qué tengo yo de malo», es conveniente repetir, con amabilidad pero con firmeza: «Eso es todo cuanto tengo que decir»; si lo deseas, puedes añadir: «Y mi respuesta no te serviría de mucho». Con ello estarás planteando un razonamiento del tipo: «Siento que estés decepcionado y lo entiendo; pero creo que esto no funcionaría ni para ti ni para mí». No hay nada malo, nada incorrecto, nada que corregir. ¿Tienen derecho los fabricantes de Toyota a enfurecerse cuando te compras un Honda? No. Sencillamente, estás buscando algo diferente.

Los hombres con los que he hablado sobre esta cuestión afirman que no les importa si la mujer piensa que son buenas personas. Decirles cuáles son las cosas que te gustan de ellos no les ayuda y no les hace más fácil pasar el trago. No debes decirle a la persona con la que te has citado todo lo bueno que tiene cuando no deseas ser su novia. Y, digámoslo con claridad, cuando se conciertan citas *online* no se están buscando nuevas amistades. Así que debes ser rápida y «arrancar la tirita», aunque siendo lo más amable que puedas: como sabes, esta parte del asunto no es divertida para nadie.

Seattle Nate me dijo en una ocasión: «Escuchar a una mujer decir que soy un tipo genial y saber por qué no me acepta como pareja no me aporta nada. Más bien desearía saber de antemano qué es lo que no va a funcionar con ella para poder seguir adelante». Las dos citas siguientes son sendos ejemplos de cuándo interrumpir el proceso en el momento adecuado. En una de ellas dejé al hombre con el que había quedado antes incluso de comenzar la cita y en la otra debí haberlo dejado, pero no lo hice.

Cita #2
Tom Waits tendrá que esperar

Escena: Copas y cena en McNear's Saloon & Dining House, Petaluma, California

¿Qué puede hacer una joven soltera que vive en una comarca vinícola para tener una cita? Si los hombres que conducen una camioneta o los que llevan colchoneta de yoga en vez de maletín no son lo tuyo (y no es que haya nada de malo en ninguna de las dos cosas), solo tienes una posibilidad: la búsqueda *online*.

Mi cita 2 se produjo al principio de mis experiencias *online*. Hacía poco que me había registrado en Match.com para encontrar a mi hombre ideal. Decidí buscar citas fuera de mi «zona de confort», pero no fuera de mi área geográfica. Edad y ubicación: esos son los dos criterios que he mantenido a lo largo de los años. Sin embargo, acabé por darme cuenta de que, utilizando solo mis propios recursos, no podía confiar en mi criterio para elegir a los hombres. Había estado casada con uno durante 12 años pero, más allá de eso, carecía de experiencia y de aptitudes en este terreno.

El hombre de mi cita 2 me dijo que tenía 50 años, que poseía varios cientos de acres de terreno de pasto y que regentaba una granja de ganado de leche. Sonoma es un condado extenso, en el que viven varios cientos de miles de personas pero, pensando un poco, recordé que, además de la persona con la que había concertado mi cita 2, vivía también allí Tom Waits, uno de los músicos de rock más influyentes de los últimos 30 años. Su característica voz, áspera y empapada en litros de bourbon, tejía historias salvajes una tras otra, envueltas en una creativa mezcla de jazz, furia y una evocadora y peculiar música de circo. *Rain Dogs* es mi favorito entre sus discos. En cualquier caso, Tom Waits es un genio y vivía allí, en alguna parte, en esa zona vinícola. Es incluso posible que compartiera la linde de su propiedad con el hombre de mi cita 2. De ser así, no solo querría quedar con ese hombre, sino que querría casarme con él. De este modo me convertiría en la esposa del vecino de al lado de Tom Waits. Así es como querría que me llamaran. Mi nueva vida en el campo sería extravagante y fantástica. Incluso podría aprender a ordeñar vacas y todas esas cosas.

«Dejemos de mandarnos mensajes una y otra vez; quedemos para cenar», me escribió.

«De acuerdo; mira, como no conoces bien Sonoma, me acercaré yo a la zona donde vives, de modo que elige uno de tus lugares favoritos». Esperaba que escogiera algún lugar al que Tom Waits fuera los fines de semana. Lo sé: soy una desvergonzada.

Él estuvo de acuerdo. Misión cumplida. Ya era oficialmente buscadora de citas *online*.

Llegué al McNear's después que él y, mientras esperábamos a que nos dieran mesa, tomamos algo en el bar: escocés doble para él. En unos segundos ya se lo había bebido. Yo apenas había dado un trago del vino que había pedido. Intenté por todos los medios recordar su perfil de internet. ¿Había marcado la casilla de «bebedor social» o tal vez la de «bebedor habitual/importante»? Es probable que no se tratara de una bandera roja, pero no pude por menos que ponerle, al menos, un Post-it rosa.

Apenas habíamos conversado un poco cuando me dijo que le gustaría que me mudara a su casa en el campo. Me describió el escenario: un vulgar y extenso rancho, con trofeos de cabezas de animales decorando las paredes de la casa. Parecía que su deseo era que trabajara para él desde casa, convirtiéndome en algo así como una combinación de pareja, asistente personal y granjera, para lo que se supone que debía abandonar mi trabajo de entonces como propietaria de una agencia de viajes, que vendí varios años después de aquella cita. Me llevó conocerlo menos de 10 minutos.

Una sonriente camarera llegó apresurada con dos cartas bajo el brazo derecho y un teléfono inalámbrico en la mano izquierda, para llevarnos a nuestra mesa. Yo no me moví de donde estaba. La camarera entornó los ojos, con cierta expresión de impaciencia. Estaba claro que tenía mejores cosas que hacer que estar allí esperando. Era el momento. ¡Ahora o nunca! ¡Sé valiente, Wendy, sé valiente! Deslicé suavemente las puntas de los dedos sobre los ribetes de los hombros de su camisa vaquera para atraer suavemente su atención, mientras le decía: «Muchas gracias por la copa. Creo que no cenaremos. Creo que no congeniamos». Y, tal cual, ME MARCHÉ.

Parecía como si el corazón quisiera echarme una carrera mientras caminaba hacia el coche desde el restaurante. Me lancé a su interior y lo puse en marcha y, a medida que me alejaba, el sentimiento de agitación comenzó a disiparse y a ser reemplazado por una gradual y firme sensación de alivio.

Mi estrecha amistad de vecina con Tom Waits tendría que esperar.

¿Qué es lo que hice bien? No solo me marché, sino que lo hice en el momento justo. Sabía que no íbamos a congeniar y consideré que ese era el momento oportuno para salir de allí, antes de que pidiéramos la cena y nos viéramos implicados en el compromiso común de tener que pagar algo más que las copas (yo ya había pagado la mía en la barra).

¿Qué es lo que hice mal? Ir al lugar en el que vivía. Él podía haberse desplazado a mi zona o, si acaso, podíamos haber quedado a medio camino. Preferí que cenáramos en vez de tomarnos una copa, cuando en realidad no sabía si podríamos mantener noventa minutos de una conversación mínimamente interesante. Culpo a Tom Waits de ese error.

Cita #12
¿Demasiado bonito para ser cierto? (Sí)

Escena: Copas en el XYZ Bar del W Hotel, San Francisco, California

Parecía demasiado bueno para ser cierto. Metro ochenta y cinco, complexión media, director gerente de una prestigiosa compañía de Manhattan que vive a caballo entre sus oficinas de Nueva York, Londres y San Francisco. ¿Vivir una glamurosa vida en distintas ciudades? Sí, por favor.

Hablamos un poco por teléfono y noté que era algo impetuoso; pero, ¿acaso no lo son todos los neoyorquinos? No dejé que eso me impidiera continuar soñando despierta. Pero tenía que poner los pies en la tierra. Me compré un vestido de verano y fui a hacerme la manicura/pedicura y a la peluquería, para lucir una aspecto lo más atractivo posible.

El plan: encontrarnos en el bar XYZ del W Hotel para tomar una copa de champán y después ir a cenar.

Frente a la puerta del XYZ se detuvo un taxi del que salió un hombre que se dirigió, acelerado, hacia mí, vociferando con su acento neoyorquino: «Wendy, justo a tiempo; ¡Aquí estoy!». ¿Me hablaba a mí? No podía ser. No se parecía en nada al de la foto y su estatura y su peso no correspondían en absoluto a los indicados. No llegaba al 1,70 m y debía pesar más de cien kilos. ¿Sería de verdad director gerente de algo? Vestía unos pantalones de pinzas tipo Dockers marrones arrugados, una camisa morada descolorida y una chaqueta negra a la que le faltaba un botón de la manga derecha. Su aspecto desaliñado hacía pensar más en el Ejército de Salvación que en Armani.

Aquí es donde realmente cometí mi primer error. Entramos juntos. Cada segundo que permanecí con él desde ese momento fue un error. Se trataba de alguien que me había engañado desde antes de conocernos. Presentarse de manera tan descuidada no resultaba, ciertamente, nada ilusionante. Era algo falaz, vulgar y simple.

Lo normal es que hubiera encontrado el modo de escabullirme antes, por ejemplo, en la misma acera frente al XYZ. Un educado: «Lo siento. Creo que no tenemos mucho en común. No hagamos perder el tiempo el uno al otro» hubiera sido lo adecuado en esas circunstancias. Sin embargo, una vez dentro del bar, me contó que su coche había sufrido una avería y que, como no quería faltar a la cita, había tomado un taxi desde Palo Alto, un trayecto por el que debió pagar casi 200 dólares. Si había incurrido en semejante gasto, le debía algo, ¿no es cierto? (no, no lo es en absoluto).

Nos sentamos y estuvimos conversando sobre trivialidades hasta que llegó la hora de elegir un restaurante. Fuimos al Embarcadero, donde nos sentamos en una mesa con unas magníficas vistas del Puente de la Bahía. Pidió un aperitivo y dos entrantes y a continuación me preguntó que quería tomar. Más que mediada ya nuestra prolongada cena, en un restaurante ciertamente de categoría, empezó a expulsar ventosidades, y así continuó hasta que nos marchamos. No se trataba de pequeños descuidos que solo yo podía escuchar. Sus indiscreciones hacían vibrar los cristales de las ventanas y producían un hedor que hubiera matado a un gato (o a mí, aunque solo fuera de vergüenza), y todo ello ignorando al resto de comensales que había en el local, sin explicaciones ni disculpas. Entiendo que pudo tratarse de una reacción a algo que había comido o que se debía, tal vez, a una enfermedad crónica. En cualquier caso, fue algo terrible para él y una verdadera tortura para mí y para todos los que estábamos en el restaurante.

Cuando me acompañaba de regreso a mi coche, comenzó a buscar un taxi. «¡Diablos! me ha costado un dineral llegar hasta aquí. De hecho, toda la noche ha...», Antes de que continuara, me oí a mí misma decir con tono resignado: «Puedo acercarte de vuelta a Palo Alto». *Nuevo error. Ahora estaba atrapada dentro del coche con el auténtico Fart Man*.* Con muy pocas ganas, lo llevé de regreso a su casa. Al llegar, necesitaba ir al baño, así que le pedí que me dejara pasar un momento. El lugar era realmente repugnante y desde el baño se veían altas pilas de trastos acumulados y basura. Parecía como si sufriera síndrome de Diógenes.

Salir de aquella casa fue realmente complicado. Si alguna vez has hecho algo que no deseabas hacer solo por evitar un enfrentamiento, no estás sola. Yo estuve atrapada en aquella casa mucho más tiempo del que hubiera querido.

¿Qué es lo que hice mal?: dejar que la cita siguiera adelante. Aquel encuentro no debería haber durado más de noventa segundos. Sí, me

---

* «El hombre-pedo», estrafalario personaje creado por el humorista estadounidense Howard Stern.

habría resultado molesto ponerle fin, en especial considerando la distancia desde la que se había desplazado ese tipo. Sin duda, me hubiera sido difícil poner la mano sobre su hombro y decirle con voz suave: «Lo siento; sé que has venido desde muy lejos, pero no creo que congeniemos». Pero ciertamente no hubiera sido más incómodo que el desagradable final de aquella noche.

Si una persona altera de manera tan descarada su perfil, te está mintiendo y no le debes nada, independientemente de las circunstancias. Es evidente que es preciso poner fin a la situación de inmediato con una frase amable como: «No encajamos». Sin embargo, como dice mi mejor amiga Leslie: «Hay una gran diferencia entre amable y correcto». Lo correcto es decir la verdad y, en este caso, puede expresarse con frases tales como: «No eres lo que dices ser en tu perfil de internet. No tengo por qué seguir adelante con esta cita».

25

Espiar no es nunca una buena idea

Lo has conocido en internet. Es divertido, tiene cualidades que admiras y también es muy sexy. Estupendo para ti. Y aquí viene la parte más dura: después de la primera cita, vas a querer seguir visitando su perfil *online*. Sientes curiosidad y tu cerebro desea acumular la mayor cantidad posible de información sobre él. Es posible que pienses que, si vuelves a analizar su perfil, conocerás algo nuevo. Además, al visitar su perfil sientes proximidad y conexión y ello te hace experimentar una vaga y cálida sensación. ¿No es así?

Te gusta. Piensas que es estupendo. Te sientes feliz. Así que te conectas y te das cuenta de que su estado dice «conectado». De inmediato experimentas un momento de pánico. Sí, es cierto, está buscando otras mujeres. Otras mujeres que pueden hacer que dejes de atraerle. Lo sabes. Estará hablando con la mujer que tiene todas las cualidades de las que tú careces. Tal vez estén intercambiándose mensajes de correo sin parar en este mismo instante. Ya puedes olvidarte de cualquier plan que tuvieras con él la semana que viene, porque se habrá marchado. Pero, un momento, ¿aún no ha concertado una nueva cita contigo? Los duendes de la inquietud revoloteando en tu interior te aceleran el pulso hasta el infinito.

En cierto modo, estás confundida. Los dos estáis buscando pareja y cuando te sientes próxima a él, compruebas su estado de conexión. Parece como si estuviera siempre conectado, pero no te envía correos con la frecuencia que a ti te gustaría. Después de experimentar esta sensación repetidas veces, un día intentas acceder a su perfil y aparece una vez más el temido mensaje «CONECTADO» y es entonces cuando estallas: «¡Maldito sea!»

Ya es oficial, el proceso te ha convertido en una de esas mujeres que buscan pareja *online,* esas que se enfadan con el hombre que les interesa cuando este, en realidad, no ha hecho nada malo.

Que levanten la mano quienes sepan de qué estoy hablando.

La última vez que se me presentó este problema llevaba dos meses viendo a un hombre, que me tenía fascinada. Nadie lo sabía, pero me estaba volviendo loca, sobre todo porque no recibía de él la atención que pretendía. Solo pude poner fin a la obsesión renunciando por completo a esa web de citas. No le dije que iba a hacerlo, ni le pedí que lo hiciera él. Simple y silenciosamente, retiré mi perfil.

Una de las cosas que nos hace sentirnos seguros y amados y que nos lleva a actuar con sensatez es la conexión con las personas que nos importan. En términos sencillos, cuando conectas con tu (potencial) pareja, instintivamente experimentas una mayor seguridad. Al intentar acceder a él *online* y comprobar que esa persona no se está comunicando contigo y sí con otras mujeres, pierdes esa sensación de seguridad y calidez. Esta consulta compulsiva te produce desazón y hace que pierdas la capacidad de dar lo mejor de ti misma.

Tal vez pienses que el hecho de poder localizarlo en internet es magnífico pero, en realidad, no lo es. En general, recomiendo, muy encarecidamente, no «espiar». Lo cierto es que es algo que no ayuda en absoluto en este tipo de situaciones. De hecho, puede resultar manifiestamente perjudicial y es, incluso, uno de los motivos por los que las mujeres abandonan con mayor frecuencia las webs de citas, dejan de buscar perfiles *online* y, en

consecuencia, pierden oportunidades de encontrar una pareja potencialmente compatible.

La mayor parte de las personas que buscan pareja por este medio uti-
lizan aplicaciones de teléfono móvil. Una vez que se entra en la aplicación
para proceder a una comprobación rápida, el dispositivo mantiene la aplicación activa al menos la mitad del día, con lo cual aparece como si estuvieras
conectada durante todo ese tiempo. Por otro lado, ten en cuenta que estás
buscando a una persona soltera, y que las personas solteras son libres de
quedar con quien quieran (¡exactamente igual que tú!), y tan a menudo
como deseen. Cuando quedas con alguien al margen de las citas *online*,
cabe la posibilidad de que él esté saliendo con otras mujeres y tú no eres
testigo de ello. Estoy firmemente convencida de que, en tales situaciones,
la ignorancia es lo mejor.

¿Necesitas alguna otra razón para no ser una «*stalker*»? En la mayoría
de las páginas web esta suerte de voyeurismo es público. Quiere ello decir
que él puede ver que tú lo estás espiando. Algunas webs alcanzan tal grado
de sofisticación técnica que contemplan la posibilidad de un cargo adicional
para mantener la confidencialidad, de manera que tienes que pagar para
«espiar» en modo privado. ¿Realmente quieres que una web de citas *online* se enriquezca porque tú no consigues controlar tus impulsos? (dice la
mujer que pagaba 9,99 dólares al mes por la opción de confidencialidad en
OkCupid. Sí, así es, solo escribo acerca de lo que conozco bien).

Mi amiga Leslie tiene una interpretación sencilla y brillante de este
tema. Cuando le describí el hecho me dijo: «¡Vaya! De modo que te dedi-
cas a cotillear. ¿Quieres decir que estás metiendo las narices en su vida
privada?».

¡Por Dios! Nunca lo había visto de esa manera. En la vida real nunca
me he comportado como una cotilla. En mis cuarenta y tantos años de
vida sobre este planeta nunca he leído el correo electrónico de nadie, ni he
comprobado las llamadas de su móvil ni he intentado averiguar nada sobre
sus asuntos privados. Nunca he sentido la necesidad de hacerlo y, francamente, no comprendo a las mujeres que lo hacen. Aun cuando sentía que
había algo de lo que debía preocuparme en relación con una persona, nunca

intentaba conseguir información a sus espaldas, sino que intentaba resolver la cuestión afrontándola cara a cara con esa persona o, en cualquier caso, por mis propios medios. Por ello me supuso un verdadero shock comprobar que yo misma (alguien que, en la vida real, no es nada cotilla) me dedicaba *online* a meter las narices en la vida de los demás.

Tengo que estarle inmensamente agradecida a mi amiga Leslie por su intuitiva apreciación. Desde entonces no he vuelto a hacerlo. Entendámonos, no es que ahora resulte menos tentador. Es simplemente que, cuando aprendí a ver un perfil como un asunto personal, se convirtió en una cuestión de integridad. Simplemente, no podía hacerlo.

Así pues, ¿qué es lo que debe hacerse en estos casos? Puedes empezar por imprimir o descargar el perfil de la persona por la que sientes interés. Así tendrás a mano toda la información importante y podrás acceder cómodamente a ella en un momento dado. Puedes arrastrar las fotos directamente del sitio web a tu ordenador y, ya está, tendrás tu propia carpeta en tu disco duro para cualquier consulta rápida.

Después de imprimir o archivar el perfil, puedes ocultarlo (no bloquearlo), borrándolo de tus resultados de búsqueda. Una vez descargado, dedícate a vivir. Utiliza ese tiempo que destinabas a espiarle en ir a tomar un café, leer un libro, dar un paseo, ver una película o tomar una copa con amigos. Y también puedes dedicar ese tiempo a buscar otros perfiles interesantes. No tienes pareja, ¿recuerdas?

Así pues, esto es lo que hemos aprendido:

- Ser un «*stalker*» no está bien y fisgonear en los asuntos personales de los demás comienza con una simple «visita».
- Tu tiempo es precioso y muy valioso.
- Ver una y otra vez el perfil de la persona por la que sientes interés no sirve más que para «quemarte» y hará que llegues a odiar el proceso de citas, incluso más de lo que ya lo odias.

26

Descifra el mensaje: «Mereces estar con alguien que te haga feliz»

El hombre que desea conocerte quiere también ocuparse de ti. Puedes estar segura de ello. No me refiero a que vaya a pagarte el alquiler ni a comprarte una *fondue* eléctrica que deseas desde hace tiempo, sino que quiere participar en tu vida si acaba por ser tu pareja. Quiere ver si puede hacerte feliz. No va a preguntarte qué es lo que necesitas; más bien estará atento a las pistas procedentes de las cuatro áreas siguientes y, a partir de ellas, decidirá.

1. Se hace cargo de lo que él cree que cualquier mujer necesita.
2. Imagina que necesitas cosas que ya tienes.
3. Valora el estilo de vida que has llevado en el pasado (por ejemplo, considera tus posibles matrimonios anteriores o lo que tuviste en la infancia).
4. Determina lo que necesitas basándose en lo que cuentas.

Si sales con alguien y estáis locos el uno por el otro, pero esa persona decide que no puede ocuparse de ti, lo más probable es que termine sin tan siquiera pensar en hablarte de ello.

Puede llegar a poner fin a vuestras salidas diciendo algo así como: «No creo que pudiera hacerte feliz». Ya está.

¿Te gustaría saber cómo evitar esto?

Piensa en todo lo que puedes ofrecer y en lo que esperas que tu pareja te aporte. No me refiero a que presentes una lista de necesidades materiales en la primera cita, pero si vas a hablarle de la casa que compraste el año pasado y del flamante BMW que te compraste ayer, sabiendo que él conduce una destartalada camioneta, hecho que, por otra parte, a ti te parece que le da cierto toque sexy, ya te aviso que puede ser un problema para ambos.

No quiero con ello decir que tengas que aparentar un estilo de vida distinto del que llevas. La mayor parte de los hombres no tienen problemas con las mujeres de mayor éxito económico que ellos. Mi experiencia y mis investigaciones en este ámbito me han demostrado que hay cierta tendencia generacional en este sentido, siendo los jóvenes más abiertos que los que ya peinan canas. No obstante, cuando te cites con alguien, hazle saber tu situación real. Dile la verdad; colabora. Después de todo, estamos en el siglo XXI.

He aquí, a modo de referencia, un breve apunte sobre cómo hablar de dinero con un hombre al que acabas de conocer:

Tú: «Sí, me encanta mi casa. Cuando recibí la herencia de mis padres, la invertí íntegramente en ella. Ahora solo debo 200.000 dólares, y la hipoteca apenas es de 1.500. Es estupendo, ¿verdad?»

O bien:

«Me encanta mi trabajo y estoy contenta de disfrutar con lo que hago. Me siento afortunada. No busco una pareja que gane lo mismo que yo. Lo que necesito es alguien que esté a mi lado y me consuele cuando haya tenido un mal día. Y estoy buscando alguien que sea alegre y divertido. Si se trabaja todo el tiempo, llega un momento en el que no se sabe disfrutar del tiempo libre. Pasar buenos ratos con mi pareja es para mí más importante que invertir más tiempo en ganar más dinero».

Antes todo era más sencillo. Nos casábamos, el marido proporcionaba un techo bajo el que cobijarse y la mujer se dedicaba a criar a los niños y a preparar deliciosos pasteles. Pero, aunque este esquema continúa siendo válido para algunas personas, no es lo que la mayoría buscamos en la actualidad.

Nuestra cultura ha cambiado, pero nadie nos ha dado un manual de instrucciones que trate el modo de afrontar las nuevas opciones de modelos de pareja. En consecuencia, tuya es la responsabilidad de compartir con tu pareja lo que esperas y lo que necesitas, de manera que no tenga que adivinar y se equivoque y vaya por ahí diciendo: «Yo no sería capaz de hacerte feliz. Te mereces estar con alguien que sí pueda hacerte feliz». En las relaciones modernas, la felicidad se basa en lo que cada uno puede hacer por ayudar al otro a ser feliz; y comprender lo que el otro necesita es crucial para que la relación tenga éxito.

¡Eh!, chica inteligente
y de éxito, no le intimides

Una de nuestras frases favoritas como mujeres solteras es: «Creo que intimido a los hombres por mi éxito en el trabajo» o «Mi titulación intimida a los hombres con los que quedo; creo que es algo que no saben manejar». Pues bien, chica moderna e independiente, tengo malas noticias para ti: tú no intimidas a los hombres. He estudiado la cuestión y no he encontrado a ningún hombre que se sienta intimidado por mujeres como tú. He aquí de primera mano lo que los hombres tienen que decir (y no uno i dos ni tres) a este respecto:

P: «¿Por qué se sienten intimidados los hombres por las mujeres de carácter, inteligentes y de éxito?»

R: «Lo cierto es que no se sienten intimidados en absoluto, salvo que la chica tenga catorce años».

Cuando una mujer me dice: «Se siente intimidado porque soy inteligente y tengo éxito» o «¿Debería disimularlo?», siento tener que decirle, con todo cariño, la verdad: «No, no se siente intimidado; simplemente no está interesado en ti». En general, prefiero morderme la lengua; pero en este caso no lo haré. No se siente intimidado. Lo que sí es posible, en cambio, es que se sienta molesto por tu actitud o porque tú estés planteando vuestra interacción como una competición, en lugar de como una colaboración.

O tal vez no estés siendo lo bastante abierta para que él contribuya a tu vida, porque, ya sabes, tú puedes.

Los hombres no se sienten intimidados por el éxito, la inteligencia o la fuerza de carácter. Ninguna de tales características son intrínsecamente intimidatorias. Lo que produce rechazo en ellos son las actitudes de completa autosuficiencia. Hay una gran diferencia entre pensar: «He conseguido mucho en la vida, ven conmigo y compartámoslo» que «Lo he conseguido todo, así que ¿para qué te necesito?». Nuestra sociedad ha hecho que muchos de nosotros confundamos la autosuficiencia con la autoconfianza. Nadie es autosuficiente al 100%, y eso es algo bueno. Piensa en ello de esta manera: si eres independiente y no hay espacio para otra persona que aporte algo a tu vida (porque tienes todas tus necesidades cubiertas), entonces no hay espacio para él. No digo que esa actitud equivalga a ser un completo desastre. Los hombres aman a las mujeres fuertes y capaces y a las mujeres les gusta sentirse fuertes y capaces. De hecho, ¿no tendría sentido compartir la vida con alguien fuerte, inteligente y competente, de modo que pudierais enfrentaros al mundo juntos y tener una vida mejor? Pienso que la respuesta es un sí rotundo. Conseguir esa vida mejor —lo habrás adivinado— requiere cantidades ingentes de comunicación y cooperación, de manera que ambas partes sientan que ven satisfechas sus necesidades, entre las que se cuenta la necesidad del hombre de ocuparse de alguna manera de la mujer. La mayoría de los hombres desean que la mujer les permita aportar todo cuanto puedan y que ello les complazca, cualquiera que sea la forma en la que lo hagan.

Si tu estilo de vida no se adapta al modelo tradicional de los años cincuenta del pasado siglo, en el que el hombre era el sostén de la familia y la mujer era el ama de casa, y concretamente si tú, como muchas otras mujeres, ganas una cantidad importante de dinero —más de lo que gana él— puede que quieras abordar cualquier tensión percibida o real entre los dos con motivo de esta cuestión con una sencilla frase:

«Te estoy enormemente agradecida por darme _____».

Adivino que Oprah Winfrey* ha debido tener esta conversación con su pareja, Stedman Graham. Las mujeres fuertes, poderosas y de éxito podemos hacer muchas cosas por nosotras mismas, pero ¿sabes tú en concreto lo que puedes hacer? Puedes escucharte a ti misma, adoptar una perspectiva diferente. Es imposible que seas testigo cariñoso de tu propia vida. No puedes prestarte apoyo ni felicitarte cuando trabajas duro. Y, parece evidente, no vas a decirte a ti misma que es hora de tomarte un respiro. ¿Es fácil para ti contar contigo misma y hallar sola inspiración para ser mejor persona? Estas cosas son estupendas cuando te las aporta alguien a quien quieres. Es lo que hace que esa persona resplandezca con todo su brillo.

---

* Oprah Winfrey, presentadora, actriz y productora y empresaria de televisión, es considerada una de las personas más ricas e influyentes de Estados Unidos.

28

Cuando llega el momento de darse un respiro

En el ámbito de las citas y, en especial, en el de las citas *online*, hay momentos en los que se desea parar. Son momentos en los que no se tienen las ideas claras, en los que todo resulta deprimente e intolerable y en los que nada parece merecer la pena. Cuando ello sucede, es hora de tomarse un descanso y de «reiniciarse», para poder recordar cuál es el objetivo final: vivir con tu pareja, sintiéndote plenamente apreciada y con el amor y la interconexión que anhelas.

En el proceso de concertación de citas que se prolonga durante un tiempo, existe la posibilidad de agotarse, de «quemarse». Es un hecho. Y es el momento en el que es conveniente recurrir a los aliados para las citas, que pueden ayudarnos a reconocer los signos de que ha llegado el momento de hacer una pausa, antes de que las cosas se nos vayan de las manos. Es importante ponerse en contacto con ellos para no tener que hacer frente en solitario al *burnout*, al llamado síndrome del quemado.

He aquí algunos signos de aviso de que ha llegado el momento de que te tomes un descanso:

- Cuando comienzas a pensar que todos los hombres sin pareja con los que entras en contacto son un hatajo de mentirosos que no se presentan como realmente son.
- Cuando has tenido varias experiencias negativas una tras otra; experimentar continuas decepciones lleva a sentir una falsa necesidad de huida.
- Después de pasar por un rechazo humillante, haber tenido citas particularmente negativas, o varias citas seguidas en las que no has sentido ningún tipo de conexión, o con hombres sin afinidad alguna contigo o cuya única finalidad es el sexo; ni que decir tiene que todo esto supone una pesada carga.

Ten en cuenta una vez más que no estás sola. En cierta ocasión en la que hice un alto en mi búsqueda de pareja, escribí en mi blog: «Lo dejo. De verdad. Estoy agotada. En el último año he examinado el perfil de 7.183 hombres y 4.262 han accedido al mío en Match.com. Acabo de cancelar mi suscripción. ¿Para siempre? Quién sabe. De momento, de forma indefinida».

Introduje esta anotación después de la cita número 88. ¡No sabía entonces que me quedaban 33 citas más!

Durante mi proceso de búsqueda de pareja la gente a menudo me preguntaba: «Vas a todas esas citas pero no has encontrado todavía a nadie. ¿Sigues recomendando Match.com y las citas *online* en general?». Esa es la cuestión: después de tantas citas, he encontrado a alguien —a 108 álguienes (de mis 121 primeras citas, 108 se concretaron *online*). Y, al final, acabé por encontrar a «mi alguien» también por internet. Así que, sí, recomiendo vivamente perseverar en las citas *online*, aunque a veces el proceso resulte agotador.

Sin embargo, como he dicho, una pausa es más que aconsejable. Hay momentos en los que es mejor dejar la cuenta en suspenso, meterse en la cama bien tapadita y ver reposiciones de episodios de *Ley y orden**. Recuerda que darte un bien ganado y muy necesario descanso puede ser muy saludable, incluso obligado, pero que volver de nuevo al juego es igual de importante. Mi consejo es bien sencillo: tómate un descanso cuando notes que lo necesitas. Cuídate en todos los aspectos, mental, corporal y espiritualmente, y establece un sistema de apoyo que te permita reanudar luego las pesquisas. Y nunca subestimes la importancia de tus aliados para las citas.

---

* Una de las series de televisión con mayor tiempo de emisión en Estados Unidos.

29

¿Por qué no llama?

Esta es la gran pregunta. Y es un fenómeno que lleva a muchas mujeres a pensar que deberían abandonar para siempre la búsqueda de pareja.

No conozco a ninguna mujer que haya concertado una cita y no se haya preguntado alguna vez: «¿Por qué no llama?». Son incontables las veces que me la he planteado yo y las que el espíritu crítico que anida en mi interior ha propuesto una cruel lista de posibilidades, la mayor parte de las cuales, después de cierta reflexión, pueden considerarse ridículas, cuando no rotundamente demenciales.

Cuando buscamos pareja, esto es lo que está dentro de nuestras posibilidades hacer:

- Concertar una cita
- Acudir a ella
- Presentarnos tal como somos (ya sabes, quien realmente eres, no quien crees que él quiere que seas)

Si cumples con estos tres puntos y después no te llama, piensa que has hecho todo lo que estaba en tu mano. Si no llama es que no es el hombre apropiado para ti. Es fácil para mí formular esta afirmación, lo sé. Y con ello no quiero parecer desconsiderada hacia tus sentimientos heridos y tus esperanzas frustradas. He sentido el sufrimiento que supone esperar y esperar esa llamada. De tanto en tanto sucede. Y cuando sucede, solo puedo decir que lo siento.

Siento que hayas puesto tus esperanzas en esa cita.

Siento que la ausencia de esa llamada haya herido tus sentimientos.

Siento que pensaras que tu pareja por fin había llegado.

Siento que te pareciera la pareja perfecta para ti.

Siento que él no pensara del mismo modo.

Aunque pudieras llegar a conocer con precisión el motivo por el que no te ha llamado, puedes estar segura de que ello no te supondría consuelo alguno. Los hombres tienen montones de motivos para no llamar, al igual que nosotras tenemos cientos de justificaciones para no desear una segunda cita. Algunos de esos motivos pueden ser los siguientes:

- Le gustas y pasó contigo una velada fantástica, pero cree que no eres exactamente lo que él está buscando.
- Podría argumentar que tú estás buscando algo que él no está en condiciones de proporcionarte en esta etapa de su vida (en otras palabras, no ha sentido que tengáis futuro como pareja).
- Ha oído algo de ti que, para él, supone un impedimento para seguir adelante como pareja.
- Ha salido hace poco de una relación y, aunque pensaba que estaba listo para abordar otra, ahora se da cuenta de que aún es demasiado pronto (en este caso el argumento es el «momento inoportuno»).
- Le resultas encantadora, pero no está listo para afrontar el gran desafío que supone profundizar en una relación contigo.

Cualquiera que sea la razón, la cuestión sigue siendo la misma: no llama. Sin embargo, aunque ello puede representar una gran desilusión, no es algo que deba hacer que olvides tu objetivo. Lo único que alivia este singular tipo de aflicción es el tiempo (y conocer a otro hombre no tiene por qué no suponer un alivio, tampoco). Ten siempre en cuenta que no te ha llamado porque no es el hombre idóneo para ti. ¿Sabes cuándo puedes decir que un hombre puede ser tu pareja ideal? Cuando te llama.

Pero, ¿por qué no llaman para poner fin a la relación? Después de todo parece que sería lo más correcto. Aunque pueda parecer extraño, lo cierto es que la mayoría de los hombres no lo hacen para no herir tus sentimientos.

«¿Cómo?», pensarás indignada. «¿No herir mis sentimientos? ¿Es que no sabe que me paso el día esperando su llamada y que cada segundo que pasa me siento peor?»

No. En realidad él no lo sabe. Los hombres tienden a pensar que tú continúas con tu vida como antes de vuestra primera cita. La mayoría de ellos no comprenden nuestra capacidad para desarrollar varias tareas a la vez, lo que hace que tú puedas pensar en él 24 horas al día, 7 días a la semana, incluso cuando están muy ocupada. Se ha dado cuenta de que no estáis hecho el uno para el otro y no desea darte malas noticias en un día que puede estar siendo perfecto para ti. Sinceramente, no desea causarte más sufrimiento, de modo que, en lo más profundo de su ser, si no llama es para ahorrarte el disgusto de sentirte rechazada (créeme, es así).

Otro posible motivo por el que no te llama es que no se siente obligado a hacerlo. Piensa que, después de una o dos citas, no se puede considerar que mantenga una relación contigo. Cree que no tendría mucho sentido y que, realmente, sería algo extraño llamar a una persona para decirle que ya no se va a volver a poner en contacto con ella. También en este caso la ausencia de llamadas duele pero, en especial si tú sientes algo por él, pero no refleja otra cosa más que el hecho de que ese hombre no es el adecuado para ti.

¿Sabes qué? Cuando alguien no llama, una opción consiste en desahogarse con él durante un par de días y olvidarlo; considera que, en realidad, de algún modo, te ha hecho un favor. Al no llamarte, te está ayudando en tu proceso de selección. Puede que en ese momento no te parezca una bendición del cielo, pero a la larga lo será.

La jugada del don juan

También está la opción: «Deja que te dé mi número de teléfono», que suele ser un recurso generacional, más propio de hombres en torno a los cuarenta. ¿Su número de teléfono? Olvídalo. Lo único que desea es satisfacer su ego. Quiere saber si estás dispuesta a seguirle el juego. Si le llamas, es posible que no recibas respuesta, porque probablemente no estuvo interesado en ti desde el primer momento.

Si tienes una cita por primera vez con un hombre joven y seguro de sí mismo (y, tal vez, algo engreído) y muestra interés por ti, debería pedirte el número de teléfono. Si tienes que dárselo tú o si te da el suyo sin pedirte el tuyo, no albergues demasiadas esperanzas. Aunque cabe también la posibilidad de que te resulte interesante y de que quieras seguirle el juego. Es tal caso, esto es lo que debes hacer:

- Él te da su número.
- En vez de anotarlo, márcalo en tu móvil.
- Pulsa «llamar» mientras estás con él.
- Cuando su teléfono suene, dile «Bien, ahora ya tienes mi número por si quieres llamarme».

Algunos hombres te dan su teléfono o su dirección de correo electrónico porque les gustas, pero no están seguros de que el sentimiento sea mutuo. En este caso puedes hacer el intercambio de números, prestando atención a las pistas sobre su auténtica personalidad y sobre sus verdaderos objetivos.

Volvamos al meollo de la cuestión: «¿Pero le gusto como él a mí?». Cuando estás buscando pareja, es extraordinariamente importante tener presente esta sencilla pregunta. ¿Y cuánto le gustas? Un hombre al que le gustas debe ir tras de ti. Verás los signos de ello y, si no es así, está claro que ha llegado la hora de olvidarte de él. Este es un punto que hay que tener muy en cuenta desde el primer momento.

Diez cosas que hacer para cuidar de ti misma

Así que no llama. Saber que no es tu hombre es útil a título de información, pero fastidia. ¿Cómo reaccionar? He aquí diez pautas que sin duda te servirán de ayuda.

Muestra tu enfado

Quiero decir que lo manifiestes abiertamente. Siéntate a comer helado mientras ves aquella lacrimógena comedia romántica que no viste cuando la estrenaron. Exterioriza tu decepción. Enfádate. Llora. No intentes ignorar el proceso ni pasar por él de puntillas. Si lo haces, ello te provocará más tarde angustia y agobio. Ponte un límite de tiempo para regodearte en tu sufrimiento y recurre a la ayuda de tus aliados en las citas cuando la necesitas. No conviene, sin embargo, que esta fase dure más de diez días (y no me refiero a días laborables).

Cuéntaselo a alguien que te comprenda

No sufras tu pena en solitario. Cuéntasela a la persona que mejor te comprende y que te trate con más cariño. Recurre a alguno de tus aliados para las citas. Dirígete a esa persona diciéndole algo así como: «Verás, necesito tu ayuda. Quiero contarte algo. En realidad, lo único que te pido es que me escuches. Y quizá, de vez en cuando, que me digas algo como "¡Es horrible!" o "Cuánto lo siento", "Te quiero" o "¡No es más que un imbécil!".

Por favor, muéstrate de acuerdo conmigo.
Por favor, no intentes resolver mi problema.
Por favor, no me des consejo.
Por favor, no me digas que mi chico vendrá cuando menos me lo espere ni nada por el estilo.
Todo lo que necesito es que me escuches, me comprendas y me demuestres tu cariño».

Una vez que hayas compartido estas indicaciones con tu aliado o aliada, déjate llevar; que no quede nada en el tintero. A buen entendedor, pocas palabras bastan. Las mujeres casadas o con pareja no suelen mostrar buena disposición para este tipo de iniciativas, a no ser que hayan pasado mucho tiempo sin pareja con anterioridad. Nosotras tendemos a la amnesia en lo que respecta a la época en la que manteníamos una relación y muchas veces damos consejos poco o nada útiles, como: «¡Debes ser feliz y disfrutar de tu vida mientras estas sin pareja!». No, ese no es el camino. Eso es precisamente lo que tú no quieres escuchar, por muy bien intencionado que sea ese sentimiento.

Visualiza

Visualiza la mejor vida que puedas imaginar, la mejor versión de tu futuro. Despliega toda tu imaginación. Dedica toda una tarde a soñar despierta. Asegúrate de que ese futuro no lo incluye a él.

Mantente en forma

Acude al gimnasio, al estudio de yoga o al de danza, o dedícate al senderismo. La actividad física te ayudará a alejarlo de tu cuerpo y de tu mente (y contribuirá también a paliar los efectos de todo el helado que te has comido).

Toma baños de sales

Toma un largo y reconfortante baño caliente con sales de Epsom. Puede incluso que te convenga hacerlo a diario, hasta que te encuentres mejor. A mí me gustan las que tienen aroma a lavanda (son una delicia). Imagina que las sales extraen literalmente la tristeza de tu cuerpo (en realidad, es exactamente eso lo que sucede).

Siente el tacto de un hombre

Un masaje profesional aplicado por un terapeuta masculino, si es algo con lo que no te sientas incómoda, puede obrar milagros.

Agasájate a ti misma con flores

Cómprate un ramo de rosas rojas. Hay muchas tiendas en las que pueden adquirirse sin que supongan un gran dispendio.

Deja que los hombres que hay en tu vida te quieran

Permite que los hombres que forman parte de tu vida y que sabes que te quieren te ayuden. Puede tratarse de tu padre, tu hermano, un amigo o incluso un antiguo novio. Pídeles que te cuenten lo que creen que es lo más increíble de ti.

Ten pensamientos positivos

Habla contigo misma, para decirte:

«No es mi pareja ideal; mi pareja está aún por llegar».
«En realidad, me ha hecho un favor al no llamarme».
«Estoy haciendo espacio para el hombre que está por llegar».
«Estoy más cerca de esa futura pareja que antes de conocerlo a él».

Utiliza alguna técnica de sanación del corazón

Después de sentirte lastimada, herida, decepcionada, despechada o despreciada, es muy fácil que te encierres en ti misma y que la experiencia te endurezca. Es probable que encuentres poco menos que imposible mantener de nuevo una actitud abierta, hasta que te tomes un tiempo para sanar tu espíritu y recuperarte. Necesitas erradicar el daño que han sufrido tu cuerpo y tu espíritu. Si no logras erradicar de ti la amargura y la decepción, es posible que llegues a pensar en no volver a concertar ninguna otra cita. O tal vez continúes haciéndolo, pero sin ser capaz de mostrarte generosa y sensible o sin disfrutar en el proceso. Un hombre al que conocí hace tiempo se refería a este tipo de mujeres como «chamuscadas», porque habían sufrido desengaños, o se habían quemado, demasiadas veces. Yo misma dejé en suspenso mi vida amorosa durante mucho tiempo y apuesto a que a ti te ha pasado lo mismo en algún momento.

Es algo que le puede suceder a cualquier persona, y un posible recurso contra esa situación es la sanación del corazón.

Antes de que te muestre cómo manejarse en este contexto, quisiera que conocieras mi propia experiencia. Empecé a aprender la práctica de la sanación del corazón a través de los PAX Programs. Como persona del equipo, es importante que compruebe sobre el terreno el material y los ejercicios, de manera que llevo a cabo un trabajo continuo de investigación sobre los nuevos descubrimientos que van saliendo a la luz.

La sanación del corazón se me presentó como un ejercicio que permite recuperarse de prácticamente cualquier cosa que afecte a los sentimientos.

Al principio, el proceso me pareció una simpleza, demasiado primario e ingenuo como para que en realidad funcionara. Se planteaban cosas como, por ejemplo, que si yo digo algo y otra persona me dice que lo siente (no necesariamente la que me ha causado dolor en primera instancia) ese sentimiento desaparece. Así de fácil. Con cierta desgana probé el sistema, pero parecía claro que eso no era lo mío. Me olvidé de él. No tenía por qué practicar ni enseñar ese estúpido ejercicio. Hasta que… en fin, hasta que llegué a una situación en la que me sentí literalmente ¡de-ses-pe-ra-da!

Decidí intentarlo como último recurso porque me sentía como si caminara con el peso de 120 hombres a la espalda. Hasta entonces había pensado que podía cuidar de mí misma, sacudirme el polvo y comenzar de nuevo; que era como un horno con función de autolimpieza. Pero estaba equivocada. Cuando finalmente no tuve más opción que darme por vencida, llamé a mi amigo Vince, pues, según había aprendido ya, el simple hecho de que un hombre me dijera que sentía los desmanes de otros hombres me resultaría de gran ayuda. Y así fue. Estuvimos noventa minutos al teléfono rememorando una ofensa tras otra y recordando las decenas y decenas de episodios negativos que se habían producido a lo largo de tantas citas. Al final los agrupamos por lotes: «Para todos los hombres que...». Al día siguiente me sentía muy aliviada y, poco después de esa larguísima conversación telefónica, conocí a mi pareja, Dave, en mi cita 121.

Cuando estés preparada para expulsarlo todo y emprender la sanación del corazón, pide a alguien de confianza que te ayude a realizar el siguiente ejercicio, por teléfono o en persona (no por escrito ni por correo electrónico).

Fundamentos de la técnica de sanación del corazón

Prepara a tu «sanador» para realizar este ejercicio de sanación contigo, dándole las instrucciones necesarias antes de empezar. Indícale que su labor consistirá en:

- Preguntarte si estás preparada para la sanación.
- Preguntarte por la persona (nombre y relación contigo).

- Preguntarte si estas lista para empezar.
- Cuando comiences a hablar, él o ella deberá repetir exactamente lo que dices, comenzando con: «Lo siento» o «Lo siento mucho».
- Debe darte tiempo para que tomes aliento y ver si necesitas algo más. Debe preguntarte: «¿Hay algo más?». Si es así, el proceso debe continuar hasta que no quede nada más que decir.

Por tu parte, a ti te corresponde:

- Contestar afirmativamente cuando estés preparada para la sanación.
- Decir de qué persona se trata (especificando nombre y relación contigo).
- Responder cuando estés lista para empezar.
- Cuando comiences, cuéntale cuál es la ofensa: lo que esa persona hizo para herir tus sentimientos, agraviarte, faltarte al respeto o contrariarte. La descripción de la ofensa ha de ser breve. Debes exponer lo esencial, sin contar toda la historia.
- Al final, te preguntará: «¿Hay algo más?». Si es así, sigue adelante y cuenta lo que desees o expón cualquier detalle que creas que puede ayudarte.

En ocasiones, es posible que el comentario tenga que plantearse en términos distintos a los iniciales. Por ejemplo, puedes decir: «Hirió mis sentimientos cuando me dijo que no le parecía tan inteligente como otras mujeres con las que había quedado para salir». Si sientes que esta exposición no funciona, que no te estás sintiendo mejor después de esta parte del ejercicio de sanación, puedes replantear la frase, diciendo por ejemplo: «Me faltó al respeto al compararme con otras mujeres; me hizo sentir inferior». Deja que tu amigo proceda a la sanación con esa nueva versión de tu afirmación. Si aún no te sientes reconfortada, busca alguna otra manera de expresar esa ofensa. Repite el proceso tantas veces como sea necesario.

Nota especial: ninguna de esas ofensas debe justificarse en modo alguno. Es posible que el hombre que te ofendió no fuera ni siquiera consciente de que te estaba hiriendo. Esa no es la cuestión. La cuestión es que tú te sientes afectada por algo que sucedió y ahora necesitas deshacerte de esa carga en tu corazón. Así pues, lo que vale es lo que tú dices. Por otro lado, tu amigo sanador no tiene poderes especiales; simplemente te proporciona su empatía y te manifiesta su cariño. Aliviar tu pena depende de ti y de tu voluntad. En otras palabras, tu sanador solo puede sanarte si tú se lo permites.

He aquí una conversación, a modo de ejemplo, para que te hagas una idea de cuál es la manera en la que se desarrolla el proceso:

Sanador: «¿Estás lista para empezar? ¿Deseas realizar la sanación?»

Tú: «Sí».

Sanador: «Bien, yo también estoy preparado; preparado para escucharte».

Respirad los dos profundamente, prestándoos atención el uno al otro. Piensa que lo que estáis haciendo puede dar lugar a un cambio significativo en tu vida; de hecho, así sucederá si pones la voluntad.

Tú: «La persona a la que me refiero es el hombre de mi última cita, Jim. Jim me hizo mucho daño al decirme que me llamaría al día siguiente y luego no llamarme nunca».

Sanador: «Siento que Jim hiriera tus sentimientos de ese modo al decirte que te llamaría y no hacerlo. (Respira). Lo siento mucho».

Interiorízalo. Respira.

El sanador prosigue: «¿Hay alguna cosa más al respecto?»

Tú: «Sí. Dijo que yo le gustaba de verdad y ahora sé que me estaba mintiendo. Tal vez lo decía solo por quedar bien durante la cita. ¡Me siento tan estúpida!»

Observa la ausencia de detalles. El proceso se centra en cómo te sientes, no en los pormenores de qué dijo él o qué dijiste tú, ni en lo que pasó.

Sanador: «Siento profundamente que te dijera que le gustabas de verdad y que no siguiera adelante. No te llamó. Lo siento en el alma. Siento también que te mintiera durante la cita y que te hiciera sentir estúpida. Lo siento mucho».

Ten en cuenta que en este ejercicio se puede decir: «Jim me hizo sentir...», aunque seamos nosotros mismos los responsables de nuestras interpretaciones y de nuestros sentimientos. Aunque tu mente asimila las cosas en un plano intelectual, tu corazón siente como si esas cosas hubiesen sucedido. Por ello está bien que tanto tú como tu sanador digáis las cosas de esa manera. En este proceso no tienes por qué sentirte responsable de nada. Estás sanando tu corazón.

El sanador continúa: «¿Hay algo más?».

Si es así, sigue exponiendo cada ofensa hasta que sientas que te has liberado de todas esas cargas. Estará bien, siempre que te lleve a algo más. Es posible que se trate de algo que sucedió en una cita anterior con otro hombre o incluso en una época pasada, cuando te sentiste, por ejemplo, abandonada por tu padre en un determinado momento. Puedes pensar en ese dolor que te aflige como en un ovillo que vas desmadejando poco a poco, episodio tras episodio.

Puedes enseñar esta técnica al amigo que te está ayudando en la sanación. Y es también algo que puedes enseñar a un amigo de mente abierta y buena disposición, de modo que pueda disculparse en nombre de otros hombres.

Lógicamente, no pidas al responsable de tus sentimientos de dolor que actúe como sanador. Piensa de este modo: si te atropella un coche, no le pides al conductor que sea él quien te escayole la pierna; acudes a un médico. Si no hay nadie en tu vida que pueda ayudarte en esa sanación del corazón, puedes acudir a un *coach*, concertando, por ejemplo, una cita personal en wendyspeaks.com. Las personas encargadas del *coaching* en mi web están formadas específicamente en sanación del corazón.

Esta sanación es una poderosa herramienta, que te libera de tu pasado y te permite recuperar tu brillo y claridad originales. No es algo que simplemente enmascare el dolor. Mediante este proceso, puedes borrar ese dolor por completo. (Yo conseguí que desapareciera una herida de 2 años —cita 60: El chico de la burbuja— en dos minutos). Después de la sanación, cuando encuentres finalmente pareja, él contará con una versión de ti renovada, serena, cálida y flexible, tu mejor versión.

Tu crítico interior no es tu amigo

Escuchas una voz en el interior de tu cabeza. A mí también me pasa. Yo la llamo el crítico interior. Ya hemos hablado de esta voz y a continuación lo haremos de nuevo.

Mi crítico interior vive en el lado superior izquierdo de mi cabeza, junto a la oreja. Desde allí es desde donde le oigo cuando me habla. Su voz suena exactamente como la mía y nunca es agradable. Finge que se preocupa por mí, como si me deseara lo mejor, y la forma en la que lo hace consiste en criticar todo lo que hago, ya sabes, para que sea mejor persona. Me señala de inmediato en qué estoy fallando, como pareja, como hija, como amiga, como ama de mi perro, como empresaria; en fin, en todas y cada una de las facetas de mi vida. ¿Te suena? Su patrón es la perfección, pero yo ya le dije hace tiempo que estoy muy lejos de ser perfecta, así que no tenemos por qué continuar jugando a eso. Pero él insiste.

Y ¿sabes cuál es el terreno en el que mejor se desenvuelve? Exacto, en el terreno de las citas. Así que no lo escuches. No es un amigo que vaya a ayudarte. No tiene mala intención, pero está equivocado, puesto que su modelo es la perfección y la perfección es inalcanzable y, admitámoslo, aburrida.

Te cuenta los motivos por los que nunca conseguirás encontrar a tu hombre ideal, a base de repetirte todo lo malo que tienes. Te contará por qué no consigues salir con ningún hombre: «Estas demasiado gorda. No vuelvas a entrar el una web de citas hasta que no pierdas todos esos kilos de más» o «Ya eres mayor. Ellos solo buscan mujeres que sean por lo menos 10 años menores que tú».

Te dice cuáles son las razones por las que no te llaman y sus afirmaciones nunca sirven para reforzar tu confianza.

El crítico interior recapitula todas las citas a las que acudes, haciendo todo tipo de comentarios cáusticos, con repeticiones a cámara lenta y llenando de círculos rojos y flechas la pantalla que, en la imaginación, se aparece ante tus ojos. Identifica de inmediato cada paso en falso que tú puedas haber dado y te agobia diciéndote lo que deberías haber hecho, lo que te deberías haber puesto y así sucesivamente: «Pero ¿por qué le has contado esa historia?», «Te reías demasiado escandalosamente» o «¿Crees que le gustarás con esos pantalones?». Su lista de maneras en las que has metido la pata es inacabable.

Insisto: no lo escuches. Hazme caso. Si te muestras tal como eres, aunque rías muy alto o hables demasiado, o aunque no puedas creer que estás contando alguna historia disparatada, no habrá problema. Si realmente estás ante el hombre que buscas, volverá a llamarte y, si no es así, no lo hará. Está todo en orden, puesto que el hombre que tú buscas (que llegará) te ama tal como eres: con tu risa de asno, tus kilos de más, tu afición a contar historias descabelladas o cualquier otra cosa. Esperas a un hombre que te ame en todas tus expresiones. No dejes que ese molesto crítico que tienes en la cabeza te desacredite. Puede parecer tu voz, pero no lo es. Recuérdalo.

32

Mantén el ritmo

Hasta el momento este libro se ha centrado fundamentalmente en las formas de ayudarte a lograr lo que buscas, es decir, en las herramientas de que dispones para reducir tu campo de opciones de citas, en la navegación por el mundo de las citas *online* y en persona, en la forma de actuar de manera cortés en una cita y en saber cómo cuidarte cuando las cosas no van como desearías en este pequeño universo.

Habrás notado que se ha hablado poco de la ingrata palabra *estrategia*. Yo, por norma, soy antiestrategias. En los años noventa se publicó un libro de cierto éxito titulado *The Rules* (publicado en español con el título *Las reglas del juego*). Yo no soy en absoluto partidaria de las reglas en este ámbito, por muchas razones, pero sobre todo porque el simple hecho de seguir determinadas pautas para «atrapar» a un hombre y conservarlo lleva implícito cierto grado de estrategia y manipulación, lo que te aleja de expresar tu verdadero yo; cuando no se tiene pareja y se interactúa en el mundo de las citas, a menudo resulta difícil mantener la propia autenticidad. El deseo de encontrar pareja te condiciona constantemente, llevándote en ocasiones a actuar como alguien mejor de lo que tú te consideras y, cuando sientes esa presión, ser tú misma es lo último en lo que piensas. Si quieres encontrar a tu hombre ideal y conservarlo junto a ti, debes tener presente que uno de los aspectos que más enamoran a los hombres es la autenticidad. En definitiva, creo que no estoy haciendo más que proponerte la que para mí es la mejor de las estrategias: ser tú misma.

Así pues, querida amiga, esta es la primera y única clase de estrategia que podrás obtener de mí.

Cuando te encuentras inmersa de lleno en el proceso de encontrar pareja (has tenido al menos un par de citas con un hombre y las cosas están yendo bien) y notas que estás auténticamente loca por él, es importante que prestes atención a su nivel de participación. Si así lo deseas, trata de responder a las llamadas al mismo ritmo al que él está contactando contigo. No me refiero a que la interrelación se base en un estricto régimen de llamada por llamada. Lo que quiero decir es que, si él se pone en contacto contigo una vez por semana y tú pretendes hacerlo cada hora, es probable que haya un problema de compatibilidad.

Es importante no prestar a su ritmo de comunicación más atención de la imprescindible, fundamentalmente por tres motivos:

1. Si lo llamas o le envías mensajes de texto o correos electrónicos cada 5 minutos, no dejarás espacio para la creación de tensión. Es cierto, sé que la mayoría de la gente aborrece la tensión. Se trata de algo incómodo, que tiende a hacernos pensar que la relación se nos está yendo de las manos. Sin embargo, la tensión es en ocasiones positiva. Por ejemplo, la distancia y el silencio pueden generar tensión sexual, y ese es un fuego que, por lo general, conviene alimentar.

2. Otra razón para dejar que sea él quien tome la iniciativa es que, de este modo, podrás comprobar cuánto es capaz de generar por sí mismo. Es una primera manera de medir exactamente lo interesado que está por ti. Así podrás constatar si toma la iniciativa y organiza citas, te llama a la hora de dormir o te envía mensajes seductores o cortes de canciones. También es importante, por supuesto, que le

demuestres tu interés por él. Sin embargo, es mucho lo que puedes averiguar si dejas que sea él quien tome tu mano y te saque a bailar. Permítele que demuestre lo interesado que está por ti.

3. Si verdaderamente lo está, te sentirás especial, deseada y valorada.

Cuando digo que dejes que asuma la iniciativa, no me refiero a volver a los años cincuenta. Hoy día las mujeres somos poderosas. Cuando mostramos nuestras intenciones, podemos hacer que suceda casi cualquier cosa (incluida la consolidación de una relación). Pero te habrá pasado alguna vez que un novio, pareja o como quieras llamarlo te haya dejado preguntándote a ti misma: «*¿Le gustaré* tanto como él me gusta a mí o solo le interesa el sexo?». Dar a un hombre la oportunidad de llevar la iniciativa te permite saber hacia dónde desea conducirte y el ritmo al que prevé hacerlo.

No obstante, una buena amiga mía, conocida en el ámbito de las relaciones de pareja, está en desacuerdo conmigo a este respecto. Suele decir que nunca se hubiera casado con su marido si no hubiera dado ella siempre el primer paso en todo. Es ella quien permanentemente asume la iniciativa, incluso hoy; él es más lento para llegar a resoluciones definitivas.

Esa fue también mi experiencia con mi (querido) exmarido. En consecuencia, si no te importa ser tú quien tome las riendas en la relación, o si de hecho lo prefieres, da un paso al frente y arrógate toda la responsabilidad. Cuando tenía 22 años quería, en efecto, ser yo la que lo controlara todo. Sin embargo, en la época en la que me divorcié ya había sobrepasado la treintena y ese control absoluto me resultaba agotador.

Conviene precisar que, cuando hablo de que sea él quien asuma la iniciativa, no me refiero a sentarse en el sofá y dejar que se encargue de todo. Siendo su pareja de baile, debes estar siempre preparada para el momento en el que coja tu mano y te saque a bailar. Los hombres no cesan de repetir que necesitan ánimo y apoyo. Después de las primeras citas, valoran que sea la mujer quien proponga planes o una nueva cita. En eso consiste una relación de pareja. Ellos también necesitan sentirse deseados y que la mujer realice su aportación a la relación. Cuando mi pareja, Dave, decía:

«Los fines de semana y los miércoles son para Wendy», me estaba dando a entender que esperaba que hiciéramos algo y yo entonces me ponía en marcha con los planes, pues las citas ya estaban fijadas.

Si mantienes el ritmo desde el principio, te darás cuenta enseguida de la medida en la que desea él compartir cosas contigo. Comprobarás que hace lo necesario (o no) para sentar las bases de vuestra relación. No conviene creer, por ejemplo, que una relación está en marcha por el simple hecho de que, 3 meses después de conocerle, responda al teléfono cuando lo llamas o te abra la puerta cuando apareces en su casa a las once de la noche.

He aquí la historia de un hombre que, de palabra, demostraba gran interés, pero que no lo refrendaba con los hechos.

Cita #74
El hombre inteligente

Escena: Copas en el Hotel Palace, San Francisco, California

Era un hombre muy, muy inteligente —doctor en biofísica molecular por la Universidad de Harvard— que me debería haber resultado intimidante; pero por alguna razón no fue así.

Era guapo y, de alguna manera, se sintió atraído por mí y por mi capacidad para contar historias, y él mismo tampoco carecía de dotes narrativas.

Mantuvimos un largo encuentro, durante el cual el tiempo se nos pasó volando. Parecía existir un saludable equilibrio en la distribución del tiempo que cada uno de nosotros dedicaba a hablar y a escuchar. Me gustaban su sentido del humor y su originalidad. Me estuvo explicando cosas sobre el modo en el que los neutrones actúan en el núcleo del átomo y, en aquel momento, me pareció francamente sexy. No sé si, a sabiendas o no, se miraba de esa manera…, ya sabes, de esa manera que hace que el cuerpo de una mujer se estremezca.

Dimos un paseo bajo la lluvia. Cuando me refugié bajo su paraguas, puso su brazo sobre mis hombros, gesto que me resultó agradable. Hacía que me sintiera segura y deseada. Cuando la cita estaba por terminar, quería con todas mis ganas que se despidiera con un beso. Y así fue. Nos sentíamos realmente atraídos en uno por el otro y, antes de separarnos, acordamos volver a vernos pronto.

¿Qué ocurrió entonces?

Hubiera querido poder contarte que se trató de un largo y turbulento romance que acabó mal. Pero no; tengo que contarte la verdad. Para eso está pensado este libro.

Aquella primera cita parecía sugerente, ¿verdad? Nos intercambiamos varios correos y todo resultaba fascinante y prometedor. Sin embargo, en la boda de un amigo volvió a ver a su ex. Más tarde me enviaría un correo: «En contra de todo buen criterio, he vuelto con ella».

Pues bien, chicas. En casos como este hay que saber que ha llegado el momento de desaparecer. Que es precisamente lo que yo intenté hacer. Respondí a su ampuloso, prolongado y pesaroso correo de disculpa. Le respondí agradeciéndole la detallada y amable explicación. Contesté a las numerosas preguntas que me planteaba y le deseé la mejor de las fortunas con su novia. Ya estaba todo hecho, ¿no es así? ¡Pues no!

Me escribió de nuevo, haciéndome más preguntas. En el tono más correcto que pude, volví a responderle, porque así me educaron mis padres. No es necesario cometer la grosería de no contestar cuando alguien te está haciendo preguntas. Antes de que me diera cuenta, estábamos intercambiándonos correos y mensajes varias veces al día, y en los suyos formulaba continuamente preguntas a las que yo me sentía obligada a responder. Fue una especie de frenesí de correos, que duró casi un mes.

Por fin me di cuenta: había que parar. Le dije: «Espera un momento. Nosotros no somos amigos; yo no puedo quedar contigo. Tenemos que dejar de escribirnos desde este mismo momento. ¡Que seas feliz con tu novia!».

Pero él insistía: quería a toda costa que fuéramos amigos.

He aquí una advertencia que puede parecer evidente: no hagas nunca lo que yo hice. Me convertí en su «amiga», pero albergando la secreta esperanza de que la volátil relación con aquella «novia alocada», que se supone que nunca tenía que haber funcionado, acabara por estallar, dándome la oportunidad de aparecer de nuevo como la salvadora encargada de reparar su corazón lastimado y de ofrecerle la relación que él siempre había deseado con una persona equilibrada, de modo que los dos viviríamos felices por siempre jamás. Por supuesto que esperaba que esa relación se fuera al traste más pronto que tarde.

Pero, ¿sabes qué? Él volvió a aparecer, mucho, mucho tiempo después. Sin embargo, cuando lo hizo ya no tenía interés en nuevas citas. Volvía a estar sin pareja y, por lo visto, yo ya no entraba en sus preferencias. Me sentí abatida y estúpida. Lo llevé muy mal. Pues bien, ya sabes, no actúes nunca como yo lo hice.

Cuándo dejarlo si él está «muy ocupado»

Él te dice: «Me gustaría volver a verte pronto, pero tengo una semana de locos». Tú esperas y esperas. Tal vez recibes una llamada, un correo, un mensaje con más detalles sobre lo ocupadísimo que está y en el que te repite cuántas ganas tiene de volver a verte. Si te pasa esto, lo siento. Es una verdadera contrariedad. Sin embargo, no significa que no haya nada que hacer. Solo quiere decir que está ocupado.

La verdadera respuesta a la pregunta: «¿Está realmente tan ocupado?» solo la podrás obtener con el tiempo. Creélo y sigue viviendo tu vida. Continúa buscando nuevas citas. Si en algún momento reaparece, estupendo; si no, no habrás estado perdiendo el tiempo. Por otro lado, si él está en un momento de su vida en el que las circunstancias lo mantienen muy atareado, por ejemplo, si está empezando a poner en marcha su empresa o si tiene que combinar el cuidado de sus hijos pequeños con una apretada agenda de trabajo, aunque pienses que lo que tú necesitas es a alguien a quien puedas ver a menudo, no intentes cambiarle a él ni cambiar sus circunstancias. Simplemente es posible que no forméis una buena pareja. A todas nos gusta pensar en hombres guapos y que sepan besar, pero la disponibilidad de tiempo y el tener estilos de vida compatibles son elementos esenciales para vivir felices para siempre.

En vez de preguntarte «¿Será cierto que está tan ocupado?», plantéate el interrogante de otra manera: «¿Durante cuánto tiempo voy a aguantar esta espera, sin recibir la atención que merezco?». En algún momento tienes que cortar y reencauzar tu búsqueda, por tu propia estabilidad.

Cuándo acostarse con él por primera vez

«Cuándo es el momento apropiado para acostarte con él por primera vez y que la relación tenga futuro?».

Esta es la pregunta relacionada con el sexo que me hacen con mayor frecuencia. Muchas mujeres se sienten abrumadas y angustiadas por esta cuestión.

¿Quieres conocer la afirmación que suele servir como respuesta a esta pregunta?:

«Me acosté con él demasiado pronto y ahora no sé cómo solucionar el problema. No estoy segura de que me tome en serio o de que me tenga en cuenta para una relación a largo plazo, ya que me rendí demasiado pronto».

Pues bien, tengo buenas noticias al respecto. La mayor parte de los hombres no piensan como nosotras. Las mujeres tendemos a utilizar estrategias. Si has leído la sección anterior, sabrás ya cuál es mi opinión sobre actuar de forma estratégica cuando se trata de citas. Nosotras pensamos que ese «cuándo» puede fortalecer o acabar con nuestra relación. Si elegimos bien ese momento todo lo demás cuadrará perfectamente y se consolidará esa relación con futuro que anhelamos.

He escuchado a casi 500 hombres dar respuesta a esta pregunta. En la tarde del domingo del cursillo sobre sexo de dos días que dirigí para PAX Programs, desarrollamos un análisis de preguntas y respuestas dirigidas a hombres. Esta cuestión concreta se ha planteado ya en más de 100 seminarios. Se pregunta sistemáticamente. A menudo los hombres se muestran desconcertados al respecto.

Se les formula alguna variante de la pregunta «Cuál es el momento más adecuado para la primera experiencia sexual, con la vista puesta en una relación que sea duradera?», a lo que suelen responder a su vez con otras preguntas, como «¿Qué quieres decir con eso?» o «¿Es de verdad una pregunta?». Les confunde, porque saben que no hay un «momento justo» que pueda establecerse de forma matemática. La mayoría de los hombres no mantienen una actitud estratégica a tal respecto, cosa que sí hacen muchas mujeres. ¿Qué puedo decir? Los hombres son extraños. Piensan en el sexo solo como algo divertido que pueden hacer con alguien que les gusta. Pero cuando se les presiona para que den una respuesta, la mayoría de ellos dice: «El momento apropiado para tener relaciones sexuales por primera vez es cuándo los dos estamos preparados». Me parece bien.

Un hombre casado al que entrevisté me dijo en cierta ocasión: «Antes, cuando buscaba pareja, había dos mujeres que me gustaban y con las que intenté, sucesivamente, establecer una relación. En los dos casos me hicieron esperar mucho tiempo en lo que se refiere al sexo, por lo que rompí con ellas. Parecían estar poniéndome a prueba. No estaba dispuesto a casarme con alguien que considera el sexo como un premio después de una carrera de obstáculos. Mi mujer no se molesta cuando le digo que deseo tener relaciones sexuales, ni tampoco yo cuando es ella la que lo hace».

El sexo no es una tarjeta de cambio. Los hombre odian saber que, estando los dos miembros de la pareja perfectamente preparados para practicarlo, la mujer lo rechaza por algún tipo de motivo «estratégico».

¿Cómo puedes decir que estás preparada? Cuando conoces a un hombre y te gusta lo bastante como para mantener una relación continuada con él, es probable que desees algo más, debido a que, cuando te acuestas con él, tu cuerpo se siente invadido por las hormonas relacionadas con el placer, como la oxitocina y la dopamina. ¿La primera cita, la primera semana, el primer mes, el primer año, la noche de bodas?: cualquier momento es en potencia el más idóneo.

Sé que esta afirmación puede no ser del gusto de algunas mujeres, ya que nuestra cultura tiende a inculcarnos que hay una «manera correcta» de actuar, que suele consistir en esperar un tiempo, con independencia de que tú te encuentres ya preparada. Hay muchos libros y muchos profesionales del *coaching* de citas y del asesoramiento para encontrar pareja que ofrecen pautas y reglas estratégicas específicas, que aseguran que son eficaces. Sin embargo, en este terreno no hay fórmulas mágicas. Si hubiera una, todos la conoceríamos. Y, puedes creerme, conozco a montones de mujeres felizmente casadas y con matrimonios duraderos que conocieron al hombre de su vida y que mantuvieron relaciones sexuales con él en su primera cita. No pretendo decir con esto que haya que aprovechar la primera fecha del calendario, sino que soy consciente de lo que sucede en el mundo y de que a veces —cuando tiene que suceder así— la inmediatez puede ser tan buena como la espera.

Una vez que la gente se casa, la sociedad legitima su relación de forma automática y todos los que te rodean dan por supuesto que has esperado el tiempo adecuado, puesto que tu relación funciona y, además, hay un papel, un anillo y, en algún rincón olvidado, una cinta de vídeo, que lo atestiguan. Deseaba saber más sobre el asunto, así que me dirigí directamente a las fuentes. Para ello recurrí a Survey Monkey*, con el objetivo de entrevistar a más de cien personas casadas. El cuestionario de mi encuesta comenzaba con la siguiente pregunta: «En una escala del uno al

---

* Plataforma de encuestas y cuestionarios *online*.

diez, en la que el diez corresponde a la felicidad plena y el uno a sentirse muy desgraciado, ¿cómo calificaría su grado de felicidad en su matrimonio?». Todos los que consiguieron una puntuación inferior a siete fueron excluidos de mi estudio.

A continuación planteé a cien personas felizmente casadas la pregunta siguiente: «¿Cuántas citas con su pareja tuvo antes de mantener relaciones sexuales por primera vez con ella?»

- El 20% respondieron que las mantuvieron en la primera cita
- El 35% respondieron que las mantuvieron en la tercera
- El 53% respondieron que las mantuvieron en la quinta
- El 76% respondieron que ya las habían mantenido cuando habían alcanzado las doce citas

Al preguntar a los hombres por el sexo en la primera cita, hubo respuestas de todo tipo. Al principio de mi investigación pensé que había cierto sesgo generacional. Los mayores de 50 años parecían no sentir respeto por las mujeres que actuaban de ese modo, mientras que a los jóvenes de 25 años parecía no importarles. No obstante, a medida que avanzaba en mi estudio pude comprobar que no dependía de la edad; simplemente variaba de un hombre a otro, como también de una mujer a otra. Muchos hombres mayores afirmaban que no había diferencia alguna. De hecho, varios habían mantenido relaciones en la primera cita con muchas de sus novias (y esposas).

Del mismo modo había jóvenes veinteañeros que afirmaban que no considerarían una posible relación a largo plazo con una chica con la que practicaran sexo en su primer encuentro. En conjunto, alrededor del 80% de los hombres decían que no establecían diferencias en función del momento en el que se acostaban con una mujer por primera vez. Tampoco el sexo en la primera noche era un factor determinante. Y todos los hombres afirmaron que (salvo que no sea satisfactorio) el sexo no es nunca un motivo por el que poner fin a una relación, sino que más bien lo suele ser algún problema en la dinámica de pareja.

Como ya hemos apuntado, las mujeres muestran cierta tendencia a programar el momento del sexo, como si se tratara de aplicar una fórmula de la que dependiera el éxito de la búsqueda de pareja. Si es demasiado pronto, eres excesivamente atrevida, si es demasiado tarde eres una frígida a la que no le interesa el sexo o, si se espera demasiado, el tiempo pasará, nos alejaremos y ninguno de los dos llegaremos nunca a saber lo buenos o malos que somos en la cama, hecho que, por otra parte, podría haber contribuido a sellar el acuerdo de vida en común. En definitiva, cuando se trata de sexo, nunca hay una estrategia ganadora.

Cabe la posibilidad de que formes parte del grupo de las «precoces» simplemente, bueno, porque el sexo te atrae. De inmediato, tu crítico interior entrará en acción para reprocharte tu comportamiento. Te dirá que has ido demasiado deprisa y que has perdido todo tu crédito al poner sobre la mesa tu principal baza: la baza del sexo. Era algo que él deseaba y tú has cedido. Ya no tienes nada con lo que negociar. Probablemente pienses que te ha abandonado porque el sexo era lo único que buscaba (levanta la mano si sabes de lo que estoy hablando).

Le llamas para que te reconforte, para que te haga sentir que eres tan increíble que volverá a llamarte después de haberte acostado con él. Y esperas. Y piensas en él constantemente. Y llegas a saber exactamente lo largos que resultan los 259.200 segundos que hay en 72 horas. Piensas una y otra vez cómo recuperarlo. ¿Cómo puedo volver a conseguir que piense seriamente en mí? ¿Cómo puedo volver a sentirme ahora inspiradora, fuerte y respetada?

Si alguna vez has experimentado ese sentimiento, debes saber que estás en buena compañía. Eres apreciada y estás rodeada por miles, sino millones, de mujeres como tú.

Si deseas prevenir casos como este en el futuro, puedes probar algunas medidas.

1. Asegúrate de que lo conoces lo suficientemente bien para alcanzar cierto grado del compromiso que ambos buscáis antes de tener rela-

ciones sexuales. Ello contribuirá a evitar la escena antes descrita.

2. Antes de tener relaciones sexuales por primera vez, hazle saber que es algo que te hace sentirte especialmente vulnerable y que necesitas que te llame a la mañana siguiente, o a lo largo del día siguiente si pasa la noche contigo. Concertar una cita en los días siguientes también ayuda.

Se trata de detalles que pueden resultar útiles, pero que no son la panacea. Creo que este es uno de los motivos por los que se inventó la plataforma Chunky Monkey*.

Vuelvo a repetir que no pretendo de ningún modo elogiar las relaciones sexuales en la primera cita. La mayoría de las veces es bueno dedicar un tiempo a conocerse mejor antes. Así podrás saber si realmente te gusta él. Pero, una vez aclarado esto, he de decir también que conozco a muchas parejas casadas que se acostaron el mismo día de conocerse. Recuerdo el caso de una mujer que había salido con un grupo de amigas y conoció a un hombre. Fue una especie de cita a ciegas improvisada. El atractivo mutuo fue tal, que esa misma noche terminaron teniendo relaciones sexuales en la parte trasera del coche. Llevan casados más de 10 años, tiene dos preciosos niños y son miembros destacados de la comunidad en la que viven. Otra mujer que conozco no había visto a un antiguo compañero de colegio en 30 años. Un día se encontraron y quedaron para tomar un café y recordar viejos tiempos, y terminaron en la cama. Y ahí siguen, permanentemente (nada de lo que preocuparse; la deja salir de casa unas horas al día).

He aquí, por último, otra prueba de que acostarse con alguien en una primera cita no tiene nada de malo, aunque no termine en un «felices para siempre»: mi cita 1.

---

* Helado de crema con plátano, trozos de chocolate y nueces, de una marca de helados muy popular en Estados Unidos e internacionalmente.

Cita #1
Mi primera vez

Escena: Unas copas en el Swiss Hotel, Sonoma, California

Mi primera cita fue completamente accidental, al menos en lo que a mí respecta. Mi amiga Clare me llamó para salir a tomar algo y, poco después, un amigo la llamó a ella con intención de unirse a nosotras en el lugar en el que habíamos quedado. Él sabía que estaría allí y, sin tener yo ni idea de nada, había estado intentando verme de un modo u otro.

Dos semanas antes de aquella fatídica noche, nos habíamos conocido en el Steiner's, el bar más grande de la ciudad, frecuentado por oficinistas, jóvenes atléticos y jugadores de billar mediocres. Se sentó junto a mí mientras Clare hacía su tirada al billar. Las dos estábamos jugando una partida contra dos chicos, y perdíamos estrepitosamente. Me tendió su mano: «Hola, soy James, un amigo de Clare».

Las miradas de nuestros ojos grises azulados se encontraron y fue como si dos viejas almas conocidas se reencontraran y, en ese momento, abandoné a mi querida amiga, dejándola en manos de los tiburones del billar. Su sonrisa era amplia y nuestra conversación animada. Supongo que surgió lo que la gente suele llamar «chispa». Era el tipo de hombre que me hace sentir escalofríos y mi mente comenzó de inmediato a urdir planes para conquistarlo. Era guapo y fuerte, irlandés (los irlandeses son mi debilidad), delgado, de 1,85 de estatura, con un mágico y sugerente encanto, tan poderoso que supe que me tenía, como se dice, «en el bote». Parecía demasiado increíble para ser cierto.

Aquella noche, Clare y yo conseguimos la última mesa libre en el Swiss Hotel, acogedora y situada bajo una lámpara térmica de infrarrojos, que crepitaba sobre nosotros, pero que no era suficiente para calentarnos en aquella heladora noche de otoño. El vino tinto era el único recurso que nos quedaba; un cóctel o un blanco frío nos habría congelado las manos.

El Swiss, como lo llaman los locales, es el lugar en el que se reúne la gente por las noches en Sonoma para tomar una copa. Sirven también comida, y muy buena por cierto, pero las paredes están decoradas con botellas de todo tipo de bebidas, lo que indica que las copas son la especialidad. La animada conversación con los comensales de mesas vecinas es una de las ventajas que tiene vivir en una ciudad pequeña. Cualquier noche de la semana se reúnen allí viticultores, agentes inmobiliarios, dueños de algún hostal y políticos locales.

Poco después se unió a nosotras James, el chico de mi cita 1, que pidió un Glariffee (una bebida de café de la casa, con numerosos ingredientes secretos) y enseguida se puso manos a la obra para intentar captar mi atención, aunque su conversación se vio interrumpida por la llegada de otros dos chicos (he olvidado decir que mi amiga Clare es una mujer de deslumbrante belleza, con un atractivo acento irlandés). Uno de los recién llegados era inglés y el otro alemán. La competencia hizo que James tuviera que cargar las tintas, resultando ya evidente para todo el mundo que estaba interesado en mí, hasta que Clare no pudo más. Vació de un trago el vaso de vino casi lleno que tenía frente a ella y lo plantó ruidosamente sobre la mesa, con tal fuerza que pensé que había roto algo. Soltó una risita ahogada, me hizo un guiño, esbozó una amplia sonrisa y, en el tono más falsamente melodramático que pudo, dijo: «¡Bueno pareja!... veo que necesitáis estar un rato a solas. ¡Me voy!». Se levantó, colocó su silla bajo la mesa con gesto enfático y se giró, dirigiéndose hacia la salida mientras míster Inglaterra y míster Alemania seguían de inmediato su atractivo y delgado cuerpo irlandés.

¿Qué ocurrió entonces?

Aquella cita improvisada duró 16 horas, fue una de las noches más importantes de mi vida y dio paso a una relación duradera (algo más de 1 año), hasta que él dejó los Estados Unidos para regresar a su tierra natal. Aquella fue tal vez una relación a destiempo. Los dos nos habíamos divorciado poco tiempo antes y él no se sentía capaz de comprometerse de nuevo (un caso típico de hombre recién divorciado —y también de mujer, en este caso). Yo tampoco deseaba arriesgarme a echar mi vida por la borda, yéndome a vivir a un país extranjero sin saber si él estaría dispuesto a comprometerse a largo plazo. Años después ambos lo lamentamos, pero también los dos conseguimos salir adelante. Él fue, y así lo será siempre, uno de los grandes amores de mi vida. El hecho de que no termines compartiendo tu vida con alguien no significa que la experiencia de haberos conocido no sea importante. Es algo que a veces incluso te cambia la vida.

35

Hablemos de sexo

Hagámoslo, hablemos de sexo. O, más exactamente, hablemos de sexo con mayor concreción de lo que lo hemos hecho hasta ahora. Después de haber pasado un tiempo buscando pareja y concertando citas, es algo que surgirá en un momento u otro y conviene estar preparada para cuando ello suceda. A continuación analizaremos una serie de cuestiones que nos han surgido tanto a mí como a muchas otras mujeres que he conocido cuando el sexo aparece en el menú.

Cómo reconducir los acontecimientos si has llegado demasiado lejos

¿Qué hacer si has llegado con él más lejos de lo que pretendías? ¿Cómo retroceder?

Habla con él; sencillamente habla con él.

Te sentirás vulnerable y eso es algo positivo. Puede ser algo así como:

«La otra noche… lo cierto es que no pensaba que hiciéramos nada más que ver aquella película. Tal vez algún beso... Creo que me dejé llevar sin pensarlo. Estabas tan sexy. Sé que ya hemos tenido sexo, pero no sé si estoy del todo preparada para tener relaciones sexuales todavía. ¿Te importa que esperemos un poco más hasta conocernos mejor antes de volver a hacerlo de nuevo?».

Cómo no pasarse hablando de tu pasado

¿Cuánto debes contarle sobre tu pasado? La respuesta depende de cada hombre. Antes generalmente los hombres solían preferir vivir en la ignorancia. En la película de 1997 *Chasing Amy (Persiguiendo a Amy)*, el personaje interpretado por Ben Affleck se vuelve literalmente loco al enterarse de los antecedentes sexuales de su novia. Esa es toda la trama. Si el hombre con el que estás saliendo está enamorado de ti, es posible que no desee conocer los detalles de tu vida sexual anterior. Esos detalles pueden, de hecho, hacerle perder la cabeza.

Los hombres que hacen preguntas al respecto es que realmente desean conocer ese pasado. Para algunos es una verdadera obsesión. Es algo que puede fortalecer la relación, si bien se trata de casos más bien excepcionales. En el otoño de 2012, realizando una investigación social de casos individuales, escuché las opiniones de cincuenta hombres con relación a este aspecto. Antes de este estudio tenía muy arraigadas una serie de apreciaciones que he de decir que resultaron ser equivocadas. Esto es lo que las opiniones de estos hombres me enseñaron:

- *Suposición incorrecta número 1:* el deseo de conocer este tipo de detalles sexuales es generacional. Los hombres de más edad no desean conocerlos, mientras que los más jóvenes sí.
  Falso. Quedé francamente sorprendida de la cantidad de hombres de más de 50 y de más de 60 años que deseaban conocer detalles de la vida sexual de su mujer, porque les excitaba. Por otra parte, también había jóvenes de entre 20 y 30 años que no querían saber

nada del historial sexual de su novia, dado que preferían pensar en ella como alguien puro (como lo oyes).

- *Suposición incorrecta número 2:* el deseo de conocer los antecedentes sexuales es propio solo de hombres sexualmente muy experimentados. *Falso.* He hablado con hombres a los conozco desde hace más de 25 años y que me consta que han tenido una vida sexual muy —y quiero decir muy— activa (y variada). Se les podría considerar «sexpertos». Estos hombres aman a las mujeres y les gusta conocer íntimamente a cuantas más mejor, pero no les interesan los detalles ni los antecedentes sexuales de las mujeres con las que mantienen relaciones. Por el contrario, también hay hombres que solo han estado con dos mujeres en sus 50 años de vida y a los que les encanta escuchar las pasadas aventuras sexuales de su mujer.

- *Suposición incorrecta número 3:* el afán por conocer detalles sexuales solo es propio de las relaciones de naturaleza exclusivamente sexual. *Falso.* El deseo de conocer —o no— tu vida sexual anterior tiene mucho que ver con las fantasías que un hombre tiene con respecto a ti. Para algunos, esos detalles refuerzan tu sexualidad y tu «deseabilidad». Para otros, en cambio, sentir que solo ellos han tenido relaciones sexuales contigo es la mayor de sus fantasías.

Es importante que «conozcas a tu público». Si él te pregunta por tu pasada vida sexual, es conveniente que realices un poco de trabajo de investigación antes de contar tu historia. Plantea algunas preguntas aclaratorias, tales como las siguientes:

«¿Me preguntas por mi pasado sexual porque te da morbo?»

«¿Quieres que te cuente cosas de mi anterior vida sexual para conocer mis preferencias en ese terreno?»

Y, aun en el caso de que desee conocer esos detalles porque alimentan su fantasía, ello no implica que necesariamente tengas que dárselos. Si el hecho de contar tu vida sexual anterior hace que te sientas incómoda, o si no es algo que vaya con tu forma de ser, no tienes por qué hacerlo. En este terreno, tu vida privada no es más que eso: algo privado y perteneciente al pasado.

303

Personalmente creo que es preferible no arriesgarse. Dado que estuve casada 12 años, doy por hecho que mis posteriores parejas sexuales saben que mantuve relaciones con mi antiguo marido. O al menos eso era lo que pensaba hasta que conocí al hombre de mi cita 121, mi actual pareja. Dave se sintió molesto cuando yo, en primera instancia, no me sinceré con él en este sentido. Pensaba que estábamos perdiendo una buena oportunidad de contarnos cosas íntimas y divertidas. A medida que lo he ido conociendo, he podido comprobar que no es una persona celosa, sino que en verdad deseaba conocer mi pasado, no necesariamente en lo que se refiere a mis preferencias sexuales, sino más bien para conocer mis pasadas aventuras y todo lo referente a la expresión sexual de mi persona. Me alegra poder decir que, ahora que ya le he contado esas experiencias anteriores, al menos las que puedo recordar, creo que le atraigo y me respeta más y tiene una imagen más completa de cómo soy en realidad. Dave es en general excepcional, pero también pienso que es singular en lo que se refiere a la narración de nuestras pasadas experiencias sexuales.

Cuando un hombre te pregunta por tus experiencias pasadas con el objetivo de saber qué es lo que te gusta, puedes hablar sobre ello si te sientes cómoda haciéndolo. Y conviene que lo hagas dejando el pasado en el pasado. No le digas: «Me gusta la posición del perrito» o «Mi posición favorita es la posición del perrito». Cualquiera de las dos afirmaciones puede hacer que te imagine en esa posición con una fila de hombres detrás esperando su turno. Es mejor que digas: «Probemos la postura del perrito», manteniendo el tiempo presente y haciendo referencia a vosotros dos. Una vez que la hayáis practicado, ya sí podrás decir «La verdad es que me gusta esa postura».

La fórmula «Probemos _____» vale para cualquier sugerencia. Pero, atención, si dices «Probemos _____», cabe la posibilidad de que él interprete que se trata de algo nuevo para ti. De hecho, puede resultar algo extraño que le digas «Probemos la postura del misionero» (a no ser que en realidad nunca la hayas practicado).

Muchas veces los hombres no hacen preguntas sobre el pasado sexual de la mujer. Recuerda una vez más, tu vida sexual es tuya y no tienes por qué contársela a nadie. Salvo que...

Cómo decir a tu pareja que padeces una infección de transmisión sexual

Si padeces una infección de transmisión sexual (ITS), sobre todo si es crónica como el herpes genital, debes ponerlo en conocimiento de tu pareja en cuanto veas que tu relación con él entra en el plano sexual. No es necesario que lo hagas en la primera cita, pero cuando los besos pasen a ser algo más que un tierno beso de buenas noches, habrá llegado el momento. No escojas para hacerlo una situación de apasionamiento entre los dos. No tendréis las facultades equilibradas y la reacción puede ser imprevisible.

Es mejor concertar un encuentro específico, por ejemplo, para tomar algo en tu casa. En cualquier caso, es conveniente que el entorno sea privado, de manera que puedas hablar con libertad y lidiar con las emociones sin que nada ni nadie interfieran. Habla con tono calmado, como si estuvieras diciendo: «Tengo los ojos verdes». No sirve de nada usar un tomo dramático ni cargar las tintas. Infórmate detalladamente sobre de todo lo relacionado con la ITS que padeces, sobre cuáles son las posibilidades de contagio y sobre qué medidas de protección tienes previsto adoptar para evitar que él contraiga la enfermedad. Prepárate para las preguntas.

Probablemente lo más difícil de todo sea concederle el espacio y el tiempo necesarios para que asuma lo que acaba de saber, piense detenidamente en ello y decida. Te sentirás vulnerable. Desearás que te tranquilice diciéndote que no pasa nada y que permanecerá a tu lado, pero no es el momento de presionarlo. Déjale espacio para meditar su decisión.

En cierta ocasión ayudé a una mujer en el proceso de informar a sus sucesivas parejas de que padecía herpes. Cuando se enteró de que sufría la enfermedad supo también que la sufría desde hacía años y se sintió francamente horrorizada. Había estado con varios hombres sin saber que era seropositiva para el virus del herpes. Hizo lo posible por tranquilizarse, cogió el teléfono y fue llamando, uno a uno, a los hombres con los que había mantenido relaciones íntimas para decirles que era posible que les hubiera expuesto involuntariamente al contacto con el virus y, en consecuencias, al contagio. Todos ellos se mostraron amables y agradecidos por el gesto.

Y entonces sucedió algo realmente sorprendente. Casi todos los hombres a los que informó le dijeron: «La próxima vez que vengas a la ciudad podemos vernos». ¿Contemplaban también el sexo? A las dos nos sorprendió. Nosotras, las mujeres nunca pensaríamos en decir: «A ver si volvemos a "vernos"», para tener un encuentro sexual después de enterarnos de semejante noticia. ¿Exponernos al riesgo? Haría falta una palanca para que volviéramos a abrir las piernas.

Durante días estuve pensando en lo que parecía ser una diferencia radical entre hombres y mujeres, y llegué a la siguiente conclusión: aunque al principio esta situación parecía ser una cuestión de seguridad personal o, más bien, de falta de ella (siendo las mujeres más celosas de la protección de su salud que los hombres), en realidad creo que no es así. En lo que respecta a su salud sexual, las mujeres pueden ser tan imprudentes como los hombres y viceversa. Sin embargo, el crítico interior de la mujer está más concentrado en la consecución de la perfección, por lo demás inalcanzable, que el del hombre. ¿Estar con alguien que padece una ITS? Según nuestro crítico interior, mantener relaciones sexuales con ese hombre no puede hacernos más que daño y no merece la pena que corramos ese riesgo. En cambio, el crítico interior de la mayoría de los hombres no se esfuerza en intentar llegar a ese nivel enloquecedor de perfección inalcanzable, lo que hace que los hombres estén más dispuestos a pasar por alto ciertos aspectos en pro del verdadero amor.

Una última cosa: en cualquier caso, hay que hacer lo posible por cuidar nuestra salud y por adoptar las medidas preventivas precisas, sin avergonzarse y sin llegar a conclusiones precipitadas en lo que respecta a las ITS y a las personas que las padecen o las han padecido. Nada en la vida —conducir, cruzar la calle, el sexo— está libre de riesgos. La dicha reside en el equilibrio entre vivir seguro y pasárselo bien.

Fetiches, vicios y preferencias

Si tienes algún fetiche, algún vicio o alguna preferencia sexual o simplemente si hay cosas que te atraen especialmente en el ámbito de las relaciones sexuales, es probable que la mayoría de los hombres deseen tener esa información. Un hombre desea proporcionarte placer y piensa que es positivo que compartas lo que te gusta en sus relaciones con él. Si tu cuerpo desea experimentar sensaciones diferentes y reacciona en este contexto de un modo no convencional, esa es una información que debes compartir.

Un hombre dijo en un ocasión: «Nosotros somos más viciosos que las mujeres. Lo que pasa es que no solemos hablar de ello por miedo a parecer desconsiderados o a atemorizaros». Así que, si te atraen formas de relación sexual que se alejan de los usos habituales, hay muchas posibilidades de que, si se lo cuentas a tu pareja, sea para él una buena noticia. ¡Tres hurras por la variedad!

Como afirma Dan Savage, autor de una columna de temática sexual, activista *gay* y, sin duda, uno de mis héroes personales: «Hay algo que los heterosexuales pueden aprender de los *gays* y es la pregunta "¿Qué es lo que te gusta?". Puedes compartir esas preferencias desde un principio si estás tratando con el tipo de hombre que desea escucharlas. O bien puedes ir desplegando poco a poco tus gustos a medida que vuestra relación vaya avanzando. No hay nada correcto o incorrecto. Puedes preguntarle: «¿Cómo te gustaría conocerme mejor en lo que respecta a nuestras relaciones íntimas? ¿Quieres que hablemos de ello o, simplemente, vemos que va pasando?».

Cuando compartas con tu pareja tus vicios, preferencias o cualquier cosa que te haga singular en este terreno, no hagas que parezca algo desalentador —no es un problema; por el contrario, muéstrate plenamente entusiasta. Se trata de una excelente noticia. Uno, va a tener relaciones sexuales contigo, y dos, como parte de este superdivertido paquete, va a conocer una parte de ti que probablemente es intrínseca a tu propio ser. Debería interpretarlo como un privilegio.

Si tienes una o dos preferencias sexuales concretas, te recomiendo que informes a tu pareja abiertamente de ellas, si es posible antes de que vuestra relación entre en el plano sexual. De ese modo todo estará claro desde el principio. No olvides que a tu alrededor hay muchos hombres que pueden estar dispuestos a satisfacer los deseos de tu corazón y que se sentirán más que felices de poder hacerlo.

36

Amigos con derecho a roce y relaciones no tradicionales

Pongamos que sigues buscando pareja, pero que en este momento estás en dique seco. Un dique muy, muy seco. Una de las cosas más duras y en ocasiones más frustrantes de ser soltera es no tener una pareja para satisfacer tus necesidades y deseos sexuales. Y aunque la masturbación con juguetes sexuales hace su servicio en caso de apuro, seamos realistas: jugar en solitario no se acerca ni por asomo a lo que es posible alcanzar con la pareja adecuada. Este capítulo está pensado para ayudarte a tener lo que necesitas cuando llevas vida de soltera, mientras sigues buscando una pareja duradera.

Los amigos con derecho a roce (ADR) constituyen una categoría muy popular, de modo que empecemos por ahí. Voy a compartir lo que he aprendido acerca de ellos, cómo actúan, para qué tipo de mujer pueden funcionar y los inconvenientes que hay que salvar en este terreno.

Cómo has de ser

Un amigo con derecho a roce no es para cualquiera. El tipo de mujer en disposición de tener un ADR reúne las siguientes características:

- **Eres realmente capaz de hacerlo.** Quiero decir, tienes que ser de verdad el tipo de mujer capaz de hacerlo. No todas las mujeres pueden, por sus creencias religiosas, espirituales y personales. Yo te recomendaría probar una relación con un amigo con derecho a roce si dicha relación no entra en conflicto directo con tu integridad, tu espiritualidad o tu alma o si no da lugar a que tengas opiniones y criterios negativos sobre ti misma o sobre la gente que lo hace.
- **Eres una mujer capaz de compartimentar.** Tienes que ser capaz de colocar esta relación en un compartimento aparte antes de empezar. Sepárala de cualquier idea romántica sobre vosotros dos juntos y felices para siempre.
- **Estás dispuesta a renunciar a una relación duradera.** Creo que esta es una de las lecciones más duras y que más tiempo me costó aprender en una década de citas. En los diez años que estuve soltera y buscando pareja, siempre tuve un amigo con derecho a roce. Era toda una experta en compartimentar y era consciente de que mi amigo y yo no teníamos ningún futuro como pareja. Y creo que es la razón por la que estuve sola tanto tiempo. Esta no es una verdad absoluta, sino más bien mi punto de vista, basado en mi experiencia y en la experiencia de mis clientas. Si no estás preparada para tener una relación romántica plena o no estás interesada en tenerla, un amigo con derecho a roce puede ser una excelente alternativa. Por el contrario, si estás preparada para comprometerte en una relación duradera, no te recomiendo probar un amigo con derecho a roce, si te ves a menudo con él (por ejemplo, una vez a la semana), pues podría ser un obstáculo en tu libertad y tu disposición para conocer a alguien más profundamente. No importa cuántas citas tengas al margen de esta relación, no importa lo experta que te consideres en este terreno (y lo digo por

experiencia): no queda espacio suficiente para que entre en tu vida una pareja a tiempo completo. Una parte de tu corazón no se siente completamente libre para pretendientes disponibles, porque se debe a tu amigo. Mientras sigas viendo a tu ADR atraerás a hombres que buscan a alguien, pero que no estás interesado o no están preparados para una relación estable, que son poliamorosos o que prefieren las relaciones abiertas. (Más información sobre ellos en un momento.)

● **Eres una mujer abierta y libre en tu sexualidad.** Necesitarás comunicarte sobre cosas que tal vez resulten dolorosas o incómodas de tratar con ese amigo especial, cosas que quizá se dejan para más adelante en una relación convencional y que, sin embargo, es preferible abordar mejor antes que después en una situación de amistad con derecho a roce.

● **Eres comunicativa.** Necesitarás tener cualidades de negociación con tu amigo y tendrás que ser capaz de distinguir lo que necesitas, sin comprometerte en el proceso. Establece límites para mantener una distancia suficiente para no sentirte demasiado decepcionada cuando la relación de amigos con derecho a roce llegue a su fin.

● **Cuentas con apoyo.** Supongamos que tienes un mejor amigo o una mejor amiga o aliado/a para las citas. ¿Se siente cómoda esta persona oyéndote hablar de tu amigo con derecho a roce? Si es así, ponle al corriente. ¿Están tornándose las cosas demasiado intensas con tu amigo especial? ¿Todo lo contrario? Sé honesta con la persona que te apoya y contigo misma.

● **Estás dispuesta a enamorarte de él.** Cuando mantienes relaciones sexuales con una persona de manera continuada durante un período largo de tiempo, no importa lo abierta que seas, ni lo bien que sepas compartimentar ni tus dotes de comunicación: la posibilidad de que os enamoréis el uno del otro siempre estará presente. Tal circunstancia puede terminar hiriendo a alguien, de manera que debes estar dispuesta a afrontar el potencial dolor resultante.

● **Estás dispuesta a que todo acabe.** Es una situación de amigos con derecho a roce, no es una relación de pareja. Esto no quiere decir que no pueda convertirse nunca en una relación estable, si es algo que los dos deseáis; no obstante, muchas mujeres cometen el error de pensar que esto es un atajo hacia una relación con un hombre que dice que no desea tener una relación (contigo). No te engañes a ti misma de esta manera: el 95 por ciento de las veces no se convierte en esa relación soñada que esperabas en secreto. No te traiciones a ti misma albergando la esperanza de estar en ese ilusorio 5 por ciento.

Desde mi punto de vista, se puede decir que existen tres categorías de amigos con derecho a roce. Solo tú decides la mejor categoría para ti.

Categoría n.º I: alguien a quien amas

La primera vez que tuve una relación de amigos con derecho a roce, escogí a alguien a quien amaba y con quien quería tener una relación. Pensaba que sería un atajo en el camino hacia ser su novia, aunque él me dijera: «Te aprecio mucho, pero nunca me enamoraré de ti». Vaya.

Esta relación de amistad especial duró cuatro años y medio. La terminé yo. Podríamos haberla continuado durante el resto de nuestras vidas y yo habría estado el resto de mi vida comprometida y sin encontrar lo que necesitaba en una pareja. Por fortuna, seguimos siendo íntimos amigos y nos queremos y nos preocupamos profundamente en uno por el otro aún hoy.

Cita #4
El Hombre de Negro

Escena: Copas en el Murphy's Irish Pub, Sonoma, California

Mi cita 4 fue otra cita no intencionada; tuvo lugar cuando vivía en un pueblo tan pequeño que, a los cinco minutos de llegar, ya conocías a todo el mundo.

Llevaba años fijándome en él. Lo había visto por el pueblo y me gustaba mirarle de lejos. Era mi tipo de hombre, de un modo increíble: cazadora negra de cuero, camiseta básica negra y vaqueros negros. Parecía un artista, un actor, un músico atormentado o tal vez el mejor amigo de Lou Reed. Alguien que perfectamente podía haber alternado con los New York Dolls en los años 70, en clubs como el CBGB y Max's Kansas City. Tenía aspecto de héroe moderno, alto y guapo, de chico malo que había envejecido bien. Ni que decir tiene que este no es el look propio de los hombres de la comarca vinícola de Sonoma. Tampoco hace falta decir que enseguida me fijé en él.

Y ahí estaba de nuevo, sentado en una pequeña mesa de madera, bajo el gran toldo verde del pub del pueblo, con su pinta de Bitburger y su Marlboro humeante en el cenicero lleno de colillas, la mano moviéndose deprisa y con furia con un bolígrafo Bic barato sobre tarjetas amarillas desperdigadas por toda la mesa.

Pasé por su lado buscando una mesa libre, con una pinta en una mano y un libro no muy interesante en la otra. Todas las mesas estaban ocupadas.

«Siéntate conmigo», me dijo cuando su mirada se encontró con la mía. (Gracias, Dios mío.)

De modo que logré sentarme con él. Milagro. De acuerdo, tal vez no fue tanto un milagro. Soy hábil en eso. Y no lo olvides, me costó más de dos años conseguir esa silla.

Seis horas estuvimos hablando sentados en esa mesita de madera durante seis horas. Me contó toda la historia de su vida y resulta que era efectivamente el tipo de persona que había imaginado, New York Dolls incluidos.

¿Qué ocurrió entonces?
La primera cita duró veinte horas. Y él siguió hablando (entre otras actividades) durante más de cuatro años. Me enseñó cosas sobre mí misma y mi sexualidad que siempre le agradeceré.

Categoría n.º 2: alguien no disponible para una relación o no interesado en tenerla

Cuando se trata de relaciones, el momento es crucial. Y alguna vez conocerás a alguien estupendo para ti, pero en el momento equivocado para él. Puede ser que no se encuentre emocionalmente disponible o que no esté interesado en una relación por diversas razones, la más frecuente de las cuales es que está recién divorciado. O puede que no esté disponible porque criar a sus hijos o montar un negocio son su prioridad en ese momento, por delante de embarcarse en una relación romántica.

Luego hay hombres que, sencillamente, no están interesados en una relación monógama. Te lo dirán, y tú verás lo que haces.

Mi segunda relación de amigos con derecho a roce fue con alguien que no estaba disponible para el tipo de relación I que yo andaba buscando. Este plan de amistad duró varios años. Una vez más, seguimos siendo amigos que nos queremos y cuidamos mucho el uno del otro.

Cita #39
Fuerza de voluntad

Escena: Copas en Front Room at the Wharf, Vallejo, California

Mr. Señor alto y recién divorciado llegó justo al mismo tiempo que yo. La atracción sexual no iba a ser un problema. Quedó patente desde el primer momento.

No llevábamos ni cinco minutos juntos cuando exclamó: «No querría volver a ser monógamo otra vez. Ahora que mi matrimonio ha terminado, me gustaría tener más de una pareja. Eso de "tu mujer hasta que la muerte os separe" no me ha funcionado».

«¿Cuántas parejas necesitas?», le pregunté con tono de curiosidad, no amenazador.

Me miró, aparentemente asombrado de que le preguntara algo así.

Continué: «Si pudieras tener todo lo que necesitas, incluidas variedad y frecuencia, ¿cuántas mujeres tendrías?».

Se sentó en silencio, de manera que yo hice lo mismo. Había pasado más de un minuto cuando dijo: «Cuatro. Tendría cuatro».

«Tú serías la principal. Estarías a cargo de las otras tres. ¡Ha sido idea tuya!, exclamó.

Pasamos un rato estupendo disfrutando de los cócteles y diseñando un universo alternativo.

¿Qué ocurrió entonces?

Accedí a una segunda cita. Y después a otra. Y a otra. Pero, en el fondo de mi corazón, yo sabía que andar por su casa con otras tres mujeres viviendo allí no era mi destino.

Categoría n.º 3: alguien incompatible para una relación duradera

Mi tercera relación de amistad con derecho a roce duró más de dos años. En nuestra segunda cita le dije: «Me gustas mucho. Soy una gran admiradora tuya, pero no tenemos futuro a la larga. ¿Quieres que seamos amigos, quiero decir, que seamos realmente amigos?». Dije esto porque, en dos citas, sabía ya lo suficiente de él como para darme cuenta de que éramos incompatibles para una relación larga. Pero me gustaba el tipo de persona que era, a saber, increíble.

El plan de amistad con derecho a roce funcionó con él. Al igual que los dos anteriores, somos aún muy buenos amigos y nos queremos y cuidamos mutuamente.

~~||||~~   ~~||||~~   ~~||||~~

¿Te has dado cuenta del hilo conductor que comparten estos hombres? Somos todavía grandes amigos y nos queremos y nos preocupamos el uno por el otro de una manera profunda. Merece la pena esforzarse por ser amigos. Ya sabes, amigos de verdad. Incluso cuando el sexo se acabe, podéis seguir estando bien juntos. Podéis quereros y preocuparos el uno por el otro incluso después de que la parte de «roce» haya llegado a su fin. No tiene por qué ser así, pero eso es lo que me ha funcionado a mí. Puede que tenga algo que ver con el hecho de que me acuesto con hombres que me gustan como persona. Llámame loca.

Resumamos. ¿Qué cabe esperar de una relación de amistad con derecho a roce?

- Que no vas a encontrar una relación duradera en este momento.
- Será como un trato para cubrir tus necesidades.
- Sexo ardiente.
- Hormonas de la felicidad —y las ilusiones ligadas a ellas.
- Que puede acabarse, posiblemente antes de estar preparada.

¿Cuáles son algunas de las alternativas a la amistad con derecho a roce?

Pedí la colaboración de una decena de amigas para poder ofrecerte lo pros y los contras de cada una de las siguientes alternativas a las distintas opciones de amistad con derecho a roce. Comencemos por la abstinencia y vayamos avanzando.

- **Castidad.** Algunas mujeres pueden mantenerla, otras no. Algunas están capacitadas para ello y, con ayuda de algunos juguetes sexuales, viven satisfechas, mientras que otras sienten que pierden una parte de sí mismas y de su sensualidad. La ventaja es que estás a salvo de las enfermedades de transmisión sexual (ETS). El inconveniente, estés ya hecha a la castidad o aburrida de ella, es que corres el riesgo de desconectar de tu propia sensualidad. Cuídate. Realiza actividades para no perder el contacto con tu cuerpo, como baile, yoga, actividades al aire libre, caminar por la naturaleza, darte un masaje, tomar baños de burbujas y masturbarte. Puedes considerar la posibilidad de incorporar juguetes sexuales a tu vida (si no lo has hecho ya), pues proporcionan sensación de satisfacción y favorecen la sensualidad y la salud.

- **Líos ocasionales.** Entre las ventajas se encuentran que ves satisfechas tus necesidades de sexo, experimentas la variedad y vives emocionantes aventuras. Los inconvenientes son la posibilidad de contraer enfermedades de transmisión sexual, el llegar a situaciones de compromiso con desconocidos en las que no seas capaz de establecer con claridad tus necesidades y límites, los riesgos para tu seguridad en general, la posibilidad de sentirte incómoda y la ausencia de una relación profunda y de sensación de conexión.

- **La tercera en una relación.** Puede que te divierta entrar en una relación en la que tú eres la tercera persona, generalmente con un hombre y una mujer que forman pareja estable. ¡Felicidades! En las comunidades de relaciones promiscuas, poliamorosas y abiertas se referirán a ti con el nombre de «unicornio», tan rara eres. La ventaja: estarás muy demandada, de modo que puedes permitirte el lujo de ser selectiva. Como inconveniente, es una situación excesiva para mucha mujeres. Encontrarte sola al final de una sesión de juego sexual, cuando los otros dos se van a casa de la mano, puede ser como un inesperado puñetazo en el estómago.

- **Múltiples parejas.** Tener múltiples parejas puede concederte la libertad que supone no estar tan apegada a una persona como lo estarías en una relación única de amistad con derecho a roce. Además, contarás con una mayor diversidad sexual. Sin embargo, este escenario puede generar confusión y en ocasiones resulta emocionalmente abrumador. Tal vez estés con uno mientras echas de menos al otro o mientras piensas en ese compañero para toda la vida que está por llegar.

Poliamor y relaciones abiertas

El poliamor puede definirse como tener al mismo tiempo más de una relación romántica. Cada uno de los implicados no solo conoce las relaciones de los demás, sino que las consiente. El término «relación abierta» se utiliza en un sentido más amplio, para incluir las relaciones poliamorosas, las aventuras consentidas, los compañeros de juego sexual, los encuentros sexuales, los amigos con derecho a roce y otros tipos de relaciones de esta índole. El término *monogamish*, acuñado por mi querido amigo Dan Savage, es un neologismo creado para describir a aquellas parejas que son básicamente monogámicas y que se presentan socialmente como tales, pero que de vez en cuando se conceden una escapada. Todas estas categorías tienen una cosa en común: las personas implicadas no engañan a su pareja. Todos están en el mismo barco y han llegado a un acuerdo para ser felices en este tipo de relación (o al menos ese es el objetivo o lo que se espera).

A medida que nuestra cultura ha ido avanzando desde aquella lejana década de 1950, en la que el hombre y la mujer firmaban un acuerdo convencional de matrimonio y él salía a trabajar para tener un techo bajo el cual vivir y ella se quedaba en casa criando a los niños, la gente ha sido muy creativa en este terreno. Resulta fascinante los acuerdos a los que podemos llegar entre nosotros en una relación para ver satisfechas nuestras necesidades. Hay quien busca un estilo de vida tradicional, mientras que otros desean una relación más al cincuenta por ciento, que es la que ha ido imponiéndose en los últimos treinta años. La mayor parte de las relaciones requieren monogamia, aunque cada día son más numerosas las personas que se plantean las relaciones «*monogamish*», abiertas o poliamorosas.

De hecho, una relación poliamorosa es una relación real. Estableces una relación que incluye todos los aspectos de una relación monógama —afecto, sexo y apoyo emocional— solo que compartes también estas cosas con las demás personas amadas de la ecuación. El poliamor es un acto de equilibrio como cualquier otro tipo de relación y la clave del éxito en las relaciones poliamorosas es la misma que para la mayoría de las relaciones monógamas: la comunicación. Si piensas que una relación poliamorosa puede ser adecuada para ti, lee un libro o dos sobre el tema, y adelante. Pero acuérdate de hacer una autorrevisión por el camino y de preguntarte si es eso lo que realmente quieres y necesitas.

Merece la pena destacar otra cuestión: si has entrado en una relación ya existente como compañera de juego permanente o como pareja no principal, asegúrate de recibir lo que necesitas. El hecho de que no seas la compañera principal no significa que lo que tú necesitas cuente menos.

La parte más importante de cualquier relación (monógama o no) es que funcione para todos los implicados, que todos vean satisfechas sus necesidades y que nadie lo esté haciendo solo por llevarse bien con los demás. Las relaciones abiertas y poliamorosas funcionan para algunas mujeres. Ten presente que, como en la amistad con derecho a roce, llenarás con tu amigo o tus amigos el espacio destinado a una potencial pareja, de modo que será menos probable que encuentres una pareja monógama, si es lo que pretendes.

Tal vez tengas una idea preconcebida sobre la persona con la que vas a establecer una relación. Puedes pensar, por ejemplo, que si conoce a la chica adecuada (tú, evidentemente) no necesitará más que una pareja. No te engañes a ti misma. Los hombres y las mujeres que mantienen este tipo de relaciones se conocen bien a sí mismos. Necesitan tener una variedad de parejas, y ellos lo saben. No vas a ser tan especial como para que esa persona no necesite a nadie más. No trates de convertirlo a la monogamia. Yo he visto los resultados y el asunto no termina bien para nadie. Si la monogamia es lo que necesitas, busca en otro sitio.

꿰 꿰 꿰

Después de tus primeras citas (o de varias docenas de citas), habrás aprendido bastante sobre este tipo de encuentros, sobre lo que andas buscando y sobre lo que puedes ofrecer. También es posible que te sientas confusa, frustrada o al borde del agotamiento. Habrás tenido buenas citas, seguro, pero también habrás tenido algunas de las que perfectamente habrías podido prescindir. Establecer límites y salir airosa no es fácil y ganar autoconfianza en todo este proceso no sucede de la mañana a la noche. El interés inicial por aquel hombre no se esfumó solo porque consideraste que no merecía la pena y porque tu crítico interior no parara de ponértelo difícil. Puede que estés pasando por una mala racha o que lleves un tiempo en dique seco, pero, gracias a que eres como eres, te sacudes el polvo de encima, das un trago de agua y sigues adelante.

Cuando las cosas se pongan difíciles, acuérdate de dar un paso atrás y de cuidar de ti misma mientras tanto, ya sea tomándote un descanso de las citas, preocupándote por tu cuerpo o explorando cómo puedes cubrir tus necesidades mientras sigues buscando pareja o parejas. Esto, a su vez, no solo te ayudará a encontrarte mejor contigo misma, sino que te permitirá también pisar con mayor firmeza cada vez que des un paso para encontrar a tu pareja ideal, acercándote así tu propia versión del «felices para siempre».

Conclusión: Felices para siempre (¡De verdad!)

Vivir «felices para siempre» es algo a lo que aspiramos la mayoría. Muchas mujeres fantasean sobre lo que les depara el futuro. Es como si en algún momento nos hubiesen prometido una versión a medida del apuesto príncipe azul y un final de cuento de hadas, o al menos eso es lo que sentíamos de niñas. Veíamos *Blancanieves y los siete enanitos* y *Cenicienta* y parecía que eso era lo que nos deparaba el futuro. Es alto, tiene una densa cabellera y un hermoso caballo y va a venir cabalgando a salvarte de una aburrida vida sola. Tú, con tu bonito vestido blanco impoluto, estás de pie en el altar decorado con un dosel de rosas blancas, ante los amigos, la familia y el hada madrina, y él te promete amor eterno; y a partir de ese momento perfecto, nada cambiará, nunca jamás.

Estoy segura de que no hace falta decirte que el final de cuento de hadas no es más que eso: un cuento de hadas. Puede ser una gran y vieja trampa que lleva al fracaso y al dolor, para ti, para él y para cualquiera. Después de todo, esa promesa en el altar no garantiza el 100 por cien de probabilidad de permanecer juntos e, incluso si es así, ello no significa que todo el que permanezca casado sea feliz.

Ahora bien, no estoy diciendo que corras gritando en dirección contraria y tampoco quiero aguarle la fiesta a las mujeres que desean una boda de cuento de hadas y un «felices para siempre» al estilo Disney. Si eso es lo que deseas, ¡adelante! Lo que quiero que hagamos ahora que nos acercamos al final de nuestro viaje juntas es ver lo que puedes hacer para aumentar tus probabilidades de ser realmente feliz una vez que hayas encontrado a la persona adecuada para ti, aquella con la que deseas pasar el resto de tus días y que desea hacer lo mismo contigo.

En el proceso de buscar pareja, seleccionar y dejar luego que él lleve la iniciativa (para ver dónde te lleva), estás aprendiendo cosas acerca de él. ¿Parece tener lo que necesitas? ¿Marca las mismas casillas que tú de cosas importantes para él en la vida? Vuelve a esa lista que hiciste. ¿Cómo lo está haciendo? Mientras valoras si encajáis el uno o con el otro, presta atención a una cosa, y solo a una cosa: la sustancia.

A medida que vuestra relación progresa, pregúntate si os seguís dando mutuamente lo que necesita cada uno. ¿Cuál es vuestro estilo de comunicación? ¿Coincidís en este aspecto? ¿Te entiende? ¿Es capaz de hacerte feliz? ¿Eres lo mejor de ti misma cuando estás con él? ¿Te sientes fuerte? ¿Te expresas plenamente con él? Pregúntales también a tus amigos cómo te ven ahora que estás con él, si les gustas o si piensan que te has convertido en una versión extraña y retorcida de alguien que apenas se parece a ti.

Presta atención a la sustancia, no sólo a los sentimientos, porque los sentimientos pueden ser fugaces y cambiantes. Mientras estés enamorada de él, tal vez te sorprendas a ti misma cantando la canción de los Beatles «All You Need is Love». Es una canción pegadiza, pero yo no desearía basar mi vida entera en las letras de las canciones, porque, querida, existen otras necesidades más allá del amor, y ese primer año vas a vivir sin duda en una burbuja de amor. Asegúrate de que, dentro de tu relación de pareja, tienes las cosas que necesitas, las cosas que realmente te importan. Y presta también atención al tipo de acuerdos a los que llegas con tu pareja.

A medida que nos alejamos más y más del matrimonio como una necesidad (tradicional), nos encontramos en condiciones de abordar las relaciones de pareja con la vista puesta en que, en este mundo actual, sean más profundas y duraderas. La gente elige hoy en día entre muy diversas modalidades de acuerdo. Dave y yo optamos por una ceremonia privada de compromiso, que ofició un querido amigo en presencia de otros cuatro amigos como testigos. La ceremonia tenía para nosotros un significado personal, y esa es la razón por la que no quisimos una boda tradicional.

Muchas personas, especialmente si ya han estado casadas antes, deciden que el matrimonio no es para ellas. Pero ¿significa esto que su relación sea menos válida o suponga un compromiso menor? Presta atención a la sustancia en lugar de a las formas y tendrás una relación a medida. Debéis manteneros atentos a aquello que es importante para los dos, en lugar de dar el siguiente paso a ciegas, llevados por la inercia cultural. ¿Tengo yo algo en contra del matrimonio? No. ¿Tengo algo en contra de las personas que optan por algo distinto al matrimonio? Tampoco. Recomiendo que consideres lo que significa para ti y qué tipo de unión tiene sentido para ti y tu pareja.

Una vez que os hayáis puesto de acuerdo sobre qué es lo que funciona para ambos, no dejes que la sociedad, la familia o los amigos te digan lo que es mejor para ti. Conozco a muchas personas que viven juntas porque quieren y, también porque quieren, no viven juntas en el seno de bonitos y amorosos matrimonios u otro tipo de uniones. Por ejemplo, conozco a una pareja de sexagenarios que llevan cuarenta años juntos y viven en San Francisco, pero conservan cada uno su propio apartamento a una manzana de distancia el uno del otro. ¿Quién se atreve a cuestionar cuarenta años de felicidad?

Tanto si decidís vivir una vida monógama de cerca blanca en el jardín como si tenéis un matrimonio abierto y vivís uno al lado del otro en distintos apartamentos, es una elección vuestra. ¿Quién trabaja: él, tú o los dos? ¿Pagáis las cosas a medias? ¿Tendréis niños o no? ¿Será él el padre que se queda en casa mientras tú vas a ganarte el pan? Todo vale. Conozco relaciones felices con compromisos de todo tipo y he visto funcionar todas las opciones durante años y años. Esto es lo que puede pasar cuando elegimos vivir en compañía, en lugar de lo que hacían nuestros abuelos, es decir, tomar esposa o esposo porque eso era lo que se esperaba que hicieran y lo necesario para la supervivencia.

La clave para vivir «felices para siempre» consiste en vivir la vida que deseas con la pareja (o parejas) que coincide contigo y tiene tus mismas necesidades. En ocasiones ocurre que cada uno de los implicados piensa que se ha llevado la mejor parte en el acuerdo: eso sí que es un verdadero «felices para siempre».

||||| ||||| |||||

Bien, querida amiga. Hemos hecho un increíble viaje juntas. Espero que estés relajada y cómoda con tus pantalones de yoga y que estés disfrutando y te sientas orgullosa de lo lejos que has llegado desde que abriste por primera vez este libro.

Mientras sigas navegando por los mares del mundo de las citas, a veces tranquilos y a veces turbulentos, has de saber que pienso en ti. Tengo un ojo puesto en ti cada vez que sales de casa hacia la siguiente cita. Te apoyo en todo momento. Y te diré que él está ahí fuera, y viene de camino hacia ti. Va a amarte justamente por cómo eres y justamente por cómo no eres. Se quedará con el paquete completo y delicioso que eres, y tú sabrás entonces con certeza que todo el proceso ha merecido la mena (aunque en ocasiones haya sido un auténtico dolor). Te deseo toda la suerte del mundo y que alcances la felicidad.

¿Preparada para mi «felices para siempre»?

Cita #121
Lo que pudo no ser - *Deus ex machina*

Escena: Té helado en el Zuni, San Francisco, California

«¿Qué tal el jueves? Tengo noventa minutos por la tarde», me dijo en un email.

«El jueves? Puedo quedar para tomar algo a las 7 o 7:30. ¿No te importa tener una primera cita tan corta? Parece que nuestras agendas no coinciden y salgo para México el viernes», contesté a este guapo ingeniero de día/músico de noche. Puede que fuera el hilo de correos más corto que he tenido con alguien. Le escribí. Él me respondió con entusiasmo y veinticuatro horas después concertamos una cita.

«¿Dónde quieres que quedemos?, me preguntó.

«En Zuni». Escogí Zuni porque estaba a una manzana del sitio al que tenía que ir después de nuestra apresurada cita y porque es el lugar al que va la gente extravagante de la ciudad, y a mí me gusta la gente extravagante.

«¿Zuni? ¿Puedo sugerir una alternativa? It's Tops es más mi estilo», respondió.

¿Zuni no es su estilo? ¿Una cafetería es más su estilo? ¿En San Francisco?. *No juzgues. No juzgues. No juzgue., Antes conócele y después podrás juzgar.* Volví a poner los dedos sobre el teclado y contesté: «It's Top está bien. Te veré allí a las siete».

Diez minutos antes de nuestra cita me entró un mensaje de texto. «It's Top está cerrado. Nos vemos en Zuni». (Gracias, dioses de los restaurantes.)

Llegué al restaurante cinco minutos tarde y casi lancé las llaves al aparcacoches, pues sabía que mi retraso estaba recortando nuestra ya de por sí corta cita. En la entrada eché una mirada a la concurrida área del bar y distinguí a un hombre alto y guapo, con abrigo largo negro y sombrero, que avanzaba hacia mí. Se inclinó por mi lado izquierdo y con su voz profunda me dijo suavemente al oído: «Aquí estás. Te reconocería en cualquier lugar».

Me estremecí. Era atractivo, guapo y tenía una amplia sonrisa. Al instante recordé una frase que había leído en una artículo: «Me miraba como si quisiera poseerme ahí mismo». Sí, podía aplicarse a este caso. Supe que estaba colada por él.

Antes de que pudiera responder, el *maître* se acercó a nosotros y nos mostró una mesa para dos en el rincón más alejado.

«¿Qué se come aquí?», preguntó.

«La hamburguesa es legendaria. El crítico gastronómico Michael Bauer la ha definido como la mejor hamburguesa de la ciudad», le respondí.

Cuando apareció el camarero, el hombre de mi cita 121 pidió la hamburguesa.

«No servimos hamburguesas a estas horas. Las servimos para almorzar y a partir de las once», contestó el camarero, con un toque de superioridad en el tono de voz.

El hombre de mi cita 121 hizo una rápida segunda elección y después pasó enseguida a burlarse de mí por invitarle a un lugar conocido por un plato que no estaban dispuestos a servir a la hora de la cena.

En el tiempo limitado que pasamos juntos, nos las arreglamos para intercambiar información clave sobre cada uno, como que yo era su primera cita en más de veinticinco años. Yo le revelé que él era mi primera cita número ciento y pico.

Lo siguiente, religión: los dos habíamos hecho tonterías. Le regalé algún relato de mis numerosos intentos por ser excomulgada de la Iglesia Mormona, para culminar con mi intento final (y con éxito), que me costó seis meses llevar a término.

Los dos llegábamos tarde a nuestra siguiente cita, pero al mismo tiempo no queríamos dejarnos.

«¿Puedo acompañarte andando a tu lectura?», me preguntó.

«Sí».

Caminamos, él por el lado exterior de la acera, yo segura por el interior, tomados del brazo, y así me llevó casi hasta la puerta de la sala, donde le detuve: «Espera. Debemos decirnos adiós aquí mismo».

«Vaya, de acuerdo», dijo con curiosidad.

«Sí, bueno, ¿ves ese hombre a unos 100 metros de nosotros? Es mi ex marido. ¿No querrás conocerle justo ahora, no?. El sonrió incómodo.

«De acuerdo. Bien pensado». Me sonrió y me dio un rápido beso de despedida, y se marchó.

¿Qué ocurrió entonces?

Nuestra segunda cita duró más de seis horas. Nos enamoramos en esa cita.

Poco después de empezar a salir me confesó que estaba seguro de que yo le había sido enviada. Cada vez que me lo mencionaba, yo rechazaba el comentario. A los dos nos gustaba lo espiritual, pero no éramos religiosos. Él estaba seguro de que había sido el destino, la diosa, el espíritu, el Universo, algo por encima de nosotros lo que nos había hecho coincidir.

«Sí, sí, sí…», pensaba yo.

A los cuatro meses de relaciones hice un día un comentario sobre un hombre al que acabábamos de conocer. «No habría tenido nunca una cita con ese tipo. Es demasiado provinciano para mí. A mí me gustan los tipos urbanos».

El hombre de mi cita 121 se rió en mi cara.

«¿Qué?», le pregunté.

«Bueno, tú me escribiste *online* cuando yo vivía en San José».

«Sí, pero tu perfil decía que San Francisco era tu hogar», le dije.

«No, no decía eso. Decía San José». Me dedicó una amplia sonrisa y esperó a que lo procesara.

«Es imposible. Mi radio de citas en OkCupid estaba fijado en menos de cuarenta kilómetros de Oakland. San José está a más de 80 kilómetros».

«Lo sé», dijo son esa sonrisa diabólica que adoro.

Continuó: «Ahora te conozco bien. Sé que nunca habrías respondido a mi perfil. Te lo dije, alguna fuerza superior te trajo hasta mí. Léelo».

Abrió su viejo perfil de OkCupid en su móvil y me lo pasó. La primera línea decía: «Me he separado recientemente y estoy explorando mi recién hallada libertad». Seguí leyendo el perfil hasta el final de la página, donde decía «Busco…» y las categorías desplegables que había elegido eran «nuevas amistades» y «citas a corto plazo».

En el momento en que leí esas palabras finales, las lágrimas me corrían ya por la cara. Cuando mis ojos se encontraron con los suyos, él esperaba paciente, mirándome intensamente, con todo su amor. Dijo: «Lo sé. Te lo dije. La diosa te trajo hasta mí. Yo no estaba en tu algoritmo de búsqueda. Ahora te conozco lo suficientemente bien para saber que nunca me habrías escrito».

No sé cómo pudo suceder. Realmente no lo sé. Recuerdo que su perfil era simple, directo y audaz; y, aparte de su atractivo físico, fue como un flechazo. Lo reconocí como alguien de mi misma cuerda. Pero cómo pude seleccionarlo pasada la primera frase es para mí un misterio y una prueba de algo que me supera.

Aprendí mucho a lo largo de mis 121 citas. Desarrollé formas de protegerme y de cuidar de mí misma. Aprendí a crecer a partir de mis errores. Llegué a crear reglas para vivir que luego me han servido de mucho. Pero, a veces, tal vez haya que tirar por la borda todas las reglas, o al menos todas las cautelas, cuando algo te llama de esa manera. Por fin conocí a mi pareja, a mi compañero, a la persona con la que quiero estar en la segunda parte de mi vida. La persona que sabe que soy una mujer difícil, pero que tiene suficiente manga ancha como para lidiar conmigo. La persona que es tan parecida a mí que a menudo bromeamos acerca de la posibilidad de que seamos la misma persona, salvo cuando la deliciosa polaridad de nuestras energías masculina y femenina entra en juego.

Si todos mis filtros de selección se hubieran activado y hubiesen funcionado, el hombre de mi cita 121 y yo nunca nos habríamos conocido. Yo habría marcado esa X en la esquina superior derecha de su perfil y habría desaparecido de mi búsqueda para siempre antes de tan siquiera decirnos hola, y esta habría sido la mayor de las tragedias.

En noviembre de 2013 celebramos la ceremonia de nuestro compromiso y nos fuimos a vivir juntos. Y vivimos «felices para siempre» en San Francisco.

Agradecimientos

Nunca fue mi intención tener 121 citas, ni escribir sobre ellas, pero mi cita 54 fue tan horrible que tenía que compartirla y, a partir de ahí, creé un blog, principalmente para transmitir a mis amigas casadas que la hierba no siempre es más verde en el país de los solteros. Me gustaría dar las gracias al hombre de mi cita 54 por servirme de inspiración, al de mi cita 51 por animarme a dar a conocer mis experiencias y a todos los leales lectores de mi blog, que diligentemente me escribían para preguntarme «¿Cuándo vas a tener otra cita?». Me ayudasteis a seguir con esos encuentros y a escribir. Este libro no existiría sin vosotros.

Mi más sincero agradecimiento a Dave Pierce (cita 121) por aparecer por fin. Definitivamente hiciste que mereciera la pena la espera y tendría otras 120 citas solo para llegar a ti.

Mi respeto y aprecio a todos y cada uno de los 120 hombres con los que salí, con algunos durante un minuto, con otros durante bastante tiempo. Gracias por estar dispuestos a dejar a un lado vuestra vida durante una noche, tres o cien para estar conmigo.

Mi más profundo amor y adoración a Lilly-Bee y Eloise, mis dos fieles compañeras caninas. Me salvasteis dejando que os llorara en el cuello, lamiéndome la cara, queriéndome incondicionalmente y dándome todos los mimos que una chica soltera necesita.

Muchas gracias superespeciales a todos mis aliados en las citas. Sin vosotros, nunca habría conseguido superar todo el proceso de las citas como una persona (fundamentalmente) amable. Mi amor y mi gratitud a Leslie Thomsen,

Denise Lynn, Robert Corrington, Melissa Comito-Aakre, Michelle Keane, Regina Martinelli, Shadee Ardalan, Alisa Highfill, Sarah Jane Kesküla y a todo el clan Gerbode por brindarme su cariño y su apoyo como familia.

Todo mi amor a Susan Bailess, por tener la fuerza y el sentido del humor necesarios para afrontar el hecho de que tu hija no tuviera reparos en exponer su vida personal.

Mi más profundo agradecimiento a Bob Newman, el mejor exmarido que ha existido nunca. Gracias por hacer la corrección de pruebas de todo mi manuscrito antes de entregarlo al editor. Gracias por permanecer en mi vida después de que hubiera terminado la parte romántica de nuestra relación. Eres parte de mi familia y siempre estaré aquí para lo que necesites.

Todo mi respeto y gran afecto a Alison Arsmtrong. Gracias por cambiar el mundo y por enseñarme a amar, a confiar y a valorar a los hombres como género, no solo a los dos o tres elegidos antes de 2002. Gracias por abrirme los ojos a un mundo de hombres dispuestos a protegerme, a cuidar de mí y a hacerme feliz.

Quiero decir a los miles de hombres a los que he entrevistado que aprecio vuestra inestimable contribución a mi vida y quiero también dar las gracias a las miles de mujeres a quien he enseñado y asesorado, por permitirme mostraros la diferencia y por todo lo que he aprendido de vosotras.

Le estaré eternamente agradecida a quien yo considero el ángel del libro, Linda Sivertsen, que me hizo llegar comentarios sobre el libro y me ayudó a ponerme en contacto con mi agente. Tienes mucho que ver con el éxito de este libro. Gracias a CJ Schepers por ayudarme con la parte más difícil de la propuesta editorial. A mi agente literaria, Laura Yorke, que dio una oportunidad a una mujer sin una larga trayectoria —gracias por ver potencial en mis palabras. Mi más profunda gratitud a Emily Han, coordinadora editorial en Beyond Words, por decir, «Sí, vamos con ello». Viví la firma de ese contrato de edición como el día más feliz de mi vida. Y a Sylvia Spratt, editora de contenidos, por hacer que mis palabras sonaran divertidas, claras y no tan condenadamente rotundas. Gracias a Lindsay Brown, jefa de redacción, y a Anna Noak, responsable de adquisiciones, por asegurarse de que este libro saliera al mundo de un modo hermoso; y a toda la gente de Beyond Words y Simon & Schuster, por contribuir a que este proyecto se llevara a cabo. Gracias A Sean Klein y a Charlotte Huggins por hacerme llegar las tan necesarias opiniones. Gracias por ayudarme a ser mejor escritora.

Muchas gracias a Bernadette, Matthew y John del Dirty Water de San Francisco por su ayuda y por su apoyo a este proyecto. Gracias a todas las cafeterías que me permitieron apalancarme en una de sus mesas mientras escribía y me bebía a sorbitos todos esos tés con hielo rellenados de manera gratuita. Desde el Community Café de Sonoma, donde engordé más de dos kilos por mi falta de fuerza de voluntad con sus deliciosos postres caseros, al Depot en Mill Valley, donde todos los camareros me conocían y amablemente fingían que no me habían visto nunca cuando iba a tomar un café con alguno de los hombres de mis citas. Desde el Farley's East, la cafetería más segura de Oakland si no quieres que te roben el portátil, a Wicked Grounds, mi local favorito en San Francisco, conocido por su ambiente BDSM, pues puedes tomarte un café al tiempo que una gata humana pasa junto a ti camino del sofá de terciopelo rojo. Y, por último, tengo que dar las gracias a John Coltrane, que puso la música sin alterar la letra para que pudiera abstraerme de cuanto sucedía a mi alrededor en todos esos lugares mientras escribía mi libro.

Notas

Parte I

2. Prepárate para la aventura de tu cita

1. Sheila Kelley, «S Factor Fitness», página de inicio, visitada el 21 de abril de 2015, http://www.sfactor.com.
2. «Let's Get Naked: Sheila Kelley at TEDxAmericanRiviera», vídeo en YouTube, 21:06, publicado por TEDx Talks, 18 de diciembre de 2012, https://www.youtube.com/watch?v=Lrdn4lazVBc.

3. Qué hacer y qué no hacer antes de la primera cita

3. Barry R. Komisaruk, Carlos Beyer-Flores y Beverly Whipple, *The Science of Orgasm* (Johns Hopkins University Press, Baltimore, 2006), 63.

7. ¿Dónde están todos los solteros?

4. Stephanie Losee y Helaine Olen, *Office Mate: The Employee Handbook for Finding—and Managing—Romance on the Job* (Adams Media, Nueva York, 2007), 55.
5. *Íbid.*, 14.

8. Sitios de citas *online*: dónde mirar cuando se busca pareja

6. Sheena S. Iyengar y Mark R. Lepper, «When Choice is Demotivating: Can One Desire Too Much of a Good Thing?» *Journal of Personality and Social Psychology* 79, n° 6 (2000): 995–1006, http://werbepsychologie-uamr.de/files/literatur/01_Iyengar_Lepper(2000)_Choice-Overload.pdf.
7. Katherine Fritz, «Dating Is the Worst, and Other Scientific Facts», *Huffington Post*, Septiembre 2013, http://www.huffingtonpost.com/katherine-fritz/dating-is-the-worst-and-other-scientific-facts_b_3972843.html.

11. Cómo encontrar pareja en internet

8. Louann Brizendine, *The Female Brain* (Random House, Nueva York, 2007), 59.
9. Sheril Kirshenbaum, *The Science of Kissing: What Our Lips Are Telling Us* (Grand Central Publishing, Nueva York, 2011), 109.

Parte II

13. De internet al mundo real

1. Louann Brizendine, *The Female Brain* (Random House, Nueva York, 2007), 63.

2. Barry R. Komisaruk, Carlos Beyer-Flores y Beverly Whipple, *The Science of Orgasm* (Johns Hopkins University Press, Baltimore, 2006), 9.

15. En tu primera cita

3. Alison Armstrong, «In Sync with the Opposite Sex: Understand the Conflicts. End the Confusion. Make The Right Choices». Bajo la dirección de Alison Armstrong (PAX Programs, Glendore, CA, 2006), Audio CD, disco 3, pista 12, 1:50.

17. Cómo seleccionar pareja

4. Linda A. Jackson, *Physical Appearance and Gender: Sociobiological and Sociocultural Perspectives*, SUNY Series, the Psychology of Women Series (State University of New York Press, Nueva York, 1992), 172.

Elogios a
121 primeras citas
de Wendy Newman

«¿Te sientes realmente mal cuando tienes una cita? ¿Como si fueras a ser secuestrada por terroristas más que a encontrarte con Mr. Perfecto? Pues este es tu libro. Wendy Newman es como la más increíble de las amigas, solo que únicamente da consejos sobre citas. Te hará reír con sus agudas observaciones, te levantará el ánimo, te animará y motivará en cada paso del camino».

–**Linda Sivertsen,** reconocida autora y creadora de la aplicación para iPhone The Boyfriend Log, orientada a evaluar las relaciones de pareja.

«En un tono cercano y desde la experiencia por haber pasado por ello, Wendy Newman no solo realiza una crónica de los numerosos retos a los que se enfrentan las mujeres que se mueven por el mundo moderno de las citas, sino que además los replantea de tal modo que nos permite hacer un alto en el camino y respirar con alivio. La mayoría de los libros de autoayuda dicen lo que el lector desea escuchar, pero en este caso Wendy Newman te cuenta lo que necesitas saber con tanta cercanía que es probable que dentro de seis meses quieras escribirle un correo para decirle que seguiste sus consejos y que encontraste el amor».

–**Evan Marc Katz**, autor y *coach* para encontrar pareja

«Wendy Newman se halla en posesión de los misterios, las reglas del juego y las estrategias de las citas. Ha pasado personalmente por esas 121 primeras citas, de manera que puede ayudarte a tomar un atajo en el arduo camino de encontrar pareja. Brillante. Una obra maestra. El mejor libro para encontrar pareja que he leído en una década».

–**Julie Ferman**, asesora personal y coach para encontrar pareja, www.JulieFerman.com

«Si te sientes incómoda cuando piensas en salir con un hombre o no te acabas de atrever con las citas por internet, *121 primeras citas* está escrito para ti. No son los típicos consejos, trucos o reglas a seguir. El enfoque de Wendy es un planteamiento auténtico y realista que te hará tener más confianza a la hora de afrontar tus citas, sin importar tu edad, tu tipo corporal o tus luchas personales. Te hará sentir que ser tú misma está mejor que bien. *121 primeras citas* es más que una guía para encontrar pareja: es un manual para vivir confiando plenamente en las capacidades de uno mismo»

–**Betty Field**, modelo, actriz y experta en imagen corporal

«Cuando leí por primera vez *121 Primeras citas*, fue como «¡Ah, de manera que eso es lo que hice mal y… claro! ¡Así es como puedo arreglarlo!» ¡Wendy da siempre en el clavo!».

–**Esha Mohanh,** *Behind the Look LA*

«*121 primeras citas* es una visión fresca, cautivadora, aguda y reveladora de las relaciones de pareja, del enamoramiento, del flirteo y de la sexualidad. El trabajo de Wendy Newman es como un soplo de aire fresco que te abre los ojos de forma inmediata a la grandeza y a la magia del romance, al mismo tiempo que te hace verlo todo a través de los ojos de la pasión, la sensualidad y de la auténtica relación de pareja. Si quieres desentrañar el misterio de amor, entonces este es tu libro».

–**Nicole Brandon**, oradora motivacional, *coach* personal, autora, actriz y directora ejecutiva de Artistry In Motion (A.I.M. For Excellence Inc.)

«Wendy ayuda a las posibles candidatas a una cita a meter los pies en el estanque aparentemente oscuro de las citas *online* y de los encuentros con hombres en el mundo real. Comparte momentos hilarantes, aunque a veces también terribles, así como consejos útiles sobre flirteo, sobre cuidado personal y sobre cómo mostrar lo mejor de ti misma cuando pretendes encontrar al mejor chico para ti. Hazte un favor y lee este libro.»

–**Marie Benard**, presentadora del programa de entrevistas de la emisora de radio estadounidense CiTR 101.9 FM de Vancouver, Columbia Británica

«Tu primera cita debe ser con *121 primeras citas*: siéntate con una copa de vino y adéntrate en sus páginas. Aprenderás acerca de las citas más de lo que nunca se te ocurriría preguntar».

–**Grae Drake**, comentarista de cine y presentadora
de televisión, *Rotten Tomatoes*

«Lamentablemente, el proceso normal de citas acaba privando a la mujer de sus cualidades más atractivas para enamorar: confianza en sí misma, autenticidad y pasión. Wendy Newman sale a nuestro encuentro para cambiar todo eso con encantador ingenio, comprensión y sentido del humor. Las páginas de *121 primeras citas* guían entre bromas a la mujer a través de todo el proceso de buscar pareja, sin juzgar a nadie y concediendo a cada persona libertad para que busque lo que realmente necesita en una relación».

–**Alison A. Armstrong**, autora de *The Queen's Code*

«Wendy Newman ha creado una guía inteligente, atractiva y apasionada para las mujeres que buscan pareja. Comparte sin cortapisas sus propias victorias, luchas y errores, con la esperanza de que su recorrido inspire a otras mujeres para vivir plenamente su potencial de amor».

–**Sheila Kelley**, creadora del programa de ejercicios
para mantenerse en forma Sheila Kelley S Factor
y autora de *The S Factor*

Relación de citas*

---

* El número de citas (121) es el que realmente tuvo la autora, quien ha decidido hacer una selección significativa para el libro.

Sobre la autora

Wendy Newman (1967, Salt Lake City, Utah, Estados Unidos) es escritora y desarrolla su labor profesional como asesora para encontrar pareja, orientadora en relaciones personales y educadora sexual. Comenzó su labor en 2002 y ha colaborado en distintos medios de comunicación –radio, prensa y televisión-, y en importantes publicaciones reconocidas internacionalmente con entrevistas y con sus propias testimonios, entre las que cabe citar *Wall Street Journal, U.S. News & Wold Report, Salon Magazine, Yahoo! Health* y *Bustle magazine*. Asimismo, ha sido entrevistada por los mejores diarios internacionales desde la aparición de su libro *121 First Dates*, éxito editorial, publicado en español por editorial Edaf.

A lo largo de casi dos décadas ha dirigido cientos de cursos y talleres en los que han participado miles de personas en distintos países y tiene consulta propia de *coaching*.

En el terreno personal, vivió en primera persona estas 121 primeras citas antes de encontrar a quien hoy considera su compañero definitivo. Viven juntos en San Francisco.

Wendy Newman en *121 primeras citas* nos ofrece una selección de las pequeñas historias de esas citas que la condujeron a encontrar su pareja definitiva.

Datos de interés

El lector podrá encontrar información sobre la autora, el libro y mucho más en:

www.SimonandSchuster.com

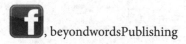, beyondwordsPublishing

Página oficial de la autora:

http://wendyspeaks.com

otros libros publicados

Fady Bujana

El amor
excelente

4 hábitos
para mantener
o recuperar la pasión
sin cambiar de pareja

edaf

ARTHUR ROWSHAN

LA
DIETA
DE LAS
PRINCESAS
CHINAS

edaf

Maria Tolmo

Una princesa en el espejo

Una guía para salir
del cautiverio emocional

edaf